京都からみた、日本の老舗、世界の老舗

松岡憲司
編著

新評論

はじめに

　日本に多くの老舗があることは、よく知られているだろう。その老舗の多くは中小企業である。その中小企業のほとんどが、特定家族が所有・経営するファミリービジネスあるいは同族企業[1]となっている。例えば、日本の上場企業の53.1％はファミリービジネスであるという。さらに、全企業の96.9％はファミリービジネスとされている[2]。にもかかわらず、ファミリービジネスについての研究はこれまであまり行われてこなかった。

　企業の古典的な経済分析では、企業の規模はあまり議論の焦点にはなっていなかった。一方、現実経済では、大企業による市場支配が進んでいった。そこで、バーリー＝ミーンズは『近代株式会社と私有財産』[3]に端を発する所有と経営の分離という概念のもと、大企業の株主所有が分散しており、実際に経営を担っているのは株主のコントロールという呪縛から自由になった経営者であることを指摘した。いわゆる、経営者支配論である。

　一方、なぜ企業が規模を拡大していった理由についての分析は、コースの1937年の論文である「The Nature of the Firm」[4]やオリバー・ウィリアムソンの『企業と市場組織』[5]という本などによって、市場を利用するための費用、すなわち取引費用という視点から市場に代替的な調整システムとしての企業、そしてその規模拡大を説明した。

　日本企業についても1980年代から活発に分析されるようになり、浅沼萬里が著した『日本の企業組織、革新的適応のメカニズム』（1997年）や、藤本隆宏の『生産システムの進化論――トヨタ自動車にみる組織能力と創発プロセス』

---

(1)　以下、同族企業も含めてファミリービジネスという用語に統一することにする。
(2)　後藤［2015］。上場企業は13ページの図表1－2－2①、全企業は34ページの図表1－3－2①参照。
(3)　Berle and Means（1932）。
(4)　Coase, R.（1937）。
(5)　Williamson（1975）。

（1997年）など、自動車産業の企業に関する研究が積み重ねられてきた。このように、企業に関する経済分析は近代的な株式会社・大企業の分析が中心であった。

しかし、近年になって、ファミリービジネスに関する研究に注目が集まっている。2008年には日本でも「ファミリービジネス学会」が設立されている。海外におけるファミリービジネス研究は、もう少し長い経験をもっており、学術雑誌も Journal of Family Business Strategy、Journal of Family Business Management、Family Business Review、International Journal of Family Business and Regional Development など、いくつも出版されている。

研究機関も、スイス IMD の Global Family Business Center、同じくスイスのサンクトガレン大学の Center for Family Business、2017年に Financial Times の MBA ランキングで世界第1位を獲得したフランスのビジネススクール INSEAD の Wendel Centre for Family Enterprise がある。

このように、ファミリービジネス研究を前面に出している研究機関は何カ所もある。INSEAD では、毎年4〜5回「Family Enterprise Day」という国際会議を開催している。そのなかで、秋の会議はエノキアン協会[6]との共催となっており、エノキアン協会の会員である日本の老舗企業が紹介されている[7]。さらに、中国でも老舗企業への関心が高まっており、広州の中山大学にある中国家族企業研究中心が、2017年に京都の老舗125社と中国の156社を調査し、比較レポートを発表している[8]。

ファミリービジネスと聞くと、所有と経営が分離されておらず、会社と私的生活の区別が曖昧で、そのために不祥事が起きるとか、事業の承継をめぐる家族間のトラブルといったように、マイナスのイメージをもつ人も少ないだろう。例えば、『一橋ビジネスレビュー』誌2015年秋号の「ファミリービジネス、その強さとリスク」という特集の冒頭「特集にあたって」では、「ファミリービジネスが非効率的で、閉鎖的で、企業統治に問題を抱えており、経済合理性を欠いた前近代的な事業形態であるというのがこれまでの支配的な見方であったことは否定できない」[9]と述べられている。

しかし、すでに述べたように日本の企業の大部分を占める中小企業は、その

多くが同族経営となっている。大企業のなかにも、トヨタ自動車[10]のように創業者の一族が経営を担っている会社もある。また、スイスのサンクトガレン大学が作製した世界のファミリービジネスの売上第1位企業としてアメリカの大手小売業ウォール・マートが挙げられているほか、第2位は世界最大の自動車企業フォルクスワーゲンである。

さらに、同じリストには、サントリー・ホールディングス、ファーストリテイリング、竹中工務店など日本企業が7社も挙げられているという[11]。つまり、ファミリービジネスを否定することは、日本の企業のほとんどを否定してしまうことになってしまうということだ。

前述のように、ファミリービジネスに否定的な面があることは否定できない。しかし、ファミリービジネスならではの利点も存在している。前述の『一橋ビジネスレビュー』の特集では、先の言葉に続いて、「近年の研究では、ファミリービジネスの多くに長寿企業が見られること、また、一部のファミリービジネスでは、大手企業にはまねのできない独自の技術力を有している企業も存在しており、結果的にグローバル競争力が高く、収益性でも大手企業をしのぐ経営成果を挙げている企業の存在している」[12]と述べられており、同特集の内容へつなげている。

長谷川［2017］では、ファミリービジネスの強みとして、長期的視点での事業評価と迅速な意思決定が挙げられている。一方、弱みとしては、利害対立の収拾がつきにくい、ガバナンス、銀行借入体質、優秀な人材を獲得しにくいという4点を挙げている。

---

(6) エノキアン協会については、本書第5章を参照されたい。
(7) 2016年には月桂冠、2017年にはヤマサ醤油が取り上げられた。
(8) 2018年1月31日に開催された京都老舗の会の総会において「中日百年老店企業抽様調査問巻対比分析報告（日中百年老舗企業サンプル調査比較分析）」として配布された。
(9) 『一橋ビジネスレビュー』2015年秋号、4ページ。
(10) INSEADから出版されているファミリービジネスのケース・スタディにはトヨタ自動車を取り上げたものがある。Morten Bennedsen, Brian Henry and Yupana Wiwattanakantang, *Toyota Motor Corp.: Heir Steers Carmaker out of Crisis*, 2016.
(11) ファミリービジネス学会編［2016］3～5ページ。
(12) 『一橋ビジネスレビュー』2015年秋号、4ページ。

ファミリービジネスとは

ここまで述べてきたファミリービジネスとは、いったいどのような企業であろうか。末廣［2006］では、「特定の家族・同族が事業の所有と経営の双方を排他的に支配し、それらが生み出す果実を家族・同族成員の内部にとどめようとする企業組織」を「家族・同族支配企業」と定義している[13]。また、ファミリービジネス学会編［2016］では、「ファミリービジネスとは創業家の一族がその企業の所有あるいは経営に携わる企業」と定義している[14]。さらに、後藤［2012］では、「ファミリーが同一時期あるいは異なった時点において役員または株主のうちに2名以上を占める企業」と定義している[15]。

一方、ファミリービジネスをモデル化した「スリー・サークル・モデル」を提示したTagiuri and Davis（1996）では、ファミリービジネスを規定する要因として、「オーナーシップ（所有）」「ファミリー」「ビジネス（事業）」の三つの要素が挙げられている[16]。

この三つの要素の重なり具合によって、七つの領域に分けられる（**図はじめに－1参照**）。①は株式を持たず、事業面にかかわっていない親族を指す。同様に②は、親族でも役員・社員でもない株主、③は同族でも株主でもない従業員と役員、④は株を持ちながら経営に参加しない親族、⑤は親族以外の株を持

図 はじめに－1　ファミリービジネスにおけるスリー・サークル・モデル

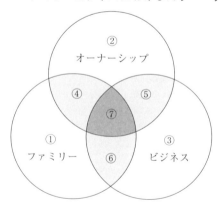

出所：Gersick, Davis, Hampton and Lansberg, ［1997］、訳書p.14 図1－1を転載。

つ役員や従業員、⑥は株を持たない親族の役員や従業員、そして⑦はオーナー経営者や株を持つ親族の役員・従業員を指す。

ファミリービジネスに「長寿（永続性）」という要素を加えると、長寿ファミリービジネスとなる。これらは、日本では「老舗企業」と呼ばれる企業群である。老舗企業は、ファミリービジネス学会編［2016］や長谷川［2017］の定義するファミリービジネスに該当するところが多く、本書の第1章で紹介するように、京都の老舗企業の約9割の経営者は創業家のメンバーであった。つまり、京都の老舗経営者の9割は、スリー・サークル・モデルの領域⑥か⑦に属していると言える。

老舗・長寿ファミリー企業に関する先行研究

日本全国の老舗について論じるときに必ず引用されるのが、帝国データバンク史料館・産業調査部編［2009］である。帝国データバンクは、長年にわたって築いた豊富な企業データをもっており、それに基づいて老舗を分析しているため、老舗が多い地域や業種など、日本における老舗の全体像をみることができる。

独自に老舗のデータベースを作って、老舗を分析しているのが横澤［2012］である。そのデータに基づいて、今まで経営を持続できた要因や、今後重視する要因を検討している。また、アンケートによる老舗の実態調査に中小企業総合研究機構［2010］がある。この研究では、創業100年以上の企業が保有している「事業ノウハウ」が検討されている。

現在の老舗を経営学的な視点から包括的に説明しているのが、前川・末包［2011］である。本書は、教科書として書かれたということで、現在、老舗が抱えている問題が丁寧に解説されている。同様の研究に久保田［2011］がある。

---

(13) 末廣［2006］12～13ページ。
(14) ファミリービジネス学会編［2016］21ページ。長谷川［2017］でも同様の定義がなされている。
(15) 後藤［2012］3ページ
(16) スリー・サークル・モデルは、Tagiuri and Davis が1978年に発表したワーキング・ペーパーによって初めて示された。

ここでは、老舗という言葉を使わないで「長寿の中小企業」と呼んでおり、われわれの「長寿ファミリービジネス」にも共通する。一方、鶴岡［2012］は、全国7社の老舗についてマーケティングの視点から分析がされている。

　以上は、日本全国の老舗に関する研究であるが、京都の老舗に焦点を当てた研究も少なくない。京都の老舗の経営に関する多くの先行研究のなかで、古いものの一つが京都府編［1970］である。京都府は、開庁100周年の1968年に、創業100年以上の企業を老舗として表彰した。それを記念して出版されたのが、この本である。

　さらに、足立［1974］は、京都府編［1970］にも寄稿している足立政男によって4年後に出版されたもので、「京都の（中略）老舗の家業経営の実態を明らかに」するとされており、多くの老舗がファミリービジネスであることを示している。

　老舗研究を正面から取り上げた研究ではないが、「京都商法」について述べたものに北・西口［2009］がある。このなかで、事例として「一保堂」、「月桂冠」、「島津製作所」といった老舗企業が取り上げられている。やはり老舗研究とは謳ってないものの、リチャード・フロリダのクリエイティブ・クラスという議論を援用して、京都の老舗や伝統産業の分析を行っているのが村山［2008］である。

　老舗一般ではなく、個別の老舗についての研究もある。長沢・染谷［2007］は和菓子の「虎屋」に関する研究で、長沢・石川［2010］は、京友禅の老舗として名高い「千總」を分析している。また、地域ファミリービジネスという視点から伝統産業を分析している金［2014］は、第4章で西陣の「細尾」を分析している。

　老舗の経営者が自社について語った本も参考になる。世界最古の企業として知られる「金剛組」の元社長で、第39世四天王寺正大工職による金剛［2013］は、長い歴史とともに近年の波瀾万丈の経営を生々しく伝えている。また、黒川［2005］は、和菓子の老舗虎屋が歴史のなかでどのように発展してきたのかを語っている。

老舗と革新に関する研究

われわれは、以前より京都の老舗における伝統と革新の両面を研究してきた。老舗に関する研究は非常に多いが、実は、老舗における革新を題材とした研究はあまり多くない。以下に、それぞれの研究を簡単に説明しておく。

前出の長沢・染谷［2007］は、老舗がいかに商品を開発してきたか、老舗の商品がなぜ売れ続けるのかについて和菓子の老舗「虎屋」を対象として検討している。その結果、老舗の成功要因として「技術経営」によって顧客に「経験価値創造」していることが重要である、と述べられている。

同じく長沢が共著者に名を連ねる大津・長沢［2013］は、同じく和菓子屋の「鶴屋吉信」を通じて、同社が変化発展してきた歴史のなかでのイノベーションについて、クリステンセンの破壊的イノベーションのローエンド型破壊と新市場型破壊の両方から分析を実施し、通常、両立が困難と言われる持続的イノベーションと破壊的イノベーションの両方を実現しているほか、破壊的イノベーションにおいても、ローエンド型、新市場型、ハイブリッド型のすべてのケースが存在することを示している。

岡本［2008］は、京都における伝統技術から先端技術への展開成功事例として、「福田金属箔粉工業」（金箔から電解銅箔膜）や西陣の「フクオカ機業」（西陣織から炭素繊維やアラミド繊維などの高機能機材商品）を紹介し、京都工芸繊維大学による産学連携などが果たした役割を重視している。

加藤［2008］は、老舗の長期存続過程を安定期と変革期の繰り返しと捉え、変革期における非連続的な組織変革や戦略転換のメカニズムを解明しようとしている。その手法は事例研究を通じたもので、変化する社会的コンテクストに対応しながら、それまでの歴史的コンテクストを発展させることで戦略を転換させようとしていると分析している。

帝国データバンク［2009］は、アンケートで老舗が生き残るために必要なものとして「進取の気性」を挙げた老舗が45.5％あり、新しさへの挑戦やイノベーションが重要であることを示している。

久保田［2011］は、経営革新の内容、後継経営者の関与、動機、時代背景について検討し、中小企業存続の要因を示唆している。ここでは、経営革新を市

場と製品についてそれぞれ既存と新規に分け、「市場浸透」「市場開拓」「製品開発」「多角化」の四つに分類している。そして、結論として、世代交代の度に経営革新をしているのではなく、時代や経営環境の変化に応じて経営革新が行われていると述べている。

守屋［2013］は、「商品革新（企業が市場に提供する商品に関する革新）」に注目して、老舗を経営革新という視点から捉えている。「企業アイデンティティ」と「企業存続」というコンフリクトへの対処として、経営革新と商品革新が生み出されたと論じている。ちなみに、企業アイデンティティとはいわゆる伝統であり、老舗が長期にわたって存続してきた要因として、革新が重要であるという指摘である。

ファミリービジネスと革新に関する研究

老舗の多くは、創業家の家族が代々経営するファミリービジネスである。ファミリービジネスと老舗は同じではないが、多くの老舗はファミリービジネスであり、「長寿ファミリービジネス」とも言っていいだろう。そこで、ファミリービジネスと革新（イノベーション）という視点からの研究を展望しておこう。

De Massis, Frattini and Lichtenthale（2012）は、ファミリービジネスとイノベーションの関係について論じた23本の論文を検討し、ファミリービジネスであることがイノベーションを促進しているかどうかについてまとめている。それによると、ファミリービジネスがイノベーションを促進しているという結論を導いている論文が10本、促進していないという結論の論文が9本、どちらとも言えないという論文が4本となっている。このように、ファミリービジネスとイノベーションの関係は、促進しているともそうでないとも、まだ合意のある結論が得られているとは言えないことが分かる。

「長期の勝者」としてのファミリービジネスを、継続性（Continuity）、コミュニティ、コネクション、コマンドという四つの「C」の視点から分析したMiller and Berton-Miller（2005）は、革新的なファミリービジネスについても分析している。彼らが取り上げた事例のなかには、創業が1851年の「コーニング

社」や1832年に創業した「ミシュラン社」という老舗企業も含まれている。彼らは革新的なファミリービジネスの要素として、画期的革新、改良と拡大活用、商業化、創造的破壊という4点を挙げている。特に、ファミリービジネスでは、経営者が株主からの制約を受けることなく、場合によっては、異端とも言える方法をとる自由をもっている点が革新を推進するポイントであると指摘している。また、新規性の追求として、企業文化がファミリービジネスでは社内で共有されやすい点も指摘している[17]。

本書の構成

本書は、2013年に刊行した『事業承継と地域産業の発展——京都老舗企業の伝統と革新』の続編となる。京都の老舗・長寿ファミリービジネスの分析を進めるなかで得られた結果が、全国的あるいは全世界的な老舗の特徴であるのか、それとも京都の老舗のみにみられる点なのかは興味をそそる課題である。

老舗の地域間比較については、これまであまり行われてこなかった[18]。老舗の地域間比較をするにあたり、長寿ファミリービジネスという概念も使いながら、老舗企業の地域間比較をしようというのが本書の狙いである。

本書の構成は以下のようになっている。

第1部は、比較のもとになる京都の老舗について分析している。第1章は、京都の老舗とはどのような企業なのか、老舗企業を対象としたアンケートと、調査会社（帝国データバンク）のデータから展望している。第2章は、伝統と革新という二つの言葉で語られることの多い京都の老舗において、革新をもたらす要因はどのようなものであるのかを、計量経済学的に検討している。第3章では、京都の老舗をクラスター分析によって、企業規模、革新に対する姿勢（革新姿勢）、経営状況の三つの観点から六つに類型化した。

第2章、第3章のもとになったデータは、ある時点での老舗を捉えたもので

---

[17] Miller and Berton-Miller（2005）第6章。
[18] Classens et al（2000）は、日本を含む東アジアの9カ国において、企業を支配しているのは誰かを比較研究している。そのなかで、長寿企業はファミリーに支配されていることを明らかにした。

ある。しかし、老舗の特徴は長い歴史そのものにあり、創業以来の長い歴史のなかでどのように革新に取り組んできたのかをみるために、代表的な企業の事例を分析することとした。そこで第4章では、第3章の類型化のなかから、「名門企業型」と「革新企業成長型」の企業6社を選び、革新行動の実態を詳述した。第1部の第2章と第3章は、多変量解析を使った分析となっているので、多変量解析に慣れない方は、第1章の後、第2章と第3章を飛ばして第4章を読んでいただいても、内容は分かるように配慮している。

第2部は、老舗の地域間比較を行っている。第5章は、フランスに本部を置く老舗の世界団体であるエノキアン協会について、その全体像を展望するとともに会員企業を紹介した。第6章は、長い歴史をもつイタリアの老舗について、その現状を紹介している。最近、中国でも老舗についての関心が高まっている。そこで第7章は、中国の老舗について考察している。

第8章は、日本国内の京都以外の地域との比較として、江戸時代以来の都市としての長い歴史をもつ東京の老舗と、加賀百万石の城下町として武家文化のなかで続いてきた金沢の老舗とその老舗団体について紹介している。そして最後に、地域間比較をまとめた。

なお本書では、原則として敬称を略させていただいた。失礼のある向きもあるかと思うが、ご容赦いただきたい。

参考文献一覧

・浅沼萬里［1997］『日本の企業組織、革新的適応のメカニズム』有斐閣。
・足立政男［1974］『老舗の家訓と家業経営』広池学園事業部。
・大津真一・長沢伸也［2013］「京都老舗企業のイノベーション分析――京菓匠 鶴屋吉信にみるイノベーションのメカニズム」『早稲田国際経営研究』No.44、93～103ページ。
・岡本信司［2008］「伝統工芸産業からの産学官連携による地域イノベーション創出に関する課題と提言――京都地域及び石川地域における事例研究」『研究・技術・

計画』23（4）367〜382ページ。
・加藤敬太［2008］「老舗企業研究の新たな展開に向けて——経営戦略論における解釈的アプローチ」『企業家研究』5、33〜44ページ。
・北寿郎・西口泰夫［2009］『ケースブック京都モデル——そのダイナミズムとイノベーション・マネージメント』白桃書房。
・金泰旭編著［2014］『地域ファミリー企業におけるビジネスシステムの形成と発展——日本の伝統産業における継承と革新』白桃書房。
・京都府編［1970］『老舗と家訓』京都府。
・久保田章市［2011］「中小企業における世代交代と経営革新の研究——創業100年以上の長寿中小企業を事例に」『中小企業季報』2011年第3号、1〜14ページ。
・黒川光博［2005］『虎屋　和菓子と歩んだ五百年』新潮社。
・後藤俊夫編著［2012］『ファミリービジネス——知られざる実力と可能性』白桃書房。
・後藤俊夫監修［2015］『ファミリービジネス白書2015年版』同友館。
・金剛利隆［2013］『創業一四〇〇年——世界最古の会社に受け継がれる一六の教え』ダイヤモンド社。
・末廣昭［2006］『ファミリービジネス論——後発工業化の担い手』名古屋大学出版会。
・中小企業総合研究機構［2010］『中小企業の事業継続性に関する調査研究——長寿企業から学ぶ永続型経営の要諦』中小企業総合研究機構研究部。
・鶴岡公幸［2012］『老舗——時代を超えて愛される秘密』産業能率大学出版部。
・帝国データバンク史料館・産業調査部編［2009］『百年続く企業の条件——老舗は変化を恐れない』朝日新聞出版。
・長沢伸也・染谷高士［2007］『老舗ブランド「虎屋」の伝統と革新』晃洋書房。
・長沢伸也・石川雅一［2010］『京友禅「千總」450年のブランドイノベーション』同友館。
・野村進［2006］『千年、働いてきました——老舗大国ニッポン』角川書店。
・長谷川博和［2017］「ファミリービジネスの強みと課題」『日本経済新聞』（やさしい経済学）2017年11月29日〜12月8日。
・鉢峯実［2010］「『老舗』の経営が示唆するものは何か」『信金中金月報』9（8）、4〜24ページ。
・ファミリービジネス学会編［2016］『日本のファミリービジネス——その永続性を探る』中央経済社。
・藤本隆宏［1997］『生産システムの進化論——トヨタ自動車にみる組織能力と創発プロセス』有斐閣。
・前川洋一郎・末包厚喜［2011］『老舗学の教科書』同友館。
・村山裕三［2008］『京都型ビジネス——独創と継続の経営術』日本放送出版協会。
・守屋晴雄［2013］「老舗における経営革新についての一考察——呉竹の商品に着目

して」『経営学論集』53（1）、50〜59ページ。
- 横澤利昌編著［2012］『老舗企業の研究［改訂新版］』生産性出版。
- Berle, A. A. and G. C. Means（1932）, *The Modern Corporation and Private Property*, Macmillan（北嶋忠男訳『近代株式会社と私有財産』文雅堂銀行研究社、1958年）
- Classens, S., Djankov, S. and L. H. P. Lang（2000）,"The Seperation of Ownership and Control in East Asian Corporations", *Journal of Financial Economics*, 58（2000）, pp.81-112.
- Coase, R.（1937）, "The Nature of the Firm", *Economica* 4（16）, pp.386-405.
- De Massis, Alfred, Frattini, F. and Ulrich Lichtenthaler（2012）, "Research on Technological Innovation in Family Firms: Present Debates and Future Directions", *Family Business Review*, 22（10）, pp.1-22.
- Gersick, K. E., Davis, John, Hampton, M. M. and I. Lansberg,（1997）*Generation to Generation, Life Cycles of the Family Business*（岡田康司監訳『オーナー経営の存続と継承』流通科学大学出版、1999年）
- Miller, D. and I. L. Berton-Miller（2005）, *Managing for the Long Run*,（斉藤裕一訳『同族経営はなぜ強いのか？』ランダムハウス講談社、2005年）
- Tagiuri, Renato and John Davis（1996）, "Biavent Attributes of the Family Firm", *Family Business Review*, 19（2）, pp.199-208.
- Williamson, O. E.（1975）, *Markets and Hierarchies*, 1975The Free Press,（浅沼萬里、岩崎晃訳『市場と企業組織』日本評論社、1980年）.

もくじ

はじめに i

第1部 老舗と革新

第1章 京都の老舗企業とは 5

1 京都の老舗企業とはどんな企業か 7
（1）創業時期 7
（2）事業分野 8
（3）企業規模 9

2 老舗の経営者 13

おわりに 19

コラム 京都老舗の会 21

第2章 京都老舗における革新をもたらす要因分析 23

1 東京の老舗における革新 24
2 老舗における革新に対する姿勢 25
3 革新をもたらす要因についての回帰分析 31
4 老舗の革新に影響する要因 37

おわりに 40

第3章 京都の老舗を分類する
——伝統と革新、企業と家業 43

1 老舗の6類型 44
（1）家業不振型（クラスター1） 47

（2）家業安泰型（クラスター2）　49
　　　（3）伝統企業安定型（クラスター3）　50
　　　（4）家業革新型（クラスター4）　53
　　　（5）革新企業成長型（クラスター5）　55
　　　（6）名門企業型（クラスター6）　57
　2　類型別にみた革新活動の実態　59
　　　（1）老舗の革新活動とは　59
　　　（2）老舗の革新活動の担い手と支援者　62

おわりに　67

補論A　クラスター分析による京都の老舗企業の類型化　71
　老舗企業の規模、確信度、経営状況に着目　71
　クラスター分析による分類結果　72
　6タイプの詳細比較　76

第4章　伝統を超える老舗企業の挑戦　79

　1　名門企業型の革新活動　80
　　　（1）非鉄金属箔粉の世界を極める総合メーカー福田金属箔粉工業　80
　　　（2）清酒業界の指導的リーダー企業月桂冠　88
　　　（3）医療福祉関連ビジネスのリーディングカンパニー・ワタキューセイモア　98
　2　革新企業成長型の革新活動——世代を超えて継承される革新DNA　107
　　　（1）日本の包装分野をリードしてきた中川パッケージ　108
　　　（2）ロープの卸売から獣害防止ネットのメーカーに転じた近江屋ロープ　114
　　　（3）「伝統を超える革新性」を旗印に商品開発に勤しむ京都鰹節　120
　　　（4）印刷のサービス業化を推進する中西印刷　126
　3　革新DNAとその継承　131

第2部 老舗の地域間比較

第5章 エノキアン協会　141

1. エノキアン協会とは　142
2. 事業　147
3. 活動　149
   - （1）総会　149
   - （2）次世代　151
4. 会員企業の事例　152
   - （1）ファン・エイヘン社（Van Eeghen & Co BV）　152
   - （2）岡谷不動産（岡谷鋼機）　154

おわりに　155

コラム INSEAD（ファミリー・エンタープライズ・センター）　160

第6章 イタリアの老舗企業とファミリー　161

1. イタリア老舗企業の概要　163
2. イタリア老舗ユニオン　166
3. イタリア老舗ユニオン企業の事例　170
   - （1）サンタ・マリア・ノヴェッラ薬局　170
   - （2）マルケージ・アンティノーリ社　172
   - （3）トッリーニ社　174
   - （4）アントニオ・マッティ社　176

おわりに――京都とイタリアの老舗の共通点と相違点　178

第7章 中国老舗企業における事業承継と革新
── 李錦記集団を例にして　183

1 中国老舗企業の概要　184
2 中小企業の事業承継問題と「ファミリー」の影響　188
　（1）日本中小企業の事業承継と老舗企業の示唆　188
　（2）ファミリービジネスにおける「家」と「企業」　189
　（3）ファミリービジネスの重要性と優位性　190
3 香港李錦記集団の事業承継と経営革新　193
　（1）李錦記集団の歴史　193
　（2）所有権紛争を教訓とした「家族委員会」「家族憲法」の誕生とその役割　197

おわりに──李錦記が日本企業に与える示唆　200

第8章 東京・金沢の老舗
── 東都のれん会・金澤老舗百年會を中心に　203

1 東都のれん会（東京）　206
　（1）概要　206
　（2）あゆみ（歴史）　210
　（3）現在の活動　211
　（4）江戸っ子の気概──地域とともに継承する「江戸」　212
2 東都のれん会──革新企業の事例研究　213
　（1）株式会社吉德（人形）──革新を続ける300年の老舗企業　213
　（2）株式会社竺仙（浴衣・江戸小紋）──求められる「江戸の粋」を追求　218
3 金澤老舗百年會　223
　（1）金沢市の産業概要　223
　（2）金澤老舗百年會の概要　226

| 4 | 金澤老舗百年會——革新企業の事例研究　232
　　（1）株式会社俵屋（飴）——小売業への進出と働き方改革　232
　　（2）株式会社目細八郎兵衛商店（針）——新商品の創出を継続　236
おわりに——ぶれない伝統の継承　239
　コラム 老舗スピリットへの共感をもつ企業が組織している「Spirit of Shinise 協会」　244

終章　老舗企業の地域間比較　245

| 1 | 創業時期　245
| 2 | 業種　247
| 3 | 革新　249
| 4 | 経営者とファミリー　251
おわりに——残された課題　253

補遺　史料紹介　255

| 1 | 名簿2点の紹介　256
| 2 | 帳簿「明治卅五年一月吉日　原料買入帳」（石田宏次家文書）の紹介　258

あとがき　272

アンケート・京都老舗における伝統と革新を支える地域の仕組みに関する調査（2016年3月）　275

執筆者一覧　282

京都からみた、日本の老舗、世界の老舗

第1部 老舗と革新

第1章

京都の老舗企業とは

　京都は日本を代表する観光地の一つとして、毎年、多くの観光客を迎え入れている。京都府の調査によると、2017年の観光入り込み客数は8,687万人に達しているという。また、外国人の宿泊客数は約361万人と5年連続で増加しているほか、府内の観光消費額は約1兆1,887億円に達し、こちらのほうも5年連続で増加している[1]。

　このような国内外からの観光客における京都の魅力は、歴史に裏付けられた文化とそれを体現する神社・仏閣、祭りや伝統工芸品などであろう。われわれが実施した京都市民へのアンケート調査[2]において、「京都が世界に誇るもの」を尋ねたところ、神社・仏閣が最も多かった（87.0％）ことは言うまでもないが、伝統工芸を挙げた人が59.8％、そして老舗を挙げた人が49.5％と約半数に達した。また「京都にとって老舗は必要か」という問いには、44.5％の人が「強くそのように思う」、43.8％の人が「そのように思う」と答えており、合わせると88.3％となる。つまり、9割近い回答者が京都にとって老舗は必要だと思っていることが分かった。

---

[1] 京都府商工労働観光部「平成29年（2017年）京都府観光入込客調査報告書」。
[2] われわれは2013年1月に京都在住者400名を対象に「京都における老舗の意義に関する調査」を実施した。なお、この調査はWeb調査であるため、回答者を無作為に選んだものではなく、統計学的に京都市民の平均的な意見とは言えないという点に留意しなければならない。

このような傾向は、男女や年代で区分してもほとんど同じ結果であった。しかし、その一方で、老舗に対するイメージを尋ねると、「保守的」というイメージに対しては63.8％の回答者が同意し、「敷居が高い」もほぼ同じ63.3％、「閉鎖的」は49.8％と約半数が同意していた。また、「価格が高い」については72.1％が同意している。

このように、京都市民にとっても、伝統や技術を維持し、高い品質を保っている老舗を誇りと思いつつも、保守的、敷居が高い、閉鎖的という二律背反（アンビバレント）なイメージをもっていることが分かる。

一般に、企業の平均寿命は25年とも30年とも言われるなかで、100年以上という歴史を生き抜いてきた老舗企業は、なにかしら新しいことに挑みながら続いて来たのではないかと思われる。しかし、先のアンケートの回答では、「革新的」というイメージに同意する人は32.0％と約3分の1でしかなかった。

老舗とは何かという定義については様々で、明確な基準はない[3]。老舗に関する書物や記事、論文などで使われているのは、創業以来の年数である。フランスではじまった老舗団体である「エノキアン協会」では、創業200年が入会条件となっている。イギリスには、300年以上を基準とする団体もあるという[4]。わが国では、老舗に関する調査・研究や老舗団体の加入条件として創業100年が基準となっていることが多い。本書でも、創業100年以上の企業を老舗企業とすることにする。

先にみたように、京都市民からみて、老舗企業は伝統や技術を守って高い品質の製品を作っている一方、保守的・閉鎖的ともみられているが、実際に老舗はいったいどのような企業なのであろうか。老舗企業を対象としたアンケートと、調査会社（帝国データバンク）のデータから、現在の京都老舗企業とはどのような企業なのかについてみていこう。

われわれは、京都の老舗企業を対象とするアンケート調査を2回実施している。1回目は2011年3月30日に発送した。帝国データバンクが作成した創業100年以上の京都府内の企業リストより、宗教法人や学校法人など非営利団体を除いた960社へ郵送し、224社（宛先不明の4企業を除き、廃業1企業を含む）より回答を得た。回収率は23.3％（廃業、宛先不明を除くと23.5％）となる[5]。

2回目のアンケートは2016年3月16日に発送した（アンケート内容は巻末参照）。京都府の老舗表彰を受けた企業（京都老舗の会会員企業）のうち、住所が判明している企業1,373社に郵送し、366社より回答を得た。回収率は26.7％である。

　帝国データバンクのデータについては、本社の所在地が京都市内の従業員300人未満の中小企業から、創業100年以上（1913年以前に創業）の製造業と非製造業各100社、合計200社と、比較のために創業100年未満（1914年以降に創業）の企業から老舗企業と業種比率を合わせた100社を、帝国データバンクのデータ保有企業からランダムに抽出してもらっている[6]。

1　京都の老舗企業とはどんな企業か

（1）創業時期

　われわれが調べた企業の創業年は表1－1のようになっている。2016年調査では、江戸時代が41.3％、明治時代が42.6％と、2011年調査に比べて江戸時代以前に創業している企業の割合が多かった。2016年の調査回答企業について創業以来の年数でみると、400年以上が18社（4.9％）、300年以上400年未満が29社（7.9％）であった。100年以上200年未満が最も多く、247社（67.5％）であった。

---

[3] 前川・末包［2011］では、「「老舗」は世間では共通の定義がないまま使用されている言葉なのである」とされている。同書、10ページ。
[4] 後藤［2004］によると、300年協会（The Tercentenarians Club）という団体で、創業300年以上で、創業家との関係を維持している企業というのが条件となっている。日本からは「キッコーマン」が参加しているという（99ページ）。
[5] 2011年の調査結果に基づく分析については、松岡編［2013］を参照されたい。
[6] いくつかの業種についてはサンプルから除いている。具体的には、大工工事業、砕石業・砂・砂利・玉石採取業、証券業、投資業、事業協同組合、広告・調査・情報サービス業、その他の事業サービス業、専門サービス業、医療業、保健衛生・廃棄物処理業、宗教、教育、社会保険・社会福祉、学術研究機関、政治・経済・文化団体である。

表1-1 創業時期

時代	2016年調査 企業数	2016年調査 比率（％）	2011年調査 企業数	2011年調査 比率（％）	帝国DB 企業数	帝国DB 比率（％）
江戸時代より前（～1602年）	14	3.6	4	1.8	3	1.5
江戸時代（1603～1867年）	151	41.3	61	27.2	55	27.5
明治時代（1868～1911年）	156	42.6	143	63.8	131	65.5
大正時代（1912～　年）	14	3.8	3	1.3	11	5.5
不明	31	8.5	13	5.8	－	－
合計	366	100.0	224	100.0	200	100.0

＊：大正時代はアンケート調査では調査年の100年前まで、帝国DBは1913年まで。
注：「帝国DB」は「帝国データバンク」以下の表でも同じ。

　これからも分かるように、江戸時代後期に創業している老舗企業が多い。江戸時代後期は、政治的、経済的に安定していたことを反映しているのではないかと思われる。なお、帝国データバンクから得た老舗データの企業の創業年については、2011年調査とよく似た分布であった。このことは、2011年調査の元となったのが帝国データバンクから入手した企業リストだったことを反映していると思われる。

（2）事業分野

　事業分野の業種としては、製造業と小売業が最も多かった（表1-2）。しかし、注目すべき点は、製造と小売の両方をしている企業が19.9％、製造と卸の両方をしている企業が10.9％と、工・商一体となった企業がかなりあったことである（表1-3）[7]。帝国データバンクのデータでは、製造業の老舗100社のうち、製造と卸にかかわっている企業が15％、製造と小売に携わっている企業が9％、製造と不動産などを兼営している企業が8％であった。

表1-2　事業分野（2016年調査）

	企業数	比率（％）
製造業	168	45.9
小売業	169	46.2
卸売業	82	22.4
サービス業	52	14.2
その他	40	10.9

注：複数回答を含む。

表1-3　複数分野にまたがる企業（2016年調査）

	企業数	比率（％）
製造業・小売業	73	19.9
製造業・卸売業	40	10.9
製造業・サービス業	8	2.2
小売業・卸売業	41	11.2
小売業・サービス業	10	2.7

（3）企業規模

　企業規模を、年間売上高と、経営者と従業者を合わせた全従事者数でみてみよう。

　2016年調査で年間売上高でみると「1千万円超～5千万円」が最も多く28.1％、「1億円以下」を合計すると57.3％、「5億円以下」の合計が75.9％であった（表1-4）。社長など経営者も含む全従事者数では、「1人～4人」が最も多く37.4％であった（表1-6）。

　われわれの調査では、売上高や従業員数について、具体的な金額や人数を尋ねるのではなく、ある一定の幅をもった選択肢から選んでもらっているので、平均値などの統計を計算することができない。帝国データバンクのデータでは

---

(7) 2011年調査では、各企業に業種を記入していただいた。それらを、製造業、小売、卸などに明確に分類することはできなかった。

表1-4　売上高

売上高	2016年調査 企業数	%	2011年調査 企業数	%	帝国DB 企業数	%
～1千万円	58	15.8	11	4.9	1	0.5
1千万円超～5千万円	103	28.1	31	13.8	8	4.0
5千万円超～1億円	49	13.4	35	15.6	17	8.5
1億円超～5億円	68	18.6	64	28.6	69	34.5
5億円超～10億円	26	7.1	65	29.0	38	19.0
10億円超～20億円	19	5.2			31	15.5
20億円超～30億円	8	2.2			16	8.0
30億円超	16	4.4	15	6.7	20	10.0
無回答	19	5.2	3	1.3	－	－
合計	366	100.0	224	100.0	200	100.0

表1-5　5年間の売上変化

	2016年調査 企業数	比率（%）	2011年調査 企業数	比率（%）	帝国DB 企業数	比率（%）
増加（10%以上）	39	10.7	35	15.6	43	21.5
増加（10%未満）	47	12.8			49	24.5
横ばい	133	36.3	63	28.1	16	8.0
減少（10%未満）	74	20.2	120	53.6	49	24.5
減少（10%以上）	62	16.9			43	21.5
無回答	11	3.0	6	2.7	－	－
合計	366	100.0	224	100.0	200	100.0

＊：帝国DBは最新期と前々期との比較（最新期は2013-14年、前々期は2011年、12年）企業によって異なる。

具体的な数値が掲載されており、それから求めた売上高の平均値は14億2,400万円（標準偏差は27億4,600万円）、中央値は5億3,400万円、最頻値は7,000万円であった。

一方、従業員数の平均は35.8人（標準偏差49.0人）、中央値は16人、最頻値は10人であった。東京商工会議所による調査では従業員数0～4人が15.8%、5～19人が27.8%で、20人未満の企業が43.6%となっている[8]。それに対して京

表1-6　全従事者数（社長、役員、常時雇用の派遣、パートを含む）（2016年1月1日現在）。（2011年調査、帝国データバンクは従業員数）

	2016年調査		2011年調査		帝国DB	
	企業数	比率（％）	企業数	比率（％）	企業数	比率（％）
1人～4人	137	37.4	44	19.6	33	16.5
5人～10人	83	22.7	53	23.7	44	22.0
11人～20人	52	14.2	37	16.5	38	19.0
21人～50人	38	10.4	41	18.3	45	22.5
51人～100人	18	4.9	25	11.2	24	12.0
101人～300人	15	4.1	15	6.7	16	8.0
301人以上	7	1.9	7	3.1	－	
無回答	16	4.4	2	0.9	－	
合計	366	100.0	224	100.0	200	100.0

　都の老舗企業では、20人以下が74.3％（2016年調査）、59.8％（2011年調査）、57.5％（帝国データバンク）となっており、京都の老舗企業の規模はかなり小さいということになる。

　全体としては小規模企業が多いが、月桂冠、川島織物セルコン、島津製作所、ワタキューセイモア、福田金属箔粉工業のような規模の大きな老舗も存在している。

　売上の変化については、全体の23.5％の企業で売上が増加している（**表1-5**）。これは、前回調査の15.9％より多い。また横ばいとした企業の比率も前回より高いが、その一方、減少と答えた企業の割合は低下している。これより、2011年に比べて経営状況が改善していることが分かる。「業績が絶好調」と言える企業の代表が、本書第4章の事例で紹介している「ワタキューセイモア」である。また、京料理の味を支えている昆布製造販売の「京都鰹節」も、着実に業績を伸ばしている企業の代表と言ってよいだろう。

　帝国データバンクのデータにより、バブル期と現在を比べてみよう。帝国データバンクのデータでは、1990年（一部1991年）と2013年（一部2014年）の売

---

(8)　東京商工会議所［2015］85ページ。

表1－7　5年前と比較した従業員数変化

	2016年調査		2011年調査		帝国DB	
	企業数	比率（％）	企業数	比率（％）	企業数	比率（％）
増加（10％以上）	17	4.6	33	14.7	25	12.5
増加（10％未満）	38	10.4			5	2.5
横ばい	187	51.1	132	58.9	7	3.5
減少（10％未満）	36	9.8	54	24.1	13	6.5
減少（10％以上）	22	6.0			150	75.0
無回答	66	18.0	5	2.2	－	－
合計	366	100.0	224	100.0	200	100.0

上高をみることができる。バブル期と比較すると、ほとんどの老舗企業で売上高が減少している。減少率の平均値は25.06％、中央値は41.67％であった[9]。

そのなかで、売上高増加率400％以上、つまり売上を5倍以上にしている老舗企業が2社、200％以上つまり3倍以上にしている老舗企業も2社、100％以上つまり2倍以上にしている企業が5社もあった。一方、非老舗企業の場合、平均は6.56％とプラスであるが、これは売上高増加率2,428％という企業が1社あるためであり、この企業を除くと、平均値は－19.17％、中央値は－53.69％となっており、非老舗においても売上が減少しているところが多いことが分かった。

5年前と比較した従業員数の変化については、表1－7のように2016年調査も2011年調査も帝国データバンクデータも、約15％の老舗企業で従業者数が増加している。2016年調査では、この質問に無回答が多く、それを除くと、増加企業の比率は前回が15.1％に対して2016年調査では18.3％と増加している。

帝国データバンクによる20年間にわたる老舗従業員数の変化率（2013年／1993年）[10]は、平均－28.99％、中央値－30.98％となっており、ほとんどの老舗企業で従業員数は減少していることが示された。非老舗企業についても従業員数は減少しているところが多く、老舗企業に限らず、中小企業全般で20年間に規模が縮小していることが分かる。

2 老舗の経営者

　京都の老舗を経営しているのは、どのような人物だろうか。**表１−８**から**表１−14**にあるように、アンケートと帝国データバンクのデータからみてみることにする。

老舗経営者の平均像

　2016年調査でみる経営者の平均像は、年齢が61.8歳で、創業以来6.75代目である。経営者になったのは41.8歳の時で、先代の長男が63.7％、88.8％の経営者は創業者の親族であった。経営者像については、創業以来何代目かを除き、前回調査と大きな違いはなかった（**表１−８**）。

　帝国データバンクデータから1993年から2013年の20年間における経営者の年齢の変化をみると、老舗企業では平均が57.62歳から59.18歳と1.56歳高くなっている。中央値はほぼ同じであるが、最頻値は62歳から66歳へと４歳上昇しており、最高齢も84歳から90歳となっていた。老舗の経営者は、20年間で若干高齢化していると言える（**表１−９**）。

　四条寺町という京都の繁華な地域にあるつげ櫛の老舗「十三や」の竹内伸一社長は、まさに平均的な社長の年代である。先代の他界によって35歳で事業承継したのは平均よりもやや早いが、すでに約25年の経営経験をもっている。先代社長の時代は、高度成長期で様々な革新を行い、現社長も新しい商品の開発などに取り組んでいる。つげ櫛は耐久性があるため、頻繁に買い換えるものではないが、そのなかで伝統的な製法を守りつつ、機械を導入するなど積極的に経営を行っている老舗と言っていいだろう。

---

(9)　1990年の売上データがない老舗企業が１社あったため、サンプルは199社となった。
(10)　帝国データバンクのデータでは従業員データは1993年（一部1994年）と2013年（一部2014年）のみ得られた。

表1-8　経営者の年齢、代数、承継年齢の平均、標準偏差

	2016年調査		2011年調査	
	平均	標準偏差	平均	標準偏差
2016年・2011年1月現在の満年齢	61.8歳	12.7歳	59.3歳	10.52歳
創業から数えて何代目	6.75代目	5.2代	5.11代目	2.53代
経営者になったときの満年齢	41.8歳	10.6歳	40.5歳	9.70歳

表1-9　帝国データバンクによる経営者の年齢（歳）

	2013年		1993年	
	老舗	非老舗	老舗	非老舗
平均	59.18	60.56	57.62	56.67
中央値	59	62	58.5	56
最頻値	66	66	62	51
標準偏差	11.15	12.56	10.31	10.27
最も若い	30	33	32	29
最も高齢	90	95	84	84
標本数	194	94	200	100

経営者の年齢

　現経営者の年齢の分布は**表1-10**のようになっている。どの調査でも、最も多いのは60歳代である。2016年調査で36.6％、2011年調査では33.5％、そして帝国データバンクデータによると32.0％となっている。50歳代がそれに続いている。2016年と2011年、および帝国データバンクデータの年齢分布には大きな違いはない。2016年調査では、80歳以上の割合が2011年調査や帝国データバンクデータよりもかなり大きく、逆に50歳代の比率は小さかった。これは、老舗と言えども、承継の難しさを反映していると言えるのかもしれない。

現経営者は創業から数えて何代目か

　老舗について語るとき、今の経営者は創業以来何代目か、ということがよく言われる。その平均値は、2016年調査では6.75代目、2011年調査では5.11代目となっている（**表1-8**）。また、何代目かの分布は**表1-11**に示されている。

表1-10 経営者の年齢分布

	2016年		2011年		帝国DB	
	企業数	比率（％）	企業数	比率（％）	企業数	比率（％）
30歳～39歳	13	3.6	7	3.1	6	3.0
40歳～49歳	49	13.4	32	14.3	38	19.0
50歳～59歳	83	22.7	66	29.5	57	28.5
60歳～69歳	134	36.6	75	33.5	64	32.0
70歳～79歳	48	13.1	35	15.6	21	10.5
80歳以上	31	8.5	5	2.2	8	4.0
無回答	8	2.2	4	1.8	6	3.0
合計	366	100.0	224	100.0	200	100.0

注：帝国データバンクの「無回答」はデータの記入がないものである。

表1-11 現経営者は何代目か

	2016年		2011年	
	回答数	比率（％）	回答数	比率（％）
5代目未満	123	33.6	123	54.9
5代目以上～10代目未満	169	46.2	79	35.3
10代目以上～15代目未満	31	8.5	10	4.5
15代目以上～20代目未満	17	4.6	4	1.8
20代目以上	7	1.9	0	0.0
無回答	19	5.2	8	3.6
合計	366	100.0	224	100.0

最も多いのは、2016年調査では「5代目以上～10代目未満」で46.2％、2011年調査では「5代目未満」で54.9％となっている。2011年調査では1.8％と、少なかった15代以上になる経営者の比率が、2016年調査では6.5％と多くなっている。このように、2016年調査では代数が多くなっているが、これは回答企業のなかで創業年が古い企業が多いことを反映している。

経営者になったときの満年齢

　現経営者が経営者に就任したときの平均年齢は、2016年調査で41.8歳、2011

表1−12　経営者となったときの満年齢

	2016年		2011年	
	企業数	比率（％）	企業数	比率（％）
20歳未満	0	0.0	1	0.5
20歳〜29歳	34	9.3	25	11.2
30歳〜39歳	106	29.0	77	34.4
40歳〜49歳	122	33.3	78	34.8
50歳〜59歳	62	16.9	27	12.1
60歳〜69歳	18	4.9	6	2.7
70歳〜79歳	1	0.3	2	0.9
80歳以上	1	0.3	0	0.0
無回答	22	6.0	8	3.6
合計	366	100.0	224	100.0

年調査で40.5歳と大きな違いはなかった。経営者になったときの満年齢の分布は**表1−12**に示されている。最も多かったのは40歳〜49歳で、2016年調査で33.3％、2011年調査で34.8％であった。それに次ぐのは30〜39歳であった。これについては2回の調査とも同じであったが、2011年調査ではその比率は34.4％と、40歳〜49歳の比率とほとんど同じであった。

先代経営者との関係

　現経営者と先代経営者との関係は、**表1−13**が示すように、長男が最も多く63.7％、長男以外の子どもも加えると現経営者の77.6％は先代の子どもとなっている。この比率は、2011年でもほぼ同じであり、老舗企業の4分の3は先代の子どもという傾向がある。

　先代の女子という回答は多くないが、2011年に比べて2016年では比率が1.8％から3.0％と大きく上昇している。配偶者の比率も上昇している。実際、「半兵衛麸」の玉置万美社長や、「本家尾張屋」の稲岡亜里子社長など、老舗企業の女性経営者が最近は目立ってきている。

　娘婿については7.9％（2016年調査）となっている。親族を合わせると92.1％となり、代々一族で経営してきている老舗が多いことが分かる。娘婿の比率は

表1－13　現経営者と先代経営者との関係

先代との関係	2016年調査 企業数	2016年調査 比率（％）	2011年調査 企業数	2011年調査 比率（％）
長男	233	63.7	142	63.3
長男以外の男子	40	10.9	27	12.1
女子	11	3.0	4	1.8
娘婿	29	7.9	15	6.7
配偶者	8	2.2	3	1.3
その他親族	16	4.4	21	9.4
従業員	7	1.9	3	1.3
その他	12	3.3	4	1.8
無回答	10	2.7	5	2.2
合計	366	100.0	224	100.0

それほど高くないが、一度途絶えかけた家業を復活させた老舗のなかには、娘婿の活躍が見られる[11]。

京都で唯一残った和傘メーカーである「日吉屋」の西堀耕太郎社長は、元々公務員だったが、結婚して日吉屋を経営するようになった[12]。当時、和傘は風前の灯火とも言える状況で、先代は閉店も考えていたという。それを復活させ、さらに和傘の技術を他の製品に活用したり、京都の伝統産業の海外進出を支援したりして活発に活動している。

また、元々タオルを中心としながら、ブランドタオルに押されていた「永楽屋」を、明治時代の型を活用した手ぬぐいで復活させた細辻伊兵衛社長も婿養子である[13]。

---

[11] 中岡［2011］は、ファミリービジネスにおける養子相続について考察した数少ない研究の一つであり、ヨーロッパにおける実子と娘婿の役割の違いについても考察している。
[12] 2012年の龍谷大学経済学部における授業、「ものづくり活性化プロジェクト」（担当教員：松岡）における西堀社長の講演による。
[13] 2013年の龍谷大学経済学部における授業、「ものづくり活性化プロジェクト」（担当教員：松岡）における細辻社長の講演による。

現経営者と創業者の関係

現経営者と創業者との関係については、表1-14のように2016年調査でも2011年調査でも約9割が創業者の親族であり、創業家がそのまま現在まで経営していることが分かる。ファミリービジネスの定義には様々なものがあるが、創業家の一族が経営していることをファミリービジネスとすると、京都の老舗の約9割がファミリービジネスであることになる。

この傾向は2011年からあまり大きく変わっていない。一方、東京商工会議所による調査によると、東京の老舗では現経営者が創業者一族である老舗企業は全体の80.1％となっており[14]、京都の老舗のほうが創業家一族である比率が高くなっている。

ファミリーによる株式所有

ファミリービジネスの要素として、ファミリー家一族による持ち株比率がある。Classens, Djankov and Lang（2000）は東アジアの2980社の所有と経営の分

表1-14　創業者との関係

	2016年調査		2011年調査	
	企業数	比率（％）	企業数	比率（％）
創業者の親族	325	88.8	204	91.1
創業者の親族ではない	31	8.5	17	7.6
無回答	10	2.7	3	1.3
合計	366	100.0	224	100.0

表1-15　ファミリー持ち株比率、ファミリー役員比率　（％）

	ファミリー持ち株比率（2013年）		役員ファミリー比率	
	老舗	非老舗	老舗	非老舗
平均	52.49	54.85	54.26	53.70
中央値	48.14	53.67	50.00	50.00
最頻値	100.00	100.00	100.00	50.00
標準偏差	33.05	33.01	28.82	27.42
標本数	90	22	107	23

離を調べ、3分の2（67.8％）の企業は単一株主によって支配されていると述べている。特に日本の場合、その比率は87.2％と他のアジア諸国に比べても高くなっている。帝国データバンクのデータより、京都の老舗企業のファミリーによる持ち株比率をみてみよう（表1-15）。

帝国データバンクのデータには、上位何名かの株主が記載されている。ファミリー一族にも苗字の違う人もいるだろうし、同じ苗字でも一族ではないこともあるかもしれない。しかし、ここでは、同じ苗字の者をファミリーメンバーと考えて、ファミリー持ち株比率を求めた。

老舗の場合、平均52.49％、中央値48.14％となっているが、すべての株（100％）をファミリー一族で保有している老舗企業が一番多かった。一方、非老舗企業の場合、平均54.85％、中央値53.67％と、老舗企業よりも高い同族所有率となった。また、全役員に占める一族の比率を、同じく同じ苗字ということより算出すると、老舗平均54.26％、非老舗53.70％となる。これより、ファミリー持ち株比率や役員同族比率の高さは、老舗とか非老舗の特徴というよりも、中小企業に共通した特徴であると言えよう。

ファミリーによる株式所有とは異なる視点であるが、高い自己資本比率は、老舗だけでなく京都企業の特徴であると言われる。例えば、第4章で紹介している京都鰹節は自己資本比率が50％を超えている。同社は、円滑な事業承継も考慮して堅実な財務戦略をとっている。同じく第4章で詳しく述べている福田金属箔粉工業も50％に近い自己資本比率をもっている。

おわりに

以上、京都の老舗はどのような企業なのか、老舗経営者はどのような人物なのかについて、アンケート調査や帝国データバンクのデータを通じてみてきた。

京都の老舗企業の業種は製造業と小売業が多い。また、製造業であると同時

---

(14) 東京商工会議所［2015］88ページ、図表7-10。

に卸や小売に携わっている企業も多い。企業規模については、売上高や従業員数ではかった企業規模は小さい。経営者は約60歳で、社長になってから約20年経っている。現経営者は、先代の長男である場合が約6割、およそ4分の3の企業で長男以外も含めた先代の子どもが経営者となっている。また、現経営者の約9割（88.8％）が創業者の一族である。

このように、統計的に平均的な老舗像を描くことはできるが、個々の老舗にはそれぞれユニークな特徴があることを忘れてはならない。個性的な老舗をすべて紹介することはできないが、その一部を第4章の事例のなかで紹介している。

参考文献一覧

- 後藤俊夫［2004］「ファミリー事業における長寿性」『関西国際大学地域研究所研究叢書2004』、91～114ページ。
- 帝国データバンク史料館・産業調査部編［2009］『百年続く企業の条件――老舗は変化を恐れない』朝日新書。
- 東京商工会議所［2015］『長寿企業の訓え――長寿企業における変革・革新（イノベーション）活動』東京商工会議所。
- 中岡俊介［2011］「養子相続とファミリービジネス――近代日本富裕企業家・商人層の事例から」『社会経済史学』76（4）、95～110ページ。
- 前川洋一郎・末包厚喜［2011］『老舗学の教科書』同友館。
- 松岡憲司編著［2013］『事業承継と地域産業の発展――京都老舗企業の伝統と革新』新評論。
- Classens, S., Djankov, S. and L. H. P. Lang（2000）"The Seperation of Ownership and Control in East Asian Corporations", *Journal of Financial Economics*, 58, pp.81-112.

コ・ラ・ム

京都老舗の会

　第8章でも述べているように、全国各地にさまざまな老舗団体がある。その多くが民間団体であるが、行政が中心となって組織されている団体がある。それが、ここで紹介する「京都老舗の会」である。

　京都府は府政100周年を迎えた1968年に、創業以来100年を超えた企業を「京の老舗」として表彰することにした。表彰の対象とされたのは、「社会情勢の変遷の中で、創業者の精神を守り、伝統の技術・商法を継承し、他の企業の模範となってきたもので、原則として同一業種で100年以上にわたり、京都府内で主たる事業所を置き営業を中断なく継続している企業（法人・個人）で次の産業に属するもの」とされている。

　対象業種には一般的な業種が挙げられているが、京都らしいのは、お茶屋業や映画業が含まれている点であろう。一方、神社仏閣といった宗教関係や大学などの教育機関は対象外となっている。

　1968年の最初の表彰では705社が表彰されている。その後、1968年以降、断続的に「京の老舗」表彰は続けられ、2009（平成21）年までに1,756社が表彰されていた。その後、このように多くの表彰企業を組織化してはどうかという検討がはじまった。そして、2012年3月21日、「京都老舗の会」の設立総会が開催され、発足した。

　呼びかけ人の代表は山田啓二京都府知事（当時）で、京都を代表する老舗企業の代表者10人が呼びかけ人となった。言うまでもなく、「京の老舗」表彰を受けた企業が会員とされる会である。2019年1月現在、1,944社が老舗表彰を受けている。

　設立趣意書に書かれている設立目的を紹介しよう。

　　京都の老舗が日本はもとより世界で今なお輝き続けているのは、守るべきものは守りつつ、時代の変化に応じて新しいスタイルを創造し、提案するという経営哲学を有しているからにほかなりません。この老舗の経営哲学は、「知恵の経営」として家訓や社訓として京の老舗企業に代々伝えられていま

す。この家訓や社訓は、老舗企業が最も重視する事業を継続し次世代に承継するための秘訣として大切に守られ実践されてきましたが今まで表に出ることは極めてまれでした。
　（中略）
　私たちは、歴史上、様々な困難を克服してきた老舗の経営哲学を研究することが、好不況の波に左右されず事業継続に価値を置く京都ならではの企業モデルの創出につながるのではないかと考えました。
　京都の産学公が連携して、京の老舗の「情報発信」、「相互交流」、「学術研究」を行い、老舗企業の事業継続の秘訣を普及させ、京都企業の事業活動を側面から支援することにより、次世代を担う若手経営者を育て、受け継ぐため、ここに「京都老舗の会」を設立します。

　「京都老舗の会」の活動としては、年1回の総会、若手経営者の研修事業、国内外の老舗団体との情報交換、大学などとのコラボレーション講座、調査研究への協力、事業承継セミナーなどの学術研究事業が行われている。
　大学とのコラボレーションの例としては、龍谷大学経済学部での京都老舗の会会員企業の経営者による講演が挙げられる。2012年度からはじまっており、2018年度までに39社の経営者に講演をしていただいたほか、京都老舗の会に深くかかわっている京都府副知事にも会の趣旨などを話していただいた。
　講演後、制作現場やお店の見学という機会もいただいている。手描き友禅の下絵作成、糊置きや色挿しや、仏壇の制作現場、お線香の工場など、普段なかなか見ることのできない工程を見学し、学生達も伝統的な技術の重みを実感した。
　2018年には、祇園のお茶屋「一力亭」の女将による講演が行われた。前述のように、京都老舗の会にはお茶屋の会員もいる。敷居の高い花街のお茶屋は、多くの人にとって遠い存在であるが、女将さんは優しく丁寧に、花街の歴史や文化、風習について話して下さり、縁遠い世界の一端を垣間見ることができた。
　お茶屋の場合、見学というわけに行かないので、講演後のサプライズとして舞妓さんが登場した。舞妓さんが教室に来るという前代未聞の状況にしばし教室がざわめいたが、舞妓さんの衣装やおこぼ（履物）、髪飾りなどについて説明をしていただき、さらに充実した講演となった。

第2章

京都老舗における革新をもたらす要因分析[1]

　第1章でみたように、京都の老舗企業については、一般市民の63.8％が「保守的」というイメージをもっていた。一方、「革新的」というイメージをもっている人の比率は32.0％であった。老舗は長い間の伝統を引き継いでいる側面が強いので、保守的というイメージをもたれるのもやむをえないかもしれない。しかし何百年も、何世代にもわたって営業してくるうえでは、同じことを繰り返していただけでは継続は難しかったのではないだろうか。

　京都の老舗企業には、これまでも厳しい時期を何度も乗り越えてきた経験がある。その経験のなかで重要な役割を果たしてきたのが、新しいことへの挑戦であろう。京都の老舗が、何代にもわたって事業を続けてこられた背景には、伝統を守るとともに新しいことに挑戦してきた歴史があると言われている。

　京都府が編纂した『老舗と家訓』では、京都の老舗の条件として、①老舗意識を捨てて「自己革新」する、②「人材養成」に心がける、そして③自らの歴

---

[1]　本章の回帰分析の部分は、日本経済政策学会関西部会（2017年3月11日）、日本経済政策学会 The 16th International Conference（2017年11月4日）での報告 Matsuoka, K., Kinoshita, S. and M. Tsujita "Empirical Study of Innovation Factors in Old Establishment Companies in Kyoto" を加筆修正したものである。討論者として貴重なコメントをいただいた竹廣良司先生（同志社大学）、橋本悟先生（帝京大学）に感謝したい。また、サンプルからファミリービジネスのみを抽出して計算した結果は、フランスの INSEAD で開催された Family Enterprise Day（2017年10月14日）において Matsuoka, K., Kinoshita, S. and M. Tsujita "Empirical Study of Innovation Factors in Old Family Companies in Kyoto, Japan" として報告した。

史や伝統は地域の恩恵によるものであることを忘れない、の３点が記されており、革新の重要性が真っ先に指摘されている。京都老舗企業の現経営者も伝統を継承すると同時に、新たな革新へ取り組んでいるように思われる。

新しい事への挑戦は「革新」とか「変革」と言われる。イノベーションということもある。イノベーションは、これまで「技術革新」と訳されることが多かったが、イノベーションは狭い意味の技術に関する変化だけではない。「イノベーション研究の父」とされるシュンペーター（Joseph Alois Schumpeter, 1883～1950）の言うイノベーションには、「新しい市場の開拓」や「新しい供給源」、「新しい組織」も含まれている。

また、「イノベーション・モデル」で知られるクライン（Stephen Jay Kline）は、イノベーションが受けもつ分野として、製品、製造プロセス、製造システムの社会的な再構成、政治的経済的問題、マーケティング、総合的なシステムという六つの分野を挙げている。そして、「イノベーションとは社会技術システムの変革であり、そのシステムは製造、流通、原価、性能、および顧客ニーズへの適合等の改善を含むものである」と定義している[2]。

本書では、変革や革新、あるいはイノベーションをクラインの定義に準じて幅広く捉えることとし、「革新」という言葉で統一する。そして本章では、アンケート調査のデータに基づいて、京都老舗の革新の現状を明らかにし、革新がどのような要因によってもたらされているかを検討していく。

1 東京の老舗における革新

「はじめに」でも述べたように、老舗に関する研究は非常に多いが、老舗における革新を主な題材とした研究はあまり行われてこなかった。しかし、最近いくつかの研究が発表されている。主要な先行研究に関しては「はじめに」で詳述したので、ここでは東京の老舗における革新について数量的分析を行った東京商工会議所の研究について説明をしよう。

東京商工会議所［2015］は、老舗の革新への積極性を数量的に分析した貴重

な研究である。東京の創業100年以上の企業3,096社に調査票を送付し、420社より回答（回収率13.6％）を得ている。同調査では、革新活動について創業時から先代までに変えたこと、当代の経営者になってから変えたこと、さらに、今後の革新活動について重要だと考えるものについても聞き、革新への積極性によって老舗企業を四つに類型化している。

「伝統重視型」は、先代までも当代も革新の程度が低い企業のグループで91社、30.4％、「変革活動定着型」は、先代までは革新に積極的だったが、当代になってからは革新の程度を下げた企業のグループで57社、19.1％であった。そして「変革活動移行型」は、先代までは革新に消極的だったが、当代になって積極的になった企業のグループで42社、14.1％、最後の「変革活動継続型」は、先代までも当代も革新に熱心な企業のグループで109社、36.4％であった。この類型に応じて、所有形態、企業形態、創業家経営者、社訓の有無、企業規模、変革意識を比較分析している。

2 老舗における革新に対する姿勢

　老舗企業の経営者が革新に対してどのような姿勢を取っているかを、第1章で述べた京都老舗における伝統と革新に関するアンケート調査（2016年）を通じて検討しよう。

　われわれは企業経営において革新の対象となる18の要因について、現経営者が変えた（あるいは変えたい）かどうかを尋ねた[3]。現経営者が「変えたいこと」、「変えたくないこと」は表2－1のようになった。この表は、各企業経営の各要因について革新への意向の回答を比率（％）で示したものである。

　社名・屋号、社是・社訓・家訓など、経営そのものに関する事柄については

---

(2) Kline（1990）, 訳書15ページ。
(3) この設問では、京都の老舗の特徴を東京との比較で明らかにしようと、東京商工会議所が2014年に実施されたアンケートの質問項目を、東京商工会議所のご了解のもと、ほぼ同じ質問に設定した。ただし、質問の一部の表現を変えたり、項目を追加・削除したりしている。同調査の詳細は東京商工会議所［2015］を参照されたい。

「変えたくない」と回答している比率が高い。一方、開発体制、価格体系、仕入れ先・原材料調達先、外注先、販売先・顧客、販売網・流通チャネルなど、製品・製造や、流通に関する仕入れ・販売といったことについては「少し変えた」あるいは「変えた」と回答している比率が高い。特に、「仕入れ先・原材料調達先」については、「少し変えた」と「変えた」を合わせると44.5％の老舗企業が変えている。

「販売先・顧客」と「販売網・流通チャネル」も約40％の老舗で変えている。「開発体制」と「価格体系」についても、それぞれ33.1％と38.8％と30％以上の老舗企業が変えている。「主力商品・サービス」以下の項目はすべて、「少し変えた」と「変えた」を合わせた回答の比率が20％を超えていた。

表2-1 現経営者による革新 (%)

	変えたくない	検討中	変えたい	少し変えた	変えた	無回答
社名・屋号	76.5	1.1	1.9	6.3	6.0	8.2
社是・社訓・家訓等	69.9	2.5	3.0	7.1	3.3	14.2
経営理念	68.0	2.5	3.6	8.2	4.4	13.4
信用第一・CMP重視	76.5	0.8	1.6	5.2	3.6	12.3
業種・業態	56.8	3.0	4.4	18.0	6.3	11.5
本業・中核事業重視	65.0	1.6	2.7	9.8	4.9	15.8
主力商品・サービス	50.8	2.7	6.6	18.9	8.5	12.6
開発体制	28.7	5.2	15.3	22.4	10.7	17.8
価格体系	25.7	5.7	13.7	24.6	14.2	16.1
製造方法	34.2	3.0	7.1	20.8	7.7	27.3
仕入れ先・原材料調達先	32.0	4.6	7.7	32.2	12.3	11.2
外注先	29.2	6.0	7.4	24.6	10.7	22.1
販売先・顧客	31.1	4.4	9.6	24.0	16.4	14.5
販売網・流通チャネル	24.0	6.3	9.8	26.0	13.7	20.2
人事制度や人材育成	24.0	10.9	19.9	16.1	10.9	18.0
組織編成	30.1	9.3	11.7	14.8	11.5	22.7
資金の調達方法	39.3	9.3	8.7	17.8	6.3	18.6
資産の運用方法	32.8	14.5	12.0	15.3	5.7	19.7

注：CMPはコンプライアンスの略。四捨五入のため、合計が100％にならない場合もある。

表2－2　先代までの経営者による革新（％）

	全く変わっていない	殆ど変わっていない	少し変わった	かなり変わった	完全に変わった	無回答
社名・屋号	49.7	10.1	21.9	4.6	10.4	3.3
社是・社訓・家訓等	43.7	25.7	10.7	4.1	1.1	14.8
経営理念	38.8	29.2	12.0	5.5	1.6	12.8
信用第一・CMP重視	50.8	28.1	6.3	3.0	0.8	10.9
業種・業態	33.9	22.1	19.7	14.5	3.0	6.8
本業・中核事業重視	40.7	27.0	10.9	6.8	1.4	13.1
主力商品・サービス	26.0	24.3	22.4	16.4	2.5	8.5
開発体制	14.5	21.0	23.2	21.3	3.6	16.4
価格体系	10.1	14.5	26.5	29.2	5.7	13.9
製造方法	15.6	20.8	18.0	18.9	3.0	23.8
仕入れ先・原材料調達先	10.4	21.3	27.6	27.9	4.9	7.9
外注先	7.9	17.5	25.1	22.7	4.9	21.9
販売先・顧客	6.6	17.2	32.0	30.3	5.7	8.2
販売網・流通チャネル	7.7	15.8	24.9	26.5	6.0	19.1
人事制度や人材育成	12.0	23.2	18.6	19.9	5.2	21.0
組織編成	17.5	22.1	13.1	18.3	6.0	23.0

「資金調達」と「資金運用」を除く16の同じ項目について、先代までの経営者が変えたか変えていないかについて尋ねた[4]（表2－2）。先代までの経営者による革新も、現経営者とほぼ同じ傾向を示している。「全く変わっていない」と「殆ど変わっていない」を合わせた比率が最も高いのは「信用第一・コンプライアンス重視」で78.9％であった。

その他、「社是・社訓・家訓等」（69.4％）や「経営理念」（68.0％）、「本業・中核事業重視」（67.7％）が高い。一方、この比率が低かったのは、「販売網・流通チャネル」の23.5％を筆頭に、「価格体系」（24.6％）、「外注先」（25.4％）が並んだ。当然のことながら、これらの項目は、「少し変えた」「かなり変わった」「完全に変わった」の比率が高い。

---

[4] 先代までの経営者の革新についての「全く変えてない」から「完全に変わった」までの選択肢は、東京商工会議所［2015］と同じである。

各選択肢について、現経営者については「変えたくない：1」、「検討中：2」および「変えたい：2」[5]、「少し変えた：3」、「変えた：4」として、また先代までの経営者によって変化したかどうかを各要素について、「全く変わっていない：1」、「殆ど変わっていない：2」、「少し変わった：3」、「かなり変わった：4」、「完全に変わった：5」として平均値を求めた（**表2－3**および**表2－4**）。

現経営者について、平均値が最も大きかったのは販売網・流通チャンネル（2.37）[6]であった。それに続くのは、価格体系（2.33）、販売先・顧客（2.30）、仕入れ先・原材料調達先（2.28）、外注先（2.21）となっている。一方、平均値が最も低い、つまり変えたくない意向が強いのは信用第一・コンプライアンス重視（1.27）であった。以下、社是・社訓・家訓等（1.34）、社名・屋号（1.40）、経営理念（1.41）、本業・中核事業重視（1.46）と並んでいる。

これより、信用を最も重視し、社名や経営理念、本業など経営の根幹にかかわる項目については変えたくない経営者が多いが、販売網や価格体系、取引先（仕入れ先、販売先）など取引関係については変えようという方向にあることが分かる。

表2－4が示すように、先代までの革新について平均値が大きいのは、販売先・顧客（3.13）、販売網・流通チャネル（3.09）、価格体系（3.07）、外注先（2.99）、仕入れ先・原材料調達先（2.95）と並んでいる。逆に平均値が小さいのは、信用第一・コンプライアンス重視（1.60）、社是・社訓・家訓等（1.75）、経営理念（1.87）、本業・中核事業重視（1.86）となっている。結果としては、現経営者とほぼ同じようになっている。

このように、基本的には現経営者と同様に、経営の根幹にかかわる事柄については変えていない傾向が示されている。一方、「販売先・顧客」「販売網・流通チャネル」「価格体系」の三つの項目については、「少し変わった」の3を超える値となっている。また、長い歴史のなかでは社名などが変わっている場合もあり、「社名・屋号」についての平均値が2.13と高くなっている点は注目される。

さらに、各企業の各項目への回答を4段階または5段階で評価し、企業毎に

表2-3　現経営者の革新に対する姿勢（平均値・標準偏差）

	社名・屋号	社是・社訓・家訓等	経営理念	信用第一・CMP重視	業種・業態	本業・中核事業重視	主力商品・サービス	開発体制	価格体系
平均値	1.40	1.34	1.41	1.27	1.70	1.46	1.83	2.18	2.33
標準偏差	0.96	0.79	0.86	0.75	1.02	0.91	1.07	1.05	1.08
サンプル数	336	314	317	321	324	308	320	301	307
	製造方法	仕入れ先・原材料調達先	外注先	販売先・顧客	販売網・流通チャネル	人材育成	人事制度や人組織編成	法資金の調達方	法資産の運用方
平均値	2.03	2.28	2.21	2.30	2.37	2.17	2.10	1.89	1.93
標準偏差	1.08	1.09	1.09	1.15	1.09	1.00	1.08	1.00	0.94
サンプル数	266	325	285	313	292	300	283	298	294

注：CMPはコンプライアンス。

表2-4　創業から先代までの経営者の革新に対する姿勢（平均値・標準偏差）

	社名・屋号	社是・社訓・家訓等	経営理念	信用第一・CMP重視	業種・業態	本業・中核事業重視	主力商品・サービス	開発体制
平均値	2.13	1.75	1.87	1.60	2.26	1.86	2.40	2.74
標準偏差	1.37	0.94	0.99	0.83	1.19	1.02	1.15	1.14
サンプル数	354	312	319	326	341	318	335	306
	価格体系	製造方法	仕入れ先・原材料調達先	外注先	販売先・顧客	販売網・流通チャネル	人材育成	人事制度や人組織編成
平均値	3.07	2.65	2.95	2.99	3.13	3.09	2.79	2.65
標準偏差	1.11	1.17	1.09	1.08	1.02	1.09	1.17	1.27
サンプル数	315	279	337	286	336	296	289	282

注：CMPはコンプライアンス。

(5) 「検討中」と「変えたい」は違いが明確でないため、一つにまとめた。
(6) カッコ内の数字は、求めた平均値を示す。

平均値を導き、さらにそれの平均値をとり、それより上回っている企業は革新に「積極的」、下回った場合には「消極的」と位置づけた。それを現経営者と先代までの経営者について行うと、現経営者の平均値は1.8890、先代までの経営者の平均は2.3438となり、これらの平均値を基準に現経営者と先代までの経営者をそれぞれ「積極的」と「消極的」に分類した。

東京商工会議所［2015］では、消極的・消極的を「伝統重視型」、積極的・積極的を「変革活動継続型」と名付けている。「伝統重視型」とは、先代までも革新には消極的だった企業が、現経営者になってからも消極的であるというタイプである。それに対して「変革活動継続型」は、先代まで革新に積極的で、それが定着して現経営者のもとでも革新に積極的なタイプである。名前が示すように、「変革活動継続型」がより革新に熱心であるということになる。

先の基準に従って、京都の企業を四つに類型化した結果を表2－5に示した。表2－6の東京と比較すると、東京では36.4％であった「変革活動継続型」が京都では31.5％と低くなっている。一方、「伝統重視型」については、東京では30.4％だったのに対して京都では38.1％となっている。また、京都のなかで比較すると「伝統重視型」が「変革活動継続型」よりも多くなっており、京都

表2－5　革新に対する姿勢　四つの類型（京都）

		現経営者		計
		消極的	積極的	
先代まで	積極的	55（15.8％）	110（31.5％）	165
	消極的	133（38.1％）	51（14.6％）	184
計		188	161	349

表2－6　革新に対する姿勢　四つの類型（東京）

		現経営者		計
		消極的	積極的	
先代まで	積極的	57（19.1％）	109（36.4％）	166
	消極的	91（30.4％）	42（14.1％）	133
計		148	151	299

出所：東京商工会議所［2015］107ページ図表8－15。（合計企業数は筆者が追記）

の老舗は、全体としてみると、東京の老舗よりも革新に対して消極的、別の言い方をするならば「伝統重視」あるいは「保守的」であると言える。

ただし、第1章でみたように、東京では従業員20人未満が43.6％であるのに対して、京都では経営者なども含む従事者数が、20人以下が74.3％となっており、東京と京都の企業規模の違いがこの結果に影響している可能性に留意しなければならないが、次節の回帰分析で、企業規模が革新に及ぼす影響をみることにしよう。

3 革新をもたらす要因についての回帰分析

本節では、京都の老舗企業に革新をもたらす要因について回帰分析をした結果を述べることにする。

被説明変数

具体的な革新を表す変数として、現経営者の革新に対する姿勢を被説明変数とした。アンケートでは、多くの項目について革新に対する姿勢を聞いたが、ここでは表2−7に示した、革新傾向が強い、製品や生産に関する6項目と取引関係に関する4項目に絞って分析することにした。

生産に関する項目としては、業種・業態、本業・中核事業重視、主力商品・サービス、開発体制、価格体系、製造方法を選択した。取引関係に関する項目としては、仕入れ先・原材料調達先、外注先、販売先・顧客、販売網・流通チャンネルである。これらについて変えるかどうかという回答、つまり「変えたくない：1」、「検討中：2」または「変えたい：2」、「少し変えた：3」、「変えた：4」のどれを選んだかが回帰分析の被説明変数になる。被説明変数となる項目は10個であるため、10本の回帰式を推定した。

表2－7　推定した項目

(A)製品・製造に関する項目	(B)仕入・外注・販売など取引に関する項目
・業種・業態 ・本業・中核事業重視 ・主力商品・サービス ・開発体制 ・価格体系 ・製造方法	・仕入れ先・原材料調達先 ・外注先 ・販売先・顧客 ・販売網・流通チャネル

説明変数

　革新に与える要因としての説明変数には多様なものが考えられる。ここでは、2011年の調査などを参考にして、影響が大きいのではないかと考えられる以下のものを説明変数とした。

①**先代経営者**——現経営者が変更するかどうかについて回答した同じ項目について、先代までの経営者が変えたことがあるかどうかという回答である。

　先代までの経営者の革新については、「全く変わっていない：1」、「殆ど変わっていない：2」、「少し変わった：3」、「かなり変わった：4」、「完全に変わった：5」と数字を割り当てた。われわれの仮説は、企業文化あるいは企業の伝統が変革に対して大きな役割を果たすというもので、期待される推定係数の符号は正である。

②**営業年数**——アンケートでは創業年を答えてもらった。調査年である2016年時点での創業からの営業年数を説明変数とした。われわれの以前の研究では、革新と営業年数の関係については様々な結果が得られた。したがって、期待される推定係数の符号は正であるとも負であるとも言えない。

③**該当する事業分野**——アンケートのなかで、製造業、小売業、卸売業、サービス業、その他のいずれに属するかを答えてもらった。

　このなかで、製造業にかかわっている場合には「1」、製造業にかかわっていない場合には「0」とするダミー変数を用いた。ここでは、期待される符号を先験的に述べることはできない。

④**事業業績**——最近5年間の売上高の変化を、「増加（10％以上）：1」、「増加

（10％未満）：2」、「横ばい：3」、「減少（10％未満）：4」、「減少（10％以上）：5」と割り当てた。売上の増加が多いときにより小さい数値になるので、推定に当っては逆数を用いた。われわれの以前の研究では、業績がよいと革新により積極的であるという結果が得られたので、期待される符号は正である。

⑤現在の経営者が経営者になったときの満年齢——若いときに経営者になったということは、現経営者はより長い経営経験年数をもっている可能性が高く、革新に挑む機会が多かったと考えられる。また、長い経験で、革新への能力も高まっていると考えられる。したがって、期待される符号は負である。

⑥企業規模——企業規模を示す変数として全従事者（社長、役員、常時雇用の派遣、パート含む）を用いた。2016年1月1日現在の全従事者数を「1人〜4人：1」、「5人〜10人：2」、「11人〜20人：3」、「21人〜50人：4」、「51人〜100人：5」、「101人〜300人：6」、「300人以上：7」を割り当てた。企業規模と革新の関係については、企業規模が大きいほど革新的であるという有名なシュンペーター仮説がある。一方、スタートアップ企業のほうが革新的であるという考えもあるが、スタートアップ企業はまだ老舗ではない。したがって、シュンペーター仮説に基づいて、期待される係数の符号は正である。

⑦従業員の年齢——われわれは、2016年1月1日現在の従業員の平均年齢を聞いた。従業員が若い企業は革新に対してより積極的であると考えられるので、期待される推定係数の符号は負である。

記述統計

　被説明変数の記述統計はすでに**表2-3**でみた。また、説明変数のなかの先代までの経営者の革新姿勢に関する記述統計も**表2-4**でみた。ここではその他の説明変数の記述統計を示すが、**表2-8**のようになっている。

　平均値をみてみよう。営業年数は188.0475年であった。製造業ダミーは、0.4680と若干製造業でない企業が多いようである。売り上げ変化の逆数は0.3880なので、10％未満の増加と横ばいの間になっている。経営者になったのは約41.8750歳で従事者数は2.4、従業員の平均年齢は45.5歳であった。

表2-8　記述統計：その他説明変数

	営業年数	製造業ダミー	売上変化（逆数）	経営者になった年齢	従事者数	従業員の平均年齢
平均値	188.0475	0.4680	0.3880	41.8750	2.4000	45.5066
中央値	148	0	0.3333	42.0000	2.0000	45.0000
標準偏差	108.7150	0.4990	0.2325	10.6315	1.5693	11.7380
最大値	1131	1	1	83	7	78.5
最小値	84	0	0.2000	18	1	23

推定結果

　推定にあたり、被変数は離散的な変数であるが、序列は明確なため、順序ロジットモデルを使用した。推定には「STATA14」を使用した。また、多重共線性を引き起こすような説明変数間の高い相関係数は観察されなかった。

　推定された係数について、10％以上で統計的に有意（関係があると言って間違える確率が10％以下）であるかどうかについてまとめたのが**表2-9**と**表2-10**の各表である。推定係数の右肩の星（＊）の数は、三つの場合1％水準で有意、二つは5％水準で有意、一つは10％水準で有意であることを示している。

i. 製品・製造に関する事柄

　製品・製造に関する項目についての推定結果は**表2-9**にまとめている。「先代経営者までの革新の姿勢」（先代経営者）が強く影響している。その他の説明変数についてみると、「製造業ダミー」と「売上の変化」が多くの被説明変数について1％水準での有意性を示している。一方、従業員の平均年齢は、どの被説明変数についても有意でなかった。

①業種・業態——1％水準以上で有意な説明変数は、先代経営者と売上変化であった。推定係数の符号は、どちらもわれわれの仮説どおり正であった。

②本業・中核事業重視——1％水準以上で有意な説明変数は、先代経営者と製造業ダミーであった。営業年数は10％水準で有意である。営業年数の符号は負である。営業年数が長いほど変えない傾向にある。製造業ダミーの符号は正である。製造業にかかわっていれば変える傾向にある。

③主力商品・サービス——1％水準以上で有意な説明変数は、先代経営者、製

表2−9　製品・製造に関する項目についての推定結果

	業種・業態	本業・中核事業重視	主要商品・サービス	開発体制
説明変数の項目	推定係数	推定係数	推定係数	推定係数
先代経営者	0.7117***	1.2646***	0.6335***	0.4755***
営業年数	−0.0014	−0.0059*	−0.0009	−0.0007
製造業ダミー	0.3966	1.1375***	0.8853***	0.8617***
売上変化（逆数）	1.7153***	0.5419	1.4568***	1.1291**
経営者になった年齢	−0.0167	−0.0225	−0.0168	−0.0109
従事者数	−0.0125	−0.0063	0.0687	0.0823
従業員平均年齢	−0.0119	−0.0095	−0.0058	−0.0150
サンプル数	224	212	220	206

	価格体系	製造方法
説明変数の項目	推定係数	推定係数
先代経営者	0.6619***	0.7402***
営業年数	−0.0009	−0.0020
製造業ダミー	0.6525**	0.0016
売上変化（逆数）	1.7686***	1.1300*
経営者になった年齢	−0.0073	−0.0276*
従事者数	0.0097	0.1867**
従業員平均年齢	−0.0145	−0.0115
サンプル数	212	184

*** 1％水準で有意　** 5％水準で有意　* 10％水準で有意

造業ダミー、売上変化であった。推定係数の符号は、どちらもわれわれの仮説通りであった。

④**開発体制**——1％水準以上で有意な説明変数は、先代経営者、製造業ダミー、5％水準で有意なのは売上変化である。推定係数の符号は、どちらもわれわれの仮説通りであった。

⑤**価格体系**——1％水準以上で有意な説明変数は、先代経営者、売上変化である。製造業ダミーは5％水準で有意だった。推定係数の符号は、どれもわれわれの仮説通りであった。

表2-10 取引に関する項目についての推定結果

変数	仕入れ先・原材料調達先 推定係数	外注先 推定係数	販売先・顧客 推定係数	販売網・流通チャネル 推定係数
先代経営者	0.8117***	1.0171***	0.8170***	0.5149***
営業年数	-0.0028**	0.0001	-0.0008	-0.0007
製造業ダミー	0.5153*	0.4181	0.6289**	0.6460**
売上変化（逆数）	0.2115	0.4489	0.4447	0.6083
経営者になった年齢	-0.0121	-0.0228	-0.0313*	-0.0258
従事者数	0.1112	0.1826**	0.0547	0.1100
従業員平均年齢	-0.0310**	-0.0087	0.0075	-0.0018
サンプル数	221	194	216	197

*** 1％水準で有意　** 5％水準で有意　* 10％水準で有意

⑥**製造方法**——1％水準以上で有意な説明変数は、先代経営者のみである。従事者数は5％水準で有意であった。経営者となった年齢は10％水準で有意だった。推定係数の符号は、どれもわれわれの仮説通りであった。

ii. 取引に関する事柄

　取引に関する項目についての推定結果は**表2-10**のようになった。ここでも「先代経営者の革新への姿勢」（先代経営者）が強い影響を及ぼしている。その他の説明変数では、「製造業」にかかわっている企業では販売先や販売網を変更する傾向にある。また、「従事者数」が増加傾向にあるほど、外注先について変えようという意向が強い傾向にあることが分かった。

①**仕入れ先・原材料調達先**——1％水準以上で有意な説明変数は、先代経営者であった。営業年数の推定係数は負で、有意水準5％であった。従業員の平均年齢も同じく5％水準で有意だった。製造業ダミーは10％水準で有意であった。従業員の平均年齢が有意となったのは、この推定式だけであった。推定係数の符号は、どれもわれわれの仮説通りであった。

②**外注先**——1％水準以上で有意な説明変数は先代経営者、有意水準5％以上で有意な説明変数は従事者数である。先代経営者の符号は正である。推定係数の符号は、どれもわれわれの仮説通りであった。

③**販売先・顧客**——1％水準以上で有意な説明変数は先代経営者のみである。製造業ダミーは有意水準5％で有意であった。経営者になった年齢が10％水準で有意であった。推定係数の符号は、どれもわれわれの仮説通りであった。

④**販売網・流通チャネル**——1％水準以上で有意な説明変数は先代経営者のみである。製造業ダミーは有意水準5％で有意である。その他は有意でないため、販売網・流通チャネルの変更には影響しない。推定係数の符号は、どれもわれわれの仮説通りであった。

4 老舗の革新に影響する要因

以上の推定結果をまとめてみよう。説明変数ごとに有意となった推定式の数を数えると、表2-11のようになる。この表をもとにして、現経営者の革新への姿勢に影響が大きい説明変数について考えてみよう。

表2-11 推定係数が有意であった推定式

説明変数	有意水準10％以上の有意な結果が得られた推定式の数
先代経営者	10
営業年数	2
製造業ダミー	7
売上変化	5
経営者になった年齢	2
従事者数	2
従業員の平均年齢	1

「社風」（先代までの経営者の革新へ対する姿勢）

記述統計でも見たように、現経営者と先代までの経営者の革新への姿勢はほぼ同じ傾向を示している。推定係数の符号が正で強い有意を示していることは、先代までの経営者と現経営者は革新に対して同じ傾向を示すということである。つまり、先代までの経営者が革新に積極的であれば、現経営者も革新に積極的

である傾向となる。一方、先代までの経営者が革新に消極的という保守的な姿勢を示している場合は、現経営者も保守的になるという傾向になる。

　第3節（28～31ページ）で先代経営者と現経営者の革新への姿勢を積極的／保守的で分類したが、この分類の元になった革新への姿勢の平均値の散布図を描くと**図2－1**のようになる。横軸の1.88は現経営者の平均値、縦軸の2.34は先代までの経営者の平均値を示している。この2本の線によって四つの領域に分けられる。右上方が「積極的・積極的」を、左下方が「消極的・消極的」を示している。この二つの領域に多くの点が集まっているが、**表2－5**のように「消極的・消極的」が「積極的・積極的」よりも多い。つまり、先代までが保守的であり、現経営者もどちらかというと保守的であるということである。これより、京都の老舗企業は全体として代々伝統を重視した「社風」があると解釈することができる。

製造業

　京都の老舗は製造と販売など複数分野にまたがっているところが多い。全体の33.1％の老舗企業が製造業と販売やサービスなど複数分野にまたがって事業をしており、製造業単独という企業は47社、12.8％となっている。ここでは製造にかかわっている場合、製品・製造にかかわる六つの項目の内、四つの被説

図2－1　現経営者と先代までの経営者の革新への姿勢の平均値（散布図）

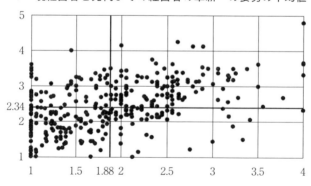

横軸：現経営者、縦軸：先代までの経営者

明変数について正の有意ということは、製造にかかわっているほうが製品・製造について革新に積極的であることを示している。

しかし、業種・業態と製造方法については有意でなかった。製造にかかわっていても、大きく業種を変えたり、製法革新したりすることには積極的であるわけではないと言える。一方、取引に関する項目四つの内、仕入れ先・原材料調達先、販売先・顧客、販売網・流通チャネルという三つの項目についても有意であり、製造業にかかわっている場合には革新に積極的であることが分かった。これにより、製造にかかわっている企業は幅広く革新的であると言える。

売上変化

売上変化は、表2-11をみると五つの推定式でしか有意となっていない。しかし、表2-9に戻ると、この五つの推定式はすべて製品・製造に関する項目についての推定式であった。製品・製造に関する六つの項目の推定式の内の5本である。

一方、表2-10をみると、取引に関する4本の推定式で10％水準より有意な推定結果は一つもなかった。つまり、売上変化は、製品・製造に関する項目について正で有意なので、売上が増加すると製品・製造に関する革新に積極的であるということになる。より詳細にみると、1％水準で有意だったのは、業種・業態、主要商品・サービス、開発体制、価格体系の4項目で、製造方法については10％水準で有意だった。製品・製造に関する項目ではあるが、本業・中核事業重視については有意でなかった。

製品・製造に関する革新は設備投資を伴うことも多く、業績（売上）が好調である場合に、革新に積極的になるのではないかと思われる。一方、取引に関する項目についての革新の場合、製品や製造に関する革新ほどには費用がかからないと思われるので、売上変化が有意な効果を及ぼしていないのではないかと考えられる。

企業規模

本章第2節の表2-5と表2-6で見た、老舗の革新への姿勢の東京・京都

間の違いと企業規模の関係について考えよう。回帰分析の結果、企業規模（従事者数）は、製造方法と外注先に関する経営者の革新姿勢について有意に影響しているが、他の八つの項目については有意でなく、経営者の革新姿勢に影響しているとは言えないことが分かった。つまり、企業規模の革新姿勢への影響はあまりないということになる。

東京に比べて京都の老舗は、伝統重視、保守的ということについて企業規模の影響を留保していたが、回帰分析の結果から企業規模の影響はあまりないと導かれた。

おわりに

以上、京都の老舗企業において革新をもたらす要因を、アンケートによって得られたデータを使い数量的に検討してきた。現経営者が変えてきた項目は、販売網・流通チャンネルや、価格体系、販売先・顧客などであった。それに対して、最も変えたくない項目は信用第一・コンプライアンス重視で、以下社是・社訓・家訓等、社名・屋号など経営の根幹に関する事柄については変えたくない意向が強く出ていた。

各項目への革新の姿勢について平均値より大きいか小さいかで、革新へ積極的か消極的かを分けて、老舗の革新への姿勢を4分類した。その結果、京都では先代までも消極的で現経営者も消極的という老舗の数が、先代までも積極的・現経営者も積極的という老舗の数より多かった。東京は逆になっており、京都の老舗は革新に対して東京に比べると保守的である可能性が示唆された。

老舗の革新への姿勢をもたらす要因を回帰分析によって検討すると、最も強く影響しているのは先代までの経営者の革新に対する姿勢であり、いわばこれは「社風」とでもいうべき老舗の伝統である。もう一つは、製造業にかかわっていることが革新へより積極的となることが示された。また、売上変化は製品・製造に関する革新を促進することも明らかとなった。一方、企業規模は老舗の革新姿勢にはあまり影響していないことも明らかとなった。

参考文献一覧

- 大西辰彦［2011］「京都産業を育む知恵インフラ」『産研論集』（関西学院大学）38号、31～40ページ。
- 中小企業庁［2016］『中小企業白書2016年版』
  http://www.chusho.meti.go.jp/pamflet/hakusyo/（2017年1月30日アクセス）。
- 中小企業庁［2016］『事業承継ガイドライン』（2016年12月5日）
  http://www.chusho.meti.go.jp/zaimu/shoukei/2016/161205shoukei1.pdf（2017年1月30日アクセス）。
- 帝国データバンク［2016］「2017年『周年記念企業』実態調査」（2017年11月21日）
  https://www.tdb.co.jp/report/watching/press/pdf/p161104.pdf（2017年1月30日アクセス）。
- 東京商工会議所［2015］『長寿企業の訓え──長寿企業における変革・革新（イノベーション）活動』東京商工会議所。
- 東京商工リサーチ［2016］「全国『老舗企業』調査」（12月2日）
  http://www.tsr-net.co.jp/news/analysis/20161202_01.html（2017年1月30日アクセス）。
- Goto, Toshio（2006）, "Longevity of Japanese Family Firms", Poutziouris, P. Z., Smyrnios, K. and S. B. Klein(ed.) *Handbook of Research on Family Business*, Edward Elgar, pp. 517-534.
- Kline, S. J.（1990）, *Innovation Styles, in Japan and the United States*, Stanford University（鴨原文七訳『イノベーション・スタイル──日米の社会技術システム変革の相違──』アグネ承風社、1992年）。

第3章

京都の老舗を分類する
―伝統と革新、企業と家業―

　老舗といっても、企業規模や革新への取り組み姿勢、経営状況などは実に様々である。例えば、企業規模に着目してみよう。小規模であれば、「ニッチ市場である」、「強い競争相手がいない」といった条件下で、既存の商品やサービスをベースに、細々と生きながらえることも可能かもしれない。特に、残存者利益が得られる成熟市場で事業を展開している老舗であれば、革新的な行動をとらなくても、むしろ革新的な行動をとらないことで、持続的な収益が担保される可能性すらある。信用や暖簾(のれん)を強みとする小規模な老舗では、こうした戦略も一つの選択肢となりえよう。

　他方、繁盛している京都の老舗企業の革新活動を分析した辻田［2013］によると、老舗の繁盛度合いには顕著な違いがあり、従業員100～300人程度の中規模老舗で繁盛している企業の割合が高く、様々な革新にも熱心な傾向が認められた。

　わが国政府は、近年、中小企業のなかでも特に小規模な企業を「小規模事業者」として着目し、その支援に力を入れている[1]。「小規模企業者」とは、「おおむね常時使用する従業員の数が20人（商業又はサービス業は5人）以下の事

---

[1] 「小規模企業者」は、中小企業基本法および小規模企業振興基本法で規定されているが、さらに小規模企業振興基本法は、常時使用する従業員の数が5人以下の事業者を「小企業者」と追記している。「小規模企業者」および「小企業者」には、「会社」のみならず「個人事業者」も含まれるため、法令用語以外では、「企業者」よりも「事業者」が好まれる傾向にある。

業者」を指し、彼らを振興する基本原則として、技術やノウハウの向上、安定的な雇用の維持などを含む「事業の持続的発展」を掲げる。

　京都では、この「小規模事業者」に分類される老舗が圧倒的多数を占めるが、その一方で、従業員（グループベース）が1万人を超える島津製作所やワタキューセイモア、1,000人規模の川島織物セルコンも京都の「老舗」に含まれる。

　本章では、こうした実態を踏まえ、企業規模、革新に対する姿勢（革新姿勢）、経営状況という三つの観点から京都の老舗を分類し、各類型の特徴を詳述する。類型化にあたっては、2016年実施のアンケート調査で独自に集めた京都の老舗データを活用し、似たもの同士をグループ化するクラスター分析を実施した。さらに、同分析によって得られた結果にインタビュー調査（老舗経営者が講師を務めるセミナーや講演会などでの聴講を含む）などで得た定性的データを加え、総合的に判断して六つの類型を析出（せきしゅつ）した。6類型の析出根拠に関しては、補論A（69ページ）を参照されたい。

　以下では、まずわれわれが析出した六つの類型を概観し、各類型の特徴を述べる。そのうえで、「どのような革新活動が、誰によって、いかなるプロセスで推進されているのか」、「類型によって違いがあるのか」などを検討し、京都の老舗の革新活動を掘り下げる。

　なお、本章の議論は、2016年のアンケート回答企業366社のうち、企業規模、革新姿勢、経営状況に関連した項目で一揃いの回答が得られた252社のデータに依拠している。また、本章は定量的データを中心に議論を進め、個別企業のケース分析は次章で行う。

1　老舗の6類型

　われわれは、多様な京都の老舗企業を、「家業不振型」、「家業安泰型」、「家業革新型」、「伝統企業安定型」、「革新企業成長型」、「名門企業型」の6タイプに類型化した。「家業不振型」、「家業安泰型」、「家業革新型」の前3者と「伝統企業安定型」、「革新企業成長型」、「名門企業型」の後3者は、生業か事業、

商売か経営、家業か企業かといった観点から区別される。

　前３者のうち、その家に代々伝わってきた商売を後生大事にしているのが「家業不振型」と「家業安泰型」である。この両者はいずれも伝統重視派で、価値観や行動様式は似通っているが、扱う商品やサービス、業種、業態の違いなどによって業績に決定的な違いが生じている。

「家業不振型」は時代の変化に取り残された厳しい状況にあり、現経営者の代で商売を畳むことが危惧される廃業予備軍である。それに対して「家業安泰型」は、暖簾(のれん)に頼った手堅い商売で十分な儲けを得ている。

「家業革新型」も家族経営を主体としているが、現状打破や自己変革を是とする意識が高い。新しい商品やサービスの開発、新市場の開拓などに熱心で、業種・業態の変容も厭わない。家業から企業への脱却を進めている老舗もこの類型に含まれる。

「家業不振型」、「家業安泰型」、「家業革新型」の「家業型」では、血縁ベースの「家」や世襲で継承してきた「家業」の存続が最重要視されるが、「伝統企業安定型」、「革新企業成長型」、「名門企業型」の「企業型」は、経済的価値を生み出す協働組織としての「企業」の存続・発展が大きな使命となっており、様々な資源やリスクを管理する経営（マネジメント）が強く意識されている。

　この「企業型」３類型のうち、「伝統企業安定型」は伝統重視派で、「家業安泰型」および「家業不振型」とその価値観や行動様式は似ているが、経営の仕組みが整備され、経営は安定的である。一方、「革新企業成長型」は、時代が求める新しい商品やサービスなどの開発に熱心で、革新姿勢が半ば社風として定着しており、京都の老舗で最も挑戦意欲の高い企業が集まっている。

　そして「名門企業型」は、成功裏に規模を拡大できた企業である。各企業に共通するのは、危機的状況の克服や中核事業の確立などで多大な功績を残した経営者の存在である。時に「中興の祖」とも称される彼らによって当該企業の経営基盤が構築され、京都の老舗のなかでも一目置かれる地歩を固めた。

　革新姿勢の数値化について、ここで少し説明を加えておきたい。一口に革新と言っても、その内実は様々である。われわれは2016年実施のアンケート調査で、各企業が、実際に「変えたもの」、「変えなかったもの」、「変えたいもの」、

「変えたくないもの」がそれぞれ何かを明らかにするため、革新活動について詳細な問いを設定した。

創業から先代経営者までの間に、「変わったこと」あるいは「変わらなかった」こととして、「社名・屋号」、「社是・社訓・家訓等」、「経営理念」、「信用第一・コンプライアンス重視」、「業種・業態」、「本業・中核事業重視」、「主力商品・サービス」、「開発体制」、「価格体系」、「製造方法」、「仕入れ先・原材料調達先」、「外注先」、「販売先・顧客」、「販売網・流通チャネル」、「人事制度や人材育成」、「組織編成」の16項目について、5段階で質問した。ちなみに、5段階というのは以下の通りである。

全く変わっていない：1、殆ど変わっていない：2、少し変わった：3、かなり変わった：4、完全に変わった：5

また、現経営者の代についても同様の質問を実施している。こちらは、4段階である。

変えたくない：1、検討中（変えたいを含む）：2、
少し変えた：3、変えた：4

革新姿勢の数値化にあたっては、この16項目のうち、ほとんどの企業が変えていない「社名・屋号」、「社是・社訓・家訓等」、「経営理念」、「信用第一・コンプライアンス重視」の4項目と、個人事業主や家族主体の小規模企業では質問が意味をなさない（回答が得られなかった）「人事制度や人材育成」、「組織編成」の2項目を除く10項目を対象とし、企業毎に10項目の平均値を算出した。この10項目は、第2章において、革新をもたらす要因分析で推定したものでもある。

それでは、アンケート調査で集めた独自データをベースに、この6類型の特徴を詳しくみていこう。分析対象となった252社のうち、「家業不振型」、「家業安泰型」、「家業革新型」の「家業型」に分類されたのは61.1％（154社）で、

表3－1　京都の老舗「6類型」の概要

家業不振型 (n=47)	家業安泰型 (n=40)	伝統企業安定型 (n=43)	家業革新型 (n=67)	革新企業成長型 (n=31)	名門企業型 (n=24)
小規模 家業ベース 本業伝統重視 業績不振	小規模 家業ベース 本業伝統重視 業績好調	中規模 企業組織 本業伝統重視 業績安定	小規模 家業ベース 革新志向 業績はバラツキあり	中規模 企業組織 強い革新志向 業績絶好調	大規模 企業組織 革新志向 業績安定

　残る38.9％（98社）が「伝統企業安定型」、「革新企業成長型」、「名門企業型」の「企業型」となった。

　また、革新に積極的な「革新派」、つまり「家業革新型」、「革新企業成長型」、「名門企業型」のいずれかに分類された企業は全体の48.4％（122社）で、「家業不振型」、「家業安泰型」、「伝統企業安定型」の「伝統重視派」は51.6％（130社）である。

　革新派と伝統重視派はほぼ拮抗している。業績はグラデーションで分類が難しい。絶好調（「革新企業成長型」）が12.3％（31社）、絶不調（「家業不振型」）が18.7％（47社）で、残りの約7割がその間に分散している。

　表3－1は、6類型の特徴を一覧にまとめたものである。なお、その根拠となるデータは、補論Aの表補A－1および表補A－2（73ページと75ページ参照）に記載されている。

（1）家業不振型（クラスター1）

「家業不振型」は全体の18.7％（47社）を占めた。企業規模をみると、売上高も従事者数も、6類型のなかで最も小さい。売上高では「5,000万円以下」が同類型全体の68.1％（32社）、従事者数も「4人以下」が61.7％（29社）で、その零細性が際立っている。

　革新姿勢も低い。創業者から先代経営者までの革新姿勢（平均2.27）と現経営者の革新姿勢（平均1.59）は、後述の「家業安泰型」とともに最低水準である。先代までの間に、「全く変わっていない：1」か「殆ど変わっていない：2」

のいずれかに回答した企業が68.1％（32社）に達する[(2)]。

　現経営者になってからも、「変えたくない：1」と回答した企業が51.1％（24社）で半数を超え、「検討中（変えたいを含む）：2」が44.7％（21社）で続き、「変えた：4」企業はごくわずか（4.3％、2社）であった。

　革新姿勢をより詳細にみると、「変えたくない：1」というこだわりが特に強い項目には、「業種・業態」（76.6％、36社）、「本業・中核事業重視」（89.4％、42社）、「主力商品・サービス」（83.0％、39社）が挙がる。

　現経営者の代になってから「事業規模」が「縮小」した企業と「変化なし」の企業はいずれも46.8％（22社）で、直近5年の「売上高」でみると、「減少」企業が78.7％（37社）と8割近い。経営状況は厳しいことが分かるだろう。

　業種的には、小売業（製造小売、卸小売を含む）が61.7％（29社）で最も多い。われわれが抱く旧態依然とした老舗のイメージそのままで、「一対一の商い」を基本に本店での店頭販売にこだわる京菓子店、着物の染め、シミ落とし、洗い張りなどを請け負う悉皆業、江戸時代から受け継がれてきた製法の薬を今もつくり続けている薬屋などがここに分類される。

　現経営者は、「業界活動」や「地域活動」に関しても、6類型のなかで最も消極的な姿勢を示している。現経営者の平均年齢（63.7歳）と正社員の平均年齢（50.3歳）も6類型のなかで最も高く、正社員の年間平均給与（989,200円）は最も低い。業績が低迷し、何とかしなければという認識はあるが、経営者や社員が高齢化していることもあり、手をこまねいている企業が多いとみられる。

　アンケート調査にもかかわらず、余白部分に以下のような書き込みがみられた。

「4代続きましたが、後継者として期待した長男は事業を継いでくれそうにありません。数年先に閉店となりそうです」（化粧品小売、経営者66歳）

「恵まれた立地を活かして新しいビジネスを考えたい気持ちもありますが、年齢もあって気力が追いついていきません」（鮮魚小売、経営者72歳）

「イノベーションをしたくても資金がなく、先に進めないことが多いのです」（数珠小売、経営者83歳）

　このように、苦しい胸の内を吐露する経営者が目立った。その存続が最も危

ぶまれる老舗が同類型である。

　もっとも、後継者を見いだせた企業では、世代交代をきっかけに他類型への転換が図られる可能性がある。「この業界は、徒弟制度的なところがあります。現経営者は発言力が強く、超保守的なのでなかなか革新ができません」（畳製造小売）と、雌伏の時を過ごす若い世代の雄飛に期待がかかる。

（２）家業安泰型（クラスター２）

「家業安泰型」に分類された企業は全体の16.9%（40社）で、「家業不振型」とほぼ同じ比率である。その内訳をみると、売上高「5,000万円以下」が同類型全体の67.5%（27社）、従事者数「4人以下」が55.0%（22社）で、「家業安泰型」とその零細性は一致している。

　革新姿勢も6類型で最低である。先代までの革新姿勢の平均は2.26にとどまり、現経営者の革新姿勢の平均も1.35である。先代までの革新活動に対して、「全く変わっていない：1」か「殆ど変わっていない：2」のいずれかに回答した企業が全体の62.5%（25社）を占め、現経営者になってからも「変えたくない：1」と回答した企業が72.5%（29社）に達する。

　「変えたくない」というこだわりが強い項目も、「業種・業態」（90.0%、36社）、「本業・中核事業重視」（92.5%、37社）、「主力商品・サービス」（87.5%、35社）で、「家業不振型」と同様の傾向を示している。

　業種的には小売機能をもつ企業（製造小売、卸小売を含む）が55.0%（22社）で最も多い。米や醤油、湯葉、京野菜、宇治茶、和菓子といった「食」関連に加え、数珠、組紐、清水焼、茶道具などの工芸品も目立つ。また、2割は、竹や石、建具、瓦、畳といった日本の伝統建築にかかわる職人集団である。

---

(2) 仙台恵社の革新姿勢の「全く変わっていない：1」は10項目の平均値1.0〜1.4、「殆ど変わっていない：2」は同1.5〜2.4、「少し変わった：3」は同2.5〜3.4、「かなり変わった：4」は同3.5〜4.4、「完全に変わった：5」は同4.5〜5.0の企業を指す。現経営者の革新姿勢も同様で、「変えたくない：1」には10項目の平均値1.0〜1.4、「検討中（変えたいを含む）：2」は同1.5〜2.4、「少し変えた：3」は同2.5〜3.4、「変えた：4」は同3.5〜4.0の企業を分類した。

驚くべきことに、経営状況は悪くない。むしろ、良好な企業の割合が高い。現経営者の代になってから「事業規模」が「増加」した企業が55.5%（22社）に達し、「変化なし」の40.0%（16社）が続く。直近5年の「売上高」でも、「変化なし」が57.5%（23社）、「増加」企業が32.5%（13社）である。

「家業安泰型」の企業をみると、伝統技術を活かした日常使いの商品開発やインバウンド需要を取り込むための店舗改装、インターネットサイトの充実による直接販売といった程度の新しい動きは認められる。具体的には以下の通りである。

「携帯電話に付属するストラップやアクセサリーなどの若年需要向け商品を開発した」（組紐製造小売）

「ここ数年中国、台湾、香港からのお客様が増加し、売り上げのほとんどを占めるようになった」（茶道具製造卸）

「常連のお客様から観光のお客様へと顧客層が徐々に変わり、多品目盛り合せのメニューを充実させた」（飲食業）

「インターネットを活用した通販事業に力を入れている」（湯葉製造卸小売）

本業へのこだわりが強い「家業安泰型」は、大きな発展が望みにくい成熟市場でビジネスを続けているが、既存顧客を固めて残存者利益を確保しつつ、若い世代や外国観光客らの感性をくすぐるデザイン性の高い商品やサービスも手がけ、量産品にはない手作りの希少性、老舗の信用力などを巧みに打ち出す販売促進活動が功を奏しているとみられる。

日本の伝統文化が海外で高く評価され、京都への外国人観光客が増加するといった追い風のなかで、家業ならでは小回りを利かして収益の維持や拡大に努めている企業群である。

（3）伝統企業安定型（クラスター3）

「伝統企業安定型」は、上述の「家業安泰型」と革新姿勢および経営状況は似ているものの、規模が明らかに大きい。売上高では「1億超～5億円」が同類

型全体の53.5%（23社）で最も多く、次いで「5億超〜10億円」が30.2%（13社）を占めている。従事者数でみても「21〜50人」が48.8%（21社）で最も多く、「11〜20人」が30.2%（13社）で続く。全体の17.1%（43社）が「伝統企業安定型」に分類されている。

　先代までの革新姿勢（平均2.41）と現経営者の革新姿勢（平均1.77）は総じて低く、先代までの間に、「全く変わっていない：1」か「殆ど変わっていない：2」のいずれかに回答した企業は41.9%（18社）を占める。ちなみに、「かなり変わった：4」もしくは「完全に変わった：5」という企業は皆無であった。

　現経営者をみても、「変えたくない：1」と回答した企業が37.2%（16社）、「検討中（変えたいを含む）」と回答した企業が48.8%（21社）で、「少し変えた：3」もしくは「変えた：4」と回答した企業は14.0%（6社）に留まる。

　本業へのこだわりは強く、先代までの間に、「業種・業態」が「全く変わっていない：1」か「殆ど変わっていない：2」と回答した企業がほぼ8割（79.1%、34社）に達する。また、「主力商品・サービス」も同じ数字を示している。現経営者も、「業種・業態」に対しては83.7%（36社）、「主力商品・サービス」に対しても74.4%（32社）が、「変えたくない：1」と回答しており、典型的な伝統重視派と言えるだろう。

　もっとも、販売先や販売網を中心に一定レベルの革新は認められ、「販売先・顧客」および「販売網・流通チャネル」の項目に限れば、先代までに変化があった（「少し変わった：3」、「かなり変わった：4」、「完全に変わった：5」のいずれかを回答）企業は、いずれも72.1%（31社）を占めた。現経営者になってからも、「販売先・顧客」を変えた企業は46.5%（20社）、「販売網・流通チャネル」を変えた企業は51.2%（22社）で、ほぼ2社に1社は販売先や販売網を見直している。

　経営状態は良好である。現経営者の代になってから「事業規模」に「変化がない」企業が37.2%（16社）で最も多く、34.9%（15社）の企業は「増加」している。直近5年の「売上高」も、「横ばい」企業が46.5%（20社）と最も多く、「増加」した企業も30.2%（13社）ある。ただ、従事者数は74.4%（32社）の企

業で変化がみられない。業績が、横ばいもしくは若干拡大という企業が集まっている。

業種的には、製造業（製造小売、製造卸を含む）が最も多く、48.8％（21社）を占めている。製造業の約半数は、宇治茶、和菓子、日本酒、味噌、湯葉などの食品で、西陣織、象嵌（ぞうがん）、念珠（ねんじゅ）といった工芸品も多い。製造業以外では、造園業者や工務店、建設会社、旅館、日本料理店などが伝統企業安定型に分類されている。

全体的な印象として、伝統産業に属する企業が多く、市場の成熟や衰退に伴い、多くの同業者が撤退するなかで、顧客が価値を見いだす商品やサービスの提供にこだわり、既存顧客との関係を深化させたり、新しい顧客を開拓したりして、存続を図ってきた企業が目立つ。また、「○○の白味噌」、「しば漬けの××」、「提灯なら△△」といった差別化に成功し、成熟市場で一定のシェアを確保している企業が少なくない。

京都・西陣の一角にある料亭、萬亀楼は、1722（享保7）年の創業である。平安中期に起源をもつ御所ゆかりの式包丁（しきほうちょう）、生間流（いかま）の伝統が廃絶の危機に直面した1904（明治37）年、料亭の8代目がその家元を継承した。

式包丁とは、烏帽子（えぼし）、袴（はかま）、狩衣（かりぎぬ）姿で、まな板の上の魚や鳥に直接手を触れずに包丁を使って料理し、めでたい形に盛りつける技であり、その流儀の一つが生間流である。宮中で食された有職料理の伝統や技法を踏まえた料理を提供する物珍しさもあって、中国や台湾、欧米諸国などからの外国人観光客が増えている。

老舗料亭といえば革新に消極的なイメージもあるが、提供する料理は、顧客の嗜好に合わせて変化している。10代目となる現当主は、その理由を次のように説明する。

「昔の文献に書かれている有職料理をそのまま出しても召し上がってもらえません。今は柔らかいものが好まれますから。伝統は大事ですが、お客様のニーズに応えていかないと、同じことをやり続けていたら取り残されてしまいます」

「伝統企業安定型」では、本業や伝統を守るための小さな変化は厭わないものの、企業の存続や発展のために、主力商品やサービス、業種・業態まで変容す

ることには抵抗感を感じ、その必要性を見いだせない傾向がうかがえる。専門化したニッチ市場で一定の地歩を固め、業績も比較的安定しているため、大胆な革新意欲が湧きにくい状況にあるとも言えるだろう。

（4）家業革新型（クラスター4）

　革新派のなかで最も規模が小さいのが「家業革新型」である。全体の26.6％（67社）を占めた。企業規模をみると、売上高は「5,000万円以下」が同類型全体の46.3％（31社）で最も多く、従事者数も「5～10人」と「4人以下」を合わせた「10人以下」が約4分の3（74.6％）に達する。つまり、零細業者が多数派である。

　業種で最も多いのは、53.7％（36社）を占める製造業（製造小売、製造卸を含む）で、丹後ちりめん、京友禅、西陣織といった繊維産業、醤油、宇治茶、和菓子といった食品産業が目立つ。光を反射させると鏡の背面に隠された模様が浮かび上がる魔鏡、雛人形用の屏風、祭事などで使われる烏帽子や冠といった極めてユニークな伝統工芸業者も含まれている。

　革新への積極性は、後述する「革新企業成長型」に匹敵する。特に、先代までの革新姿勢は突出しており、「革新企業成長型」と同じ最高値（平均3.33）で、現経営者の革新姿勢（平均2.59）も「革新企業成長型」に次ぐ高水準である。

　先代までの間に、「かなり変わった：4」か「完全に変わった：5」のいずれかに回答した企業が38.5％（24社）を占め、「少し変わった：3」も含めれば98.5％（66社）の企業が何らかの革新を行っていた。

　現経営者になってからも、「少し変えた：3」もしくは「変えた：4」と回答した企業が58.2％（39社）と6割に近く、「検討中（変えたいを含む）：2」の企業が35.8％（24社）で続く。先代までの革新活動がややペースダウンしている印象は否めないが、他類型との比較で言えば、旺盛なチャレンジ精神はやはり際立っている。

　歴代の経営者が最も熱心に取り組んできたのが、販売先や販売網、価格体系の見直しである。これらに付随する形で、外注先や仕入れ先、開発・製造体制

に手を入れる企業も少なくない。例えば、京都で唯一残るつげ櫛の製造販売業者、ナミやは、4代目が百貨店への販売ルートを開拓し、現経営者の5代目は、すべて手作業だった製造工程を見直した。原木の製材、板加工、櫛の歯を引く工程で、新たに導入した機械を使用している。

先代が切り開いた百貨店ルートの売上が落ち込むなか、インターネット販売にも力を注ぐ。自社のホームページを整備し、楽天サイトにも出店した。すでに、全売上高の約1割はネット販売によるものとなっている。主力商品に大きな変化がないのは、「同業者の減少で、需要に供給が追いつかない状況が生まれているためで、櫛に代わる商品開発の必要性は感じている」そうだ。

実際、主力商品やサービス、業種・業態に対する姿勢に、伝統重視派の「家業安泰型」、「家業不振型」、「伝統企業安定型」との決定的な違いがみえる。「家業革新型」では、先代までに、「主力商品・サービス」が変わった企業（「少し変わった：3」「かなり変わった：4」「完全に変わった：5」の回答企業）が68.7％（46社）、「業種・業態」が変わった企業も65.7％（44社）に達している。

現経営者の代に限っても、「主力商品・サービス」を変えた企業が47.8％（32社）、「業種・業態」を変えた企業が44.8％（30社）に及ぶ。自己変革を大胆に推し進めているのが「家業革新型」と言えるだろう。

明治時代に創業した生糸卸売業者は、昭和初期にその主力商品をレーヨン（人絹）に転換し、大手メーカーの販売特約店となり、戦後はナイロン、テトロンといった合成繊維に注力した。平成に入ってからは、特殊ハイテク素材を使った商品開発に業容を転じ、半導体工場のクリーンルームなどで使われる高性能のワイピンググローブやワイピングクロスをオリジナル商品として販売している。

宗教用具の製造業者は、従来の問屋依存の販売から寺院への直接販売へ転換しつつあるが、市場の縮小はいかんともしがたい。「最近は、家族葬などの増加で寺院離れ、宗教離れに拍車がかかっている。美術工芸品への転換を慎重かつ大胆に進めなければならない」と次の一手を模索中だ。

このように、革新活動に積極的ではあるが、経営状況はばらつきが大きい。現経営者の代になってから「事業規模」が拡大した企業が40.3％（27社）、縮

小した企業が35.8％（24社）とほぼ拮抗し、直近5年の「売上高」は、「横ばい」企業の割合が50.7％（34社）で最も多い。

（5）革新企業成長型（クラスター5）

　京都の老舗企業で、「革新企業成長型」はそれほど多くはない。アンケート回答企業252社では、全体の12.3％（31社）が同類型に分類された。「伝統企業安定型」とほぼ同じ中規模な企業が集まっており、売上高では「1億超〜5億円」が35.5％（11社）で最も多い。「5億超〜10億円」と「10億超〜20億円」がそれぞれ16.1％（5社）で続く。従事者数は、最も多いのが「11〜20人」の29.0％（9社）で、その前後の「5〜10人」と「21〜50人」がそれぞれ19.4％（6社）である。

　「革新企業成長型」の現経営者は、先代までの経営者に勝るとも劣らない勢いで革新活動を継続している。先代までの革新姿勢（平均3.33）、現経営者の革新姿勢（平均3.08）とも6類型のなかで最も高い。先代までの間に、「かなり変わった：4」、「完全に変わった：5」のいずれかに分類される企業が45.2％（14社）で、「少し変わった：3」も含めれば、90.3％（28社）の企業が何らかの革新を行っている。現経営者の代でも、「少し変えた：3」もしくは「変えた：4」と回答した企業が74.2％（26社）に達する。

　革新活動をより詳細にみると、主力商品やサービス、業種・業態まで変容している企業が多数を占める。特に、現経営者の代における変容ぶりは目を見張る。「主力商品・サービス」が変わった企業（先代までは「少し変わった：3」、「かなり変わった：4」、「完全に変わった：5」の回答企業、現経営者は「少し変えた：3」と「変えた：4」の回答企業）の割合は、先代までが74.2％（23社）、現経営者は83.9％（26社）となっている。「業種・業態」が変わった企業の割合も、先代までの67.7％（21社）に対し、現経営者は71.0％（22社）である。

　先代までの革新姿勢と現経営者の革新姿勢の評価基準が異なるため、単純な比較はできないが、現経営者になって革新活動がレベルアップされたようにもみえる。

また、経営状況は好調で、多くの企業が成長段階にある。現経営者の代になってから「事業規模」が拡大した企業は90.3%（28社）、直近5年の「売上高」も、「増加」した企業が83.9%（26社）にも上る。「従事者数」が「増加」した企業はさらに多く、93.5%（29社）にも達している。

　業種的には、革新的な小規模企業の集まりである「家業革新型」や、企業規模が似ている「伝統企業安定型」よりも、製造業（製造小売、製造卸も含む）の比重がさらに高い。67.7%（21社）を占めている。製造業の約半数は、宇治茶、和菓子、漬物などの食品産業で、われわれの前著、松岡編［2013］で繁盛している老舗のケースとして取り上げた企業の多くがここに分類された。一例を挙げると、和菓子のOEM製造からシュークリームの製造小売に進出した石田老舗、抹茶スイーツ店を手広く展開している製茶業の中村藤吉本店などである。

　現経営者は、「業界活動」や「地域活動」に関しても、全グループのなかで最も積極的な姿勢を示している。社長のフットワークは総じて軽く、情報に対する感度も高いとみられる。

　革新に対する経営者の言動にも力強さがみなぎっている。

「革新とは、今にはじまったものではありません。古都、京都には永く守ってきた文化や伝統があり、永きにわたって商いをすると、自ずと革新は繰り返されます。経営者はセンスや知識の向上のためにつねに努力しなければなりません。変化を恐れていて、伝統文化を守れません」（旅館業、経営者45歳）。

「経営基盤を固め、商品、土地、人脈等を統合し、時代の少し先に対応する仕組み（商品、コンセプト、販売方法など）を構築したいと思っています。心掛けているのは、最低10年は続けられる経済的余裕やタイムテーブル。自分の経営者在任期間が40年とするならば、大きな革新の波が2〜3回あってもよいと考えています」（貴金属製品の卸小売、経営者63歳）

「振り返ってみれば、初代も2代目も、その時代の最先端のものに取り組んでいたようです。3代目の私も同じようにしていることに気がつきました。4代目になる息子もそうです。ただ、時代のとらえ方が違うので、度々衝突します。改革するから進化があり、存続があるのだと思います」（ヘアサロン、経営者62歳）

成熟市場、衰退産業で存続できる企業の数は限られる。市場や産業がほぼ消滅する場合だってある。すべての老舗が、残存者利益を狙う戦略をとれるわけではない。第4章で取り上げる近江屋ロープの現社長は、その本業が地方の小売店を顧客とするロープ製造卸から地方自治体を主な販売先とするシカやサルなどの獣害防止ネットの製造卸に転じた経験を踏まえ、次のように述懐している。

「家業（家族だけでの商い）は別として従業員を抱える老舗が時代の変化に対応し、なおかつ成長するためには、どうしても業態を変えざるを得ないと思います。この時に一番大切なのは経営者が変わることです。それも今までの生き方、信条、経営の方法などすべてを変える覚悟がないと、規模を維持して継承することはほぼ難しいと感じます」

「革新企業成長型」の多くは、「家業安泰型」や「家業革新型」、あるいは「伝統企業安定型」といった別の類型だったが、様々な危機を乗り越える過程で今の姿に転じたとも推察される。新興市場や成長産業への参入を図り、成果を上げた企業のみが「革新企業成長型」として生き延びたとも言えるだろう。

（6）名門企業型（クラスター6）

「名門企業型」は24社で全体の9.5％である。その内訳をみると、売上高では「30億円超」が同類型全体の50.0％（12社）と半数を占める。最も小規模な企業でも「5億超〜10億円」を売り上げている。従事者数は「101〜300人」が37.5％（9社）で最も多く、それに次ぐのが「300人〜」の25.0％（6社）である。従事者数が100人を超える企業が全体の6割を超えており、これまでみてきたどの類型よりも規模は大きい。

　革新派ではあるが、現経営者の革新姿勢はペースダウンしているようにみえる。先代までの革新姿勢（平均3.08）は、「革新企業成長型」および「家業革新型」（いずれも平均3.33）に匹敵する高水準だったが、現経営者の革新姿勢（平均2.16）は、「革新企業成長型」（平均3.08）と0.1％水準で、「家業革新型」（平

均2.59）とは5.0％水準で有意に低かった。

　先代までの間に、「かなり変わった：4」、「完全に変わった：5」のいずれかに分類される企業は37.5％（9社）で、「少し変わった：3」も含めれば79.2％（19社）の企業が何らかの革新を行っていた。ところが、現経営者になってから「少し変えた：3」もしくは「変えた：4」と回答した企業は37.5％（9社）に留まっている。

　主力商品やサービス、業種・業態まで変容している企業もそれほど多くない。「主力商品やサービス」が先代までに変わった企業（「少し変わった：3」「かなり変わった：4」「完全に変わった：5」の回答企業）は62.5％（15社）、現経営者の代で変わった企業は29.2％（7社）、「業種・業態」が先代までに変わった企業は45.8％（11社）、現経営者の代で変わった企業は25.0％（6社）である。「革新企業成長型」の各数字、74.2％、83.9％、67.7％、71.0％と比較すると、現経営者における革新姿勢の後退が浮き彫りになろう。

　現経営者になってからの活動期間が平均11.9年と他類型よりも短く（全体平均は16.6年）、また企業規模が相対的に大きいために小回りが利かず、革新に時間がかかるといった側面はあろうが、「名門企業型」の革新活動は過去にピークがあり、また過去に大胆な革新に取り組んだがゆえに、現在の地位に上り詰めたとも言えるだろう。

　経営状況をみると、現経営者の代になってから「事業規模」が拡大した企業は41.7％（10社）、縮小した企業が33.3％（8社）である。直近5年の「売上高」では、「横ばい」企業が58.3％（14社）で最も多い。「暖簾(のれん)のブランド価値」に関しては、「横ばい」が70.8％（17社）で、残る29.2％（7社）は「増えた」と回答している。全体としてみれば、経営は安定的である。

　業種的には、製造業（製造小売、製造卸を含む）が50.0％（12社）で半数を占めるが、小売、卸、飲食、建設など多岐にわたる。伝統産業関連では、松栄堂（香）、小堀（仏壇仏具）、川島織物セルコン（西陣織）、月桂冠（日本酒）、美濃吉（京料理）といった各業界のトップ企業が顔を揃える。その一方で、成長分野に転じ、事業領域を広げることで発展した企業も少なくない。

　江戸時代に伝統工芸品の金銀箔を扱う問屋として創業したが、第2次世界大

戦後、自動車産業やエレクトロニクス産業分野に参入し、金属箔・金属粉の総合メーカーとしてグローバルに活躍する福田金属箔粉工業、呉服の値札業から、カタログ・パンフレット類の商業印刷、包装資材・紙器などを手掛ける総合印刷会社に成長した野崎印刷紙業、明治初期にふとんの綿打ち業者としてスタートし、リネンサプライ業界のリーディングカンパニーとなり、近年は医療・介護分野の専門総合商社として急成長を遂げているワタキューセイモアなどである。

2 類型別にみた革新活動の実態

　われわれは、京都の老舗を「家業不振型」、「家業安泰型」、「伝統企業安定型」、「家業革新型」、「革新企業成長型」、「名門企業型」の六つに類型化し、その特徴を詳述してきたが、本節では革新姿勢に焦点を絞り、どのような革新活動が、誰によって、いかなるプロセスで推進されているのか、類型によってどのような違いがあるか、をみていくことにしたい。

　革新姿勢に関する前節の議論を再度整理しておくと、6類型のなかで、高い革新姿勢を一貫して示しているのが「革新企業成長型」で、「家業革新型」と「名門企業型」が続く。後2者も老舗のなかでは革新活動に積極的な部類に入るが、現経営者の代になって少しレベルダウンしている感が強い。他方、革新活動に消極的な姿勢で終始一貫しているのが「家業安泰型」と「家業不振型」で、「伝統企業安定型」も類似の傾向を示している。

（1）老舗の革新活動とは

　一口に革新と言っても、人や組織によってその捉え方は様々である。既述の通り、われわれは革新活動の中身を細分化して、革新活動の具体的中身を分析した。各企業には、先代までについては5段階、現経営者の代については4段階で自己評価してもらった。

図3-1は、16項目に関して、創業から先代経営者までの間にどの程度の変化があったかを、**図3-2**は、18項目に関して、現経営者のこれまでの行動と意識を類型別に比較したものである。各項目の数値は各類型に分類された企業の平均値であり、数値が小さいほど革新に消極的であることを示す。

　図3-1と**図3-2**はほぼ同じ形態を示しており、経営者が変わっても、各類型の革新姿勢の序列に大きな変化がみられないことが再確認された。ただ、先にも述べたように、先代までの革新姿勢は、「家業不振型」、「家業安泰型」、「伝統企業安定型」の伝統重視派と「家業革新型」、「革新企業成長型」、「名門企業型」の革新派にほぼ2分されていたが、現経営者の代になると、革新派の3類型がばらけ、「革新企業成長型」が大きく外に張り出し、「家業革新型」そして「名門企業型」との差が顕著になっている。

　また、類型によって革新に対する積極性は大きく異なっているが、全体的な傾向としては、「販売先・顧客」、「販売網・流通チャネル」、「価格体系」といった販売関連や、「仕入れ先・原材料調達先」、「外注先」などは比較的変えやすい項目であることが分かる。他方、「社是・社訓・家訓等」、「経営理念」、「信用第一・コンプライアンス重視」といった経営規範や価値基準に関する項目はあまり手が加えられず、そのまま継承される傾向が強い。これは、第2章での議論とも整合的である。

　「主力商品・サービス」および「業種・業態」の項目は、革新に消極的な「家業不振型」、「家業安泰型」、「伝統企業安定型」ではほとんど変わっていないが、革新に積極的な「家業革新型」、「革新企業成長型」、「名門企業型」では変化した企業が主流となっており、特に、「革新企業成長型」の現経営者でその傾向が顕著である。「主力商品・サービス」や「業種・業態」の変化に対する抵抗感はほとんど感じられない。

　「人事制度や人材育成」および「組織編成」の項目も、各類型の特性が表れている。一定の従業員を抱え、企業（組織体）として事業を展開している「革新企業成長型」と「名門企業型」で、人事制度や組織編成に変化が認められるのは、ある意味、当然とも言えるが、注目すべきは「家業革新型」だろう。

　人事制度や組織編成を変えている企業が多く、「伝統企業安定型」を若干上

第3章 京都の老舗を分類する 61

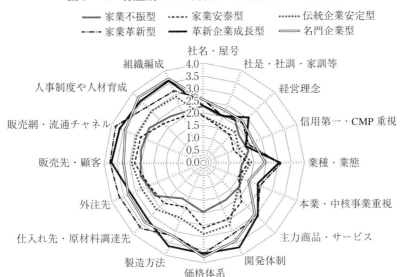

図3−1 類型別にみた先代までの経営者の革新姿勢

注:CMPはコンプライアンスの略。

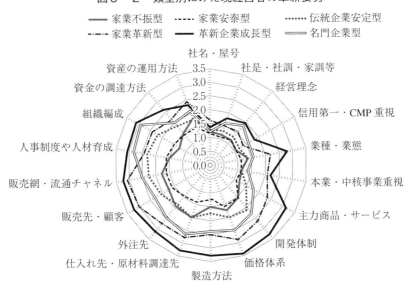

図3−2 類型別にみた現経営者の革新姿勢

注:CMPはコンプライアンスの略。

回る水準にある。「家業革新型」には、「主力商品・サービス」や「業種・業態」を変えた企業が相当数含まれており、取り扱う商品やサービスが変わることによって、あるいは業種・業態の転換を図るために人事制度を整備し、人材育成に力を入れ、組織を再編する必要性が生まれていると推察される。

（2）老舗の革新活動の担い手と支援者

　本章では、京都の老舗を類型化して、革新活動に積極的な企業とそうでない企業の間にどのような違いがあるかを分析してきたが、最後に革新活動の担い手について考察しておきたい。

　図3-3は、現経営者に、新製品や新サービスの開発、新規事業、組織改革といった新たな取り組みを推進するにあたり、「アイデア」、「コンセプト」、「製造」、「販売・事業化」の各段階で、発想の源泉がどこにあったか、つまり誰が重要な役割を担ったかを尋ねたものである。革新活動に関与する人々の属性を六つの類型間で比較した。

　折れ線グラフの各数値は、発想の源泉者として回答した企業の割合を示しており、革新活動に消極的なタイプ（例えば、「家業不振型」）は低く、積極的なタイプ（例えば、「革新企業成長型」）は高くなる傾向が認められる。

　6類型を見比べると、革新活動で重要な役割を担うのは、やはり経営者であることが分かる。革新に最も積極的な「革新企業成長型」をみると、「アイデア」から「販売・事業化」までの全段階で、「経営者自身」が発想の源泉として重要な役割を担っている。「家業革新型」や「伝統企業安定型」でも、「経営者自身」を発想の源泉と回答した企業は多い。例えば、アイデア段階で、「経営者自身」が発想の源泉となった企業の割合は、「革新企業成長型」（71.0％）は7割を超え、「家業革新型」（38.8％）や「伝統企業安定型」（44.2％）も4割前後に達している。

　とはいえ、経営者の関与度が最も強い「革新企業成長型」でも、各段階を比較すると、経営者の重要性は最初の「アイデア」段階が最高で、それに次ぐのが「コンセプト」段階（61.3％）である。「製造」段階（38.7％）になると3割

台にまで低下し、「社員」（25.8％）の割合が相対的に上昇する。「革新企業成長型」の経営者は常に強い問題意識をもち、高いアンテナを張って、新しい事業のアイデアや商品のコンセプトを思考しているが、実際の商品化や事業化では、社員も主体的に関与していることがうかがえる。

「社員」の重要性は、企業規模が大きい「名門企業型」ではより顕著である。最初のアイデア段階こそ、「経営者自身」の割合（41.7％）が最も高いが、具体的なコンセプトを作成する段階以降は、「経営者自身」よりも「社員」が中心的役割を担っている。「革新企業成長型」は、経営者が最前線に立って、様々なアイデアを自ら提示しながら社員を引っ張っているが、「名門企業型」は組織で動いていることが確認できよう。

　経営者の重要性が高いとはいえ、経営者が1人で考える発想には限界がある。「革新企業成長型」のアイデア段階をみると、「経営者自身」（71.0％）、「親族」（29.0％）に次いで、「友人」（仕事を通じての友人も含む、9.7％）が挙がっている。仕入れ先や販売先よりもその割合は高い。販売・事業化段階でも、「友人」（同、9.7％）が一定の役割を果たしている。

　新しい商品やサービスの開発、業種・業態の転換にまで果敢に挑戦する「革新企業成長型」ゆえに、販売先や仕入れ先といった既存の取引関係からは入手できない、異質の情報やアイデアをもたらしてくれる「友人」が頼りにされていると推察される。また、決して高い比率ではないが、大学の研究者やコンサルタントといった「専門家」から斬新な発想がもたらされるケースもあるようだ。

「友人」や「専門家」が革新活動で少なからぬ役割を果たしているとする図3－3（次ページ）のデータは次章で取り上げる個別企業のケース分析で、「革新企業成長型」の経営者が異業種交流会や研究会といった様々な会合に熱心に参加し、商品開発などで研究者やデザイナーらの支援を仰いだ、といった話とも符号している。

64　第1部　老舗と革新

図3－3　類型別にみた革新活動に関与する人々の属性

家業不振型（クラスター1）

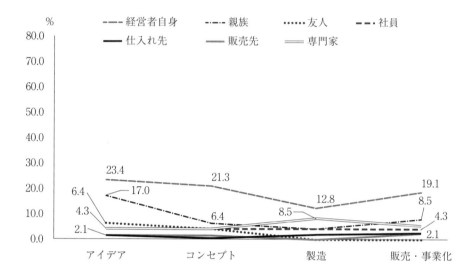

家業安泰型（クラスター2）

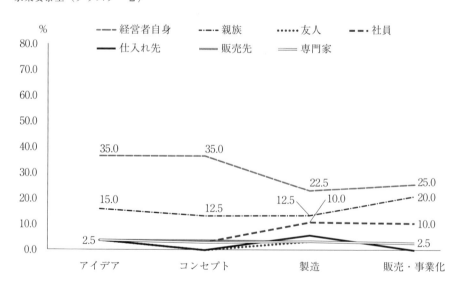

第3章　京都の老舗を分類する　65

図3-3　類型別にみた革新活動に関与する人々の属性

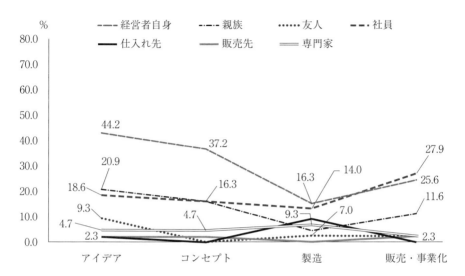

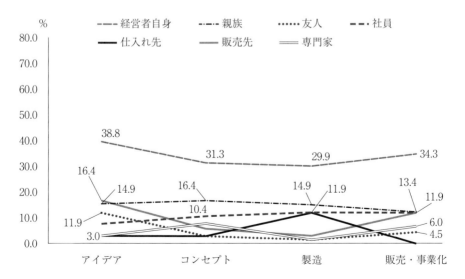

66　第1部　老舗と革新

図3-3　類型別にみた革新活動に関与する人々の属性

革新企業成長型（クラスター5）

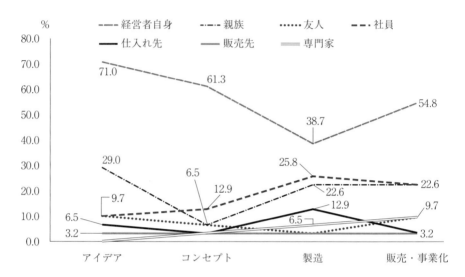

名門企業型（クラスター6）

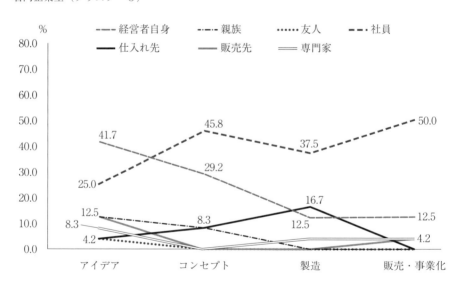

おわりに

　本章では、企業規模、革新姿勢、経営状況に着目することによって、京都の老舗企業を6類型に分類し、その特徴を詳述した。圧倒的多数を占める小規模企業は、「家業安泰型」、「家業不振型」、「家業革新型」の3タイプで、中規模企業は「伝統企業安定型」と「革新企業成長型」の2タイプ、そして比較的規模の大きな企業は「名門企業型」である。
　老舗を分類することで、得られた知見を最後にまとめておきたい。
　第一に、老舗と言っても企業規模、革新姿勢、経営状態は様々である。
　京都には、大きな発展が望みにくい成熟市場や市場そのものが縮小している衰退市場で商売をしている小規模な老舗が少なくない。本業にこだわる伝統重視派の彼らが、規模の拡大を目指さず身の丈商売に徹するのは、その市場構造を考えれば極めて理にかなっており、われわれが分析した252社のなかでは、約3分の1（34.5％）がそうした伝統重視派の家業型であった。
　伝統重視派で驚くべきことは、成熟市場や衰退市場でしっかり収益を上げている企業が少なくないことである。そうした老舗では、「お客さんのニーズに合わせて商品やサービスを少しずつ変えている」、「寺社仏閣、華道や茶道の家元などの御用達として既存顧客を固めつつそのブランド力を活用する」、「年間5,000万人を超える観光客の新需要に対応する」といった取り組みをしており、伝統重視であるがゆえに、伝統を守る手段としてある程度の変化を許容する柔軟さが感じられる。
　彼らは、日本の伝統文化が海外で評価され、「京都」が世界的なブランドとなるなかで、手作りの希少性、老舗の信用力などを巧みに打ち出しているのである。幸いなことに、彼らがこだわる伝統技術や文化は、規模の小ささが強みとして活かせる分野でもある。
　他方、京都には、市場の衰退や消滅といった危機に対して、業種・業態にまで踏み込んだ大胆な変容を重ね、生き延びてきた革新派の老舗も多い。特に、従業員を一定数抱える企業の場合、経営者が従業員の生活を守るために、彼ら

を鼓舞しながら新商品の開発や新事業の構築に努めており、その結果がしばしば新市場の創出や成長市場への参入につながっている。

 つまり、京都の老舗は、伝統重視派と革新派が混在しており、いずれのタイプにも「勝ち組」はいるが、伝統重視派は、企業規模が大きくなるとその存続リスクが高まると推察される。存続するためには、一定の事業規模を成熟市場や衰退市場で確保し続ける必要があるからだ。

 彼らは淘汰されるか、革新派に転じて、新しい市場で存続・発展を図ることになる。革新活動に消極的な伝統重視派が規模の大きな企業で析出されなかったことは、その証左とも言えよう。

 伝統重視、本業重視で生き延びる余地が残っている家業型も、市場が縮小し続ける限り淘汰が続く。「家業不振型」は、その淘汰の波に今まさに飲み込まれそうな老舗であり、「家業革新型」は、主力商品やサービス、さらには業種・業態の転換に大きく舵を切った老舗ともみなせよう。

 第二に、伝統重視派、革新派と言っても、スパッと二分されるわけではない。先代からの商売に手を加えずそのまま継承している企業、本業はそのままだが販売網や仕入れ先、製造方法などを変更した企業、新事業を立ち上げ、業種・業態まで変えてしまった企業などその実態は実に多彩だ。

 そもそも、「革新」の意味するところは、人や組織によって異なっている。われわれは、革新活動の中身を細分化し、老舗企業が「実際に変えたもの」、「変えなかったもの」、「変えたいもの」、「変えたくないもの」を詳細に分析することによって、老舗企業にとっての革新と伝統の中身をある程度明らかにすることに成功した。

「販売先・顧客」、「販売網・流通チャネル」、「価格体系」といった販売関連や、「仕入れ先・原材料調達先」、「外注先」などは手を加えやすい項目であり、伝統重視派でも経営が安定している企業は、販売網・販売チャネル、販売先などを変えているところが多いことを知った。他方、「社是・社訓・家訓等」、「経営理念」、「信用第一・コンプライアンス重視」といった経営規範や価値基準に関する項目は、革新派でも変える企業は少なかった。また、「主力商品・サービス」および「業種・業態」は、伝統重視派は、手を加えることに消極的であ

ったが、革新派では「すでに変えている」あるいは「変えたい」企業が目立ち、「革新企業成長型」企業の現経営者の積極性には目を見張るものがあった。

　第三に、経営者の革新姿勢は、世代を超えて伝承される傾向が強いことも再確認された。

　成熟市場で存続を図る伝統重視派も、一定の収益を確保できる可能性はある。「家業安泰型」と「伝統企業安定型」は、その証左とも言える。専門化したニッチ市場で一定の地歩を固め、業績も比較的安定している「伝統重視派」が、日々の生活のなかで、先代までに構築された成功モデルを変える必要性を感じる機会はまずないだろう。外部環境が激変し、市場の消滅といった類の危機に直面しない限り、革新しようというモチベーションは生まれにくい。

　対称的に革新派には、革新的な活動に取り組むことで存続、発展した歴史がある。主力の商品やサービスはもちろん、業種・業態まで変容して生き延びた企業は、それが一つの成功体験として語り継がれ、行動規範や社風として定着していく。代替わりした経営者が踏み込んだ革新を行えるのは、その重要性が行動規範として刷り込まれており、革新を推進する社風もある。さらに、いかに革新するかという革新の仕方（基本）そのものも暗黙知的に継承されている可能性もあろう。

　とはいえ、伝統重視派、革新派は、固定的なものではない。企業を取り巻く環境変化などによって企業の戦略は変化する。過去の経営者の果敢な挑戦によって成長を遂げた「名門企業型」は、今、革新後の状態を維持する安定期に入っているようにみえる。業績が低迷している「家業不振型」も、現経営者の一念奮起によって「家業革新型」や「革新企業成長型」に転じる可能性はあろう。

　京都の老舗で最も革新的な「革新企業成長型」をみても、かつて「家業不振型」だったと思しき企業が少なくない。ただし、新たな取り組みを推進するにあたってのキーパーソンは、繰り返し述べてきたように経営者自身である。次章では、「名門企業型」および「革新企業成長型」に分類される企業をケースとして取り上げ、歴代の経営者がどのような革新活動をいかに遂行してきたのかを詳述する。

参考文献一覧

・辻田素子［2013］「永続繁盛している長寿企業の経営革新と事業承継──しなやかでしたたかな京の老舗から学ぶ」松岡憲司編『事業継承と地域産業の発展──京都老舗企業の伝統と革新』新評論所収、59～104ページ。
・東京商工会議所［2015］『長寿企業の訓え──長寿企業における変革・革新（イノベーション）活動』東京商工会議所。
・松岡憲司編［2013］『事業継承と地域産業の発展──京都老舗企業の伝統と革新』新評論。

補論A　クラスター分析による京都の老舗企業の類型化

　われわれは第3章で、京都の老舗企業を「家業不振型」、「家業安泰型」、「伝統企業安定型」、「家業革新型」、「革新企業成長型」、「名門企業型」の6タイプに類型化し、それぞれの特徴を浮き彫りにした。この「補論A」では、2016年のアンケート調査回答企業を対象にしたクラスター分析の結果を論じ、6類型の析出根拠を示す。ちなみに、クラスター分析とは、異なる性質のものが混ざりあっている集合体から似たもの同士を集めてグループ（cluster）に分類する統計的な分析手法のことである。

老舗企業の規模、革新度、経営状況に着目
　第3章でも述べたように、われわれは京都の老舗企業を類型化するにあたり、これまでの研究成果を踏まえ、「企業規模」、「革新に対する姿勢（革新姿勢）」、「経営状況」の三つの側面に着目した。実際に用いた具体的な指標は、次の8項目である。
　企業規模は、①売上高と②従事者数（社長、役員、常時雇用の派遣、パート含む）、革新に対する姿勢は、③先代までの経営者の革新姿勢と④現経営者の革新姿勢、経営状態に関しては、直近5年の⑤売上高変化と⑥従事者数変化、現経営者の代になってからの⑦事業規模変化と⑧暖簾のブランド価値変化、である。
　これら8項目の指標化にあたり、①売上高は1～8の8段階、②従事者数は1～7の7段階、③先代までの経営者の革新姿勢は1～5の5段階、④現経営者の革新姿勢は1～4の4段階、⑤売上高変化、⑥従事者数変化、⑦事業規模変化、⑧暖簾のブランド価値変化の4項目は1～5の5段階で計測した。
　①売上高と②従事者数は、各項目の値が大きいほど企業規模が大きく、③先代までの経営者の革新姿勢と④現経営者の革新姿勢は、各項目の値が大きいほど革新に積極的なことを示す。他方、⑤売上高変化、⑥従事者数変化、⑦事業規模変化、⑧暖簾のブランド価値変化は、「増えた：1」、「少し増えた：2」、「変

化なし：3」、「少し減った：4」、「減った：5」で、値が小さいほど正の変化（増加）、大きいほど負の変化（減少）を表す。なお、各項目の各段階は、アンケート調査で用いた質問票（付録A）を基本としている。

これら8項目すべてのデータが揃った老舗企業は、アンケート回答企業366社中252社（68.9％）である。分析には、統計ソフトSPSSを利用し、Ward法による階層的クラスター分析を実施した。その際、8項目の値は、平均値0、標準偏差1のZスコアに標準化している。

クラスター分析による分類結果

われわれは、252社を対象としたクラスター分析の樹形図（デンドログラム）や各クラスターのプロフィール、ヒアリング調査で集めた定性的データなどから、総合的に判断してクラスター数を6とした。

六つのクラスターごとに8項目の平均値を比較したのが**表補A－1**である。なお、6グループに対する分散分析（Welch検定）結果は、全項目で0.1％水準の有意差が認められた。

さらに事後検定（多重比較）によると、「①売上高」と「②従事者数」はいずれも、0.1％水準の有意で、3グループに大別できる。小規模グループがクラスター1（家業不振型）、クラスター2（家業安泰型）、クラスター4（家業革新型）、中規模グループがクラスター3（伝統企業安定型）とクラスター5（革新企業成長型）、大規模グループがクラスター6（名門企業型）である。

過去の革新度を表す「③先代までの経営者の革新姿勢」は0.1％水準の有意で、クラスター4（家業革新型）、クラスター5（革新企業成長型）、クラスター6（名門企業型）と、クラスター1（家業不振型）、クラスター2（家業安泰型）、クラスター3（伝統企業安定型）に二分され、前者は革新活動に積極的なグループ、後者は消極的なグループである。

現在の革新度を示す「④現経営者の革新姿勢」は、クラスター5（革新企業成長型）が最も積極的で、クラスター4（家業革新型）、そしてクラスター6（名門企業型）が続く。最も革新度の高いクラスター5（革新企業成長型）とそれに次ぐクラスター4（家業革新型）は1.0％水準で、革新度が2番目のク

ラスター4（家業革新型）と3番目のクラスター6（名門企業型）は5.0％水準で有意な差がある。

　一方、消極的なグループに分類されるのが、クラスター1（家業不振型）とクラスター2（家業安泰型）である。クラスター3（伝統企業安定型）も、どちらかと言えば消極的なグループに近い。

　整理すると、過去から現在にかけて一貫して高い革新姿勢を示しているのがクラスター5（革新企業成長型）で、それに続くのがクラスター4（家業革新型）とクラスター6（名門企業型）である。後二者も革新活動に積極的なグループではあるが、現経営者の代になってその積極性は若干低下している。他方、クラスター1（家業不振型）とクラスター2（家業安泰型）は革新活動に消極的な姿勢で終始一貫し、クラスター3（伝統企業安定型）も類似の傾向を示す。

「⑤売上高変化」は、0.1％の有意水準で3グループに大別できる。増加グループはクラスター5（革新企業成長型）、安定グループはクラスター2（家業安泰型）、クラスター3（伝統企業安定型）、クラスター4（家業革新型）、クラスター6（名門企業型）、減少グループはクラスター1（家業不振型）である。

「⑥従事者数変化」をみると0.1％の有意水準で、増加グループにはクラスター5（革新企業成長型）、安定グループにはクラスター2（家業安泰型）とクラスター3（伝統企業安定型）、減少グループにはクラスター1（家業不振型）が分類される。

「⑦事業規模変化」は明瞭な分類が難しいが、クラスター5（革新企業成長型）は、クラスター2（家業安泰型）を除く四つのクラスターと0.1％水準で有意な差がある。また、クラスター5（革新企業成長型）に次いで事業規模が増加しているクラスター2（家業安泰型）は、クラスター1（家業不振型）（0.1％水準）、クラスター4（家業革新型）（1.0％水準）、クラスター3（伝統企業安定型）（5.0％水準）との間に有意差が認められる。

「⑧ブランド価値変化」もその分類が難しい。0.1％の有意水準で区別できるのは、大幅増加のクラスター5（革新企業成長型）、増加のクラスター4（家業革新型）、安定のクラスター1（家業不振型）である。ブランド価値が減少したグループはない。

クラスター２（家業安泰型）およびクラスター３（伝統企業安定型）は、増加グループに含めて差し支えないと思われるが、ブランド価値の増加がクラスター１（家業不振型）に次いで低いクラスター６（名門企業型）は、安定グループか増加グループかの判断が難しい。

以上を整理すると、「⑤売上高変化」、「⑥従事者数変化」、「⑦事業規模変化」、「⑧ブランド価値変化」の全項目で増加率が最も大きいクラスター５（革新企業成長型）が、経営状況の最もよいグループで、クラスター２（家業安泰型）が続く。クラスター３（伝統企業安定型）、クラスター４（家業革新型）、クラスター６（名門企業型）は安定グループである。「⑤売上高変化」、「⑥従事者数変化」、「⑦事業規模変化」とも現状維持で、「⑧ブランド価値変化」のみ若干増加している。他方、クラスター１（家業不振型）は４項目全てが低調で、「⑧ブランド価値変化」を除く３項目は減少している。業績不振グループと呼べるだろう。

最後に、各クラスターの特徴をまとめておこう。

クラスター１（家業不振型）は、６グループ中、最も経営状況が厳しい。企業規模は小さく、革新に対する経営姿勢も一貫して消極的である。

クラスター２（家業安泰型）は、クラスター１（家業不振型）と同様に経営規模は小さく、革新姿勢も消極的であるが、経営状態はよい。好業績企業が集まるクラスター５（革新企業成長型）に次ぐ。

クラスター３（伝統企業安定型）は、クラスター１（家業不振型）およびクラスター２（家業安泰型）と同様に、革新に対して消極的な経営姿勢で一貫しているが、企業規模は両グループよりも大きい。経営状態はクラスター５（革新企業成長型）ほどよくはないが、クラスター１（家業不振型）ほど悪くもない。

クラスター４（家業革新型）は、先代までの経営者も、現経営者も、革新活動に積極的な企業である。革新姿勢は、最も積極的なクラスター５（革新企業成長型）に次ぐ高水準である。経営状態は平均値をみると安定的だが、ばらつきは大きい。新しい挑戦が必ずしも業績に結びついているわけではない点は注意を要する。業績が芳しくないため、新しいことに挑戦している企業も少なく

第3章 京都の老舗を分類する 75

表補A-1 京都の老舗企業6類型の企業規模、革新姿勢、経営状態（平均値比較）

	全体 (n=252)	クラスター1、家業不振型 (n=47)	クラスター2、家業安泰型 (n=40)	クラスター3、伝統企業安定型 (n=43)	クラスター4、家業革新型 (n=67)	クラスター5、革新企業成長型 (n=31)	クラスター6、名門企業型 (n=24)	統計量（漸近的F分布）	有意確率	事後検定
(1)売上高	3.58	2.15	2.38	4.70	2.82	4.71	7.08	112.81	0.000 ***	124<35<6***, 1<4*
(2)従業者数	2.68	1.45	1.55	3.77	1.97	3.68	5.71	113.54	0.000 ***	124<35<6***, 1<4*
(3)先代までの革新姿勢	2.78	2.27	2.26	2.41	3.33	3.33	3.08	35.59	0.000 ***	123<456***
(4)現経営者の革新姿勢	2.09	1.59	1.35	1.77	2.59	3.08	2.16	53.13	0.000 ***	13<45***, 26<5***, 2<46*, 4<5**, 1<6**, 2<3*, 6<4*
(5)売上高変化	3.03	4.15	2.68	2.81	3.16	1.74	3.13	34.63	0.000 ***	1<2346<5***
(6)従業者数変化	2.99	3.62	2.73	2.93	3.19	1.74	3.33	35.80	0.000 ***	5<23<1***, 5<46***, 2<4<1*, 2<6*
(7)事業規模変化	2.75	3.51	2.20	2.86	2.96	1.58	2.88	22.50	0.000 ***	2<1***, 5<1346***, 2<4*, 2<3<1*,
(8)ブランド価値の変化	2.38	3.06	2.05	2.44	2.40	1.48	2.63	25.08	0.000 ***	2<1***, 5<4<1***, 5<36***, 5<2<6*, 3<1*

注1：*p＜0.05、**p＜0.01、***p＜0.001
注2：事後検定の欄の数字は各クラスターの番号を示している。「124<35<6***」は、クラスター1、クラスター2、クラスター4は、それぞれクラスター3、クラスター5、クラスター6と0.1%水準で、クラスター3およびクラスター5は、クラスター6と0.1%水準でそれぞれ有意な差があることを意味している。「13<45***, 26<5***」であれば、クラスター4とクラスター5は、クラスター1およびクラスター3と0.1%水準で、クラスター5はクラスター2およびクラスター6と0.1%水準で有意な差があることを示す。

ないと推察される。

　クラスター５（革新企業成長型）は、クラスター３（伝統企業安定型）と同じ中規模企業の集まりであるが、過去から現在にかけて高い革新活動を続けており、業績も傑出してよい。革新姿勢、経営状況とも、６グループ中最高である。

　クラスター６（名門企業型）は、企業規模が最も大きな企業グループである。革新には総じて積極的で、過去においては、クラスター５（革新企業成長型）に匹敵する姿勢を示していたが、現経営者の代において、その積極性が若干低下傾向にある。売上高や従事者数、事業規模は現状を維持しており、経営状況は総じて安定している。

６タイプの詳細比較

　先に企業規模、革新姿勢、経営状況に着目して析出された６タイプの特徴を説明したが、ここでは、企業の活動年数や現経営者の就任年齢、従業員の平均年齢といった項目に関しても、類型によって違いが認められるかどうかを検討する。

　比較する項目は、①企業の活動年数（創業から2016年までの期間）、②現経営者の就任年齢、③現経営者の在任期間、④正社員の平均年齢、⑤正社員の平均給与（年間）、⑥現経営者の業界活動度、⑦現経営者の地域活動度である。①～⑤は実数だが、⑥と⑦は１～５の５段階で数値化している。「増えた：１」、「少し増えた：２」、「変化なし：３」、「少し減った：４」、「減った：５」で、値が小さいほど正の変化（増加）、大きいほど負の変化（減少）を表している。

　この７項目に関して６タイプの平均値を比較したのが**表補Ａ－２**である。６タイプに対する分散分析（Welch検定）を実施した結果、④正社員の平均年齢と⑤正社員の平均給与が0.1％水準で、②現経営者の就任年齢、⑥現経営者の業界活動度、⑦現経営者の地域活動度が1.0％水準で有意差が認められた。

　さらに事後検定（多重比較）によると、②現経営者の就任年齢は、平均年齢39.40歳のクラスター５（革新企業成長型）と同46.28歳のクラスター１（家業不振型）が5.0％水準で有意差があった。⑤正社員の平均年齢は、クラスター

第3章　京都の老舗を分類する　77

表補A-2　京都の老舗企業6類型のその他の特徴（平均値比較）

	全体 (n=252)	クラスター1、家業不振型 (n=47)	クラスター2、家業安泰型 (n=40)	クラスター3、伝統企業安定型 (n=43)	クラスター4、家業革新型 (n=67)	クラスター5、革新企業成長型 (n=31)	クラスター6、名門企業型 (n=24)	統計量（漸近的F分布）	有意確率	事後検定
(1)企業の活動年数	189.35	190.04	177.42	218.88	184.16	159.58	207.79	1.37	0.241	
(2)現経営者の就任年齢	42.67	46.28	42.88	40.64	41.34	39.40	46.48	3.43	0.007**	5<1*
(3)現経営者の在任期間	16.58	16.98	18.28	14.76	17.45	18.07	11.88	1.44	0.216	
(4)正社員の平均年齢	45.38	50.28	47.84	41.61	48.75	39.72	39.68	10.58	0.000***	356<14**, 56<2*
(5)正社員の平均給与	261.43	98.92	219.10	329.00	248.78	281.35	420.28	16.19	0.000***	1<36***, 1<45**, 24<6**
(6)現経営者の業界活動度	2.46	2.91	2.51	2.49	2.43	1.81	2.38	4.28	0.001**	5<1***, 5<2*,
(7)現経営者の地域活動度	2.45	2.98	2.36	2.49	2.34	2.00	2.42	4.63	0.001**	5<1***, 4<1*, 2<1*

注1：*p<0.05、**p<0.01、***p<0.001

6（名門企業型）、クラスター5（革新企業成長型）、クラスター3（伝統企業安定型）が若く、それぞれ39.68歳、39.72歳、41.61歳である。他方、平均年齢が高いのは、クラスター1（家業不振型）の50.28歳とクラスター4（家業革新型）の48.75歳である。平均年齢が低い3クラスターと高い2クラスターは、1.0％水準で有意差があった。

正社員の平均給与では、最も低いクラスター1（家業不振型）が、最も高いクラスター6（名門企業型）およびそれに次ぐクラスター3（伝統企業安定型）と0.1％水準で、第3位のクラスター5（革新企業成長型）、第4位のクラスター4（家業革新型）とは1.0％水準で有意であった。また、平均給与が最も高いクラスター6（名門企業型）は、第4位のクラスター4（家業革新型）および第5位のクラスター2（家業安泰型）と1.0％水準の有意差があった。

現経営者の業界活動度と地域活動度は、ともにクラスター5（革新企業成長型）が最も活発なレベルにあり、最も低調なクラスター1（家業不振型）とは0.1％水準で有意な差があった。また、クラスター5（革新企業成長型）は「現経営者の業界活動度」でクラスター2（家業安泰型）と5.0％水準の有意差が認められた。そして「現経営者の地域活動度」では、クラスター1（家業不振型）が、クラスター4（家業革新型）と1.0％水準で、クラスター2（家業安泰型）とは5.0％水準で有意に低調であった。

以上をまとめると、革新活動が企業の社風とも言えるクラスター5（革新企業成長型）は、経営者、社員とも年齢が若く、経営者は業界活動や地域活動にも積極的な傾向が認められる。他方、業績が低迷するクラスター1（家業不振型）は、経営者、社員ともに年齢が高く、業界や地域との交流にも消極的で、現状に安住する傾向がうかがえる。

6タイプのなかで企業規模が最大のクラスター6（名門企業型）は、正社員の平均年齢が最も低く、平均給与は最も高い。6タイプのなかでは、安定的に人材を確保できているとみられる。平均給与は、企業規模が小さいほど、また経営状況が悪いほど、低くなる傾向にあり、業績不振の小規模事業者のクラスター1（家業不振型）は、正社員に十分な給与が払えないほど厳しい状況にあると推察される。

第 4 章

伝統を超える老舗企業の挑戦

　京都の老舗を六つに類型化した第3章では、定量的データに依拠して、革新行動の特徴を比較検討した。もう一度、振り返っておくと、家業ベースの小規模な事業者が「家業不振型」、「家業安泰型」、「家業革新型」の3タイプである。「家業不振型」と「家業安泰型」はいずれも伝統重視派であるが、業績に決定的な差が認められる。前者の経営は厳しく、後者は十分な儲けを得ている。「家業革新型」は、前2者と異なり、自己変革に積極的な特徴がある。

　他方、「伝統企業安定型」、「革新企業成長型」、「名門企業型」は、先の3タイプよりも規模が大きく、「企業」としてのマネジメントが強く意識されている。「伝統企業安定型」には、暖簾(のれん)を重視した手堅い経営の企業、「革新企業成長型」には挑戦意欲の高い企業が集まっている。「名門企業型」は、革新の連続によって成功裏に規模が拡大した企業群である。

　本章では、この6類型のうち、革新姿勢が強く、事業の多角化や業種・業態の変革にも果敢に取り組んできた革新派の行動に焦点を絞り、以下の中長期的視点からの問いを考察する。

❶どのような革新行動が、誰によってはじめられ、いかなるプロセスを経て、どのような成果を生んでいるのか。
❷老舗が、主力商品やサービスの変更、業種・業態の転換にまで踏み込むのはどのような場合か。

❸革新活動に対する姿勢は、世代を超えて継承されるものなのか、もしそうだとすれば、それは何故か。

各事例は、インタビュー調査などで集めた独自データをベースに、社史や雑誌記事などで適宜補完しながらまとめた。なお、事例として取り上げるのは、革新活動によって飛躍的な成長を遂げた「名門企業型」と革新活動に積極的な「革新企業成長型」の企業で、家業に留まっている「家業革新型」は含まない。

1 名門企業型の革新活動

本節では、「名門企業型」に分類された3企業の革新活動を分析する。300有余年の歴史を誇る「福田金属箔粉工業株式会社」は、世界でも有数の金属箔・金属粉の総合メーカーで、プリント配線基板用銅箔や自動車部品用金属粉末といった様々な用途で貢献している。伝統産業から近代産業への市場転換に成功した老舗企業でもある。

日本最大規模の酒造メーカー「月桂冠株式会社」も同じ江戸時代の創業だが、その歴史はさらに古く、2017年に創業380年を迎えた。京都のなかでも名門の老舗で、パリに本部を置く国際老舗組織「エノキアン協会」にもわが国で最も早く加盟している。

本業を維持してきたこの2社に対し、医療福祉関連ビジネスを複合的に手掛ける「ワタキューグループ」はふとん綿の製造業者から転じ、1960年代に病院向け寝具類のリース業に参入し、その後、医療福祉関連分野で多角化を進めて業界トップの地位を確立している。

（1）非鉄金属箔粉の世界を極める総合メーカー福田金属箔粉工業

福田金属箔粉工業（以下、福田金属と略）は、「非鉄金属箔粉のことなら福田金属に聞け」と言われるほど、多様な非鉄金属箔粉の製法と製品をもつ実力

表4－1　福田金属箔粉工業の企業概要

商号	福田金属箔粉工業株式会社
本社所在地	京都市山科区
創業（金銀箔粉商、井筒屋）	1700（元禄13）年
会社設立	1935年
事業内容	各種金属箔・金属粉の製造・加工、販売
代表者	代表取締役社長　園田修三
資本金	7億円
売上高	552億円
従業員数	555名（2017年度末・単独）
国内工場	本社工場、滋賀工場（1986年開設）

出所：福田金属箔粉工業ホームページ（https://www.fukuda-kyoto.co.jp/company/ 2018年8月8日アクセス）より筆者作成。

企業である。ちなみに、福田金属は、銅箔・銅粉の双方の工業生産を行っている世界でも数少ない企業である。

　表4－1は、福田金属単体の企業概要である。非上場の大企業で、資本金は7億円、従業員数は500人を超える。国際化も進んでおり、関西家電大手企業からの要請をきっかけに中国に進出し、100％出資の海外子会社が2社ある。その資本金は、電解銅箔生産を目的に1994年に設立した蘇州福田金属有限公司が5億3,500万元（2018年10月31日時点の為替レート1元16.2円換算で、約86億6,700万円）、2003年に設立した金属粉を生産している蘇州福田高新粉末有限公司は1億5,800万元（同約25億5,960万円）である。日本本社の資本金よりもはるかに大きいことに注目しておきたい[1]。

福田金属の経営理念と社風

　福田金属は、1700（元禄13）年に福田鞭石（1649～1728）が「井筒屋」の名で金銀箔粉商を創業したのがはじまりである。同社の経営理念の根幹には、2代目福田練石（1701～1789）が遺した家憲「常盤　家の苗」があり、質素倹約、忍

---

[1] 福田金属箔粉工業ホームページ、2017年度決算公告（https://www.fukuda-kyoto.co.jp/company/ir/document/bs-pl2017.pdf　2018年8月8日アクセス）。

耐、商いの心得といった戒めとともに、年中行事の様子が克明に記録されている。江戸時代の京都有力商家の様子を知る一級資料である。

福田金属の社是

「われわれは　つねに創意工夫をこらして　仕事の改善をはかり
　われわれの生活の向上と　よりよい社会の建設に　つとめよう」

（『福田金属箔粉工業300年史』324ページ）

1985年に会社設立50周年を記念して明文化された社是は、技術優位の方針・理念を示している。その一方、福田家の8代目で、会社設立後の2代目社長の福田嘉一（1981年に会長就任）が言う「すべての社員とその家族の生活を向上させる」ために、「会社の総合力を発揮する人の調和」と「開かれた心で楽しい職場にしようとする努力」を社員に促そうとするものでもあった[2]。社是は、社員に向けて福田金属が目指す革新的な社風を、創意工夫、仕事の改善という言葉を織り込み浸透させていく役割を担うものとも言えよう[3]。

福田金属の企業理念

「メタルスタイリストとして金属箔、金属粉のグローバル市場において、
　リーダー企業の一つであり続ける」

（『福田金属箔粉工業300年史』581ページ）

福田金属創業の地にある資料館（2018年11月26日筆者撮影）

社是が、福田金属社内に向けられているとすれば、企業理念は社外に向けて福田金属の目指す企業像を伝えようとしている。

福田金属の経営理念に関する文書は、家憲、社是、企業理念の順に、福田家内部から福田金属の企業内、そして社外へという広がりをもった

体系性を備えている。福田金属の経営理念は、質実で家族的な要素を残しつつ、革新への努力をたゆまず進める社風と、先進的な企業であり続けることを伝えようとする経営理念と言えよう。

製法革新の歴史①――手工業生産から工業生産への移行

『福田金属箔粉工業300年史』をもとに、同社が手工業生産から工業生産に移行した製法革新（プロセス・イノベーション）を追ってみよう。

伝統的な金銀箔粉の製法は、地金を打ち叩き延ばして箔にし、箔の切りくずをすりつぶして粉にするという手工業的なものであった。1879年に創業地（京都・室町）付近で真鍮粉工場を開設しているが、これは東京遷都による打撃を乗り越え、福田金属の工業化への契機となったと考えられる。印刷用インキや塗料に混ぜてイミテーションゴールドとして使われる真鍮粉末（黄銅・銅と亜鉛の合金）の需要増大に応じ、同社が成長していく基礎となったと言えよう。

1908年に山科工場が開設され、水車による真鍮粉生産が開始されたことは、動力源の革新による量産化として注目される。1912年にはドイツ製箔打機を導入し、手工業生産から機械生産への移行を進めている。また、同年、金銀箔、銅箔、真鍮箔、スズ箔、アルミ箔の商標を特許局に登録している。当時、同社がすでに多種類の金属箔製品の商業生産をしていたことが分かる。

製法革新の歴史②――電解銅箔・粉製造に成功

福田金属の製法革新の歴史でも大きな画期は、戦後に福田金属の主力製品となっていく銅粉生産において、物理的な製法ではなく化学的な電気分解法を用いた電解銅粉生産[4]に道を開いたことである。

福田金属は、電解銅粉の生産成功に続いて、短期間に電解銅箔生産[5]にも成

---

(2) 福田金属箔粉工業300年史編集委員会編［2001］325ページ。
(3) 福田金属における社是と社風の関係について、1990年度方針発表で福田嘉雄副社長（当時）は、「『社是』を社内的なまとまりのかなめ、行動規範のようなものとして位置づけ、『社風』を社外から見た会社のイメージ的なものです」として、「『創意の福田』『社会に奉仕する福田』と言われるようにしたいものです」と述べている。福田金属箔粉工業300年史編集委員会編［2001］456ページ。

功している。

　1932年には、それまでドイツから輸入していた樹枝状の電解銅粉に着目し研究をはじめている[6]。1936年12月に電解銅粉の試作に成功し、はやくも翌年の1937年には電解銅粉の製造設備を完成させ、月産500kgの生産能力があった。

　しかし、電気工業関係の電解銅粉利用はまだ限られており、販売には苦労したようである。社史には、粉末冶金分野の将来を確信し、電解銅粉の需要先開拓を行った、と述べられている[7]。

　さらに福田金属は、1937年にレコード工場で銅製レコード原盤を電気メッキの原理で作る工程をみて、電解銅箔へのヒントを得た。直ちに研究に着手し、1938年には電解銅箔の月産1.5トンの生産能力のある設備を開発、保有していた[8]。

製法革新の歴史③——第3の金属粉製法、アトマイズ法

　機械的製法とも化学的な電解製法とも異なる銅粉製法がアトマイズ法である。溶融した銅をノズルから吹き出し、高圧ジェット水流を当てて金属粉を製造する。福田金属は、1957年に日本最初のアトマイズ粉製造工場を完成させている[9]。アトマイズ法によって製造されたアトマイズ粉は、自動車部品の焼結合金素材などとして利用されており、同社の主要製品に育っている。

製法革新の歴史④——多彩な非鉄金属粉製法開発

　福田金属が1960年頃までに量産化製法を確立していたのは、粉砕法／搗砕（とうさい）法[10]、電解法、アトマイズ法であったと思われる。1990年代以降、企業方針として量的拡大から質への方向転換が促されるとともに、化学還元法、プラズマ回転電極法、均一液滴噴霧法、熱処理法など、高度で多様な製法による加工度の高い製品開発が促進された。その結果、環境、福祉関連などの多岐にわたる分野にも同社製品の市場が広がっている[11]。

　現在では、元素記号でAl、Si、Ti、Cr、Mn、Fe、Co、Ni、Cu、Zn、Y、Ag、Sn、Pb、Bi、Gd、Tb、Mgといった多彩な金属粉末の製造に成功し、それぞれ商品化している[12]。

福田金属が商品化している先端的な金属粉末事例を挙げておこう。チタンは精錬が難しく、加工も困難な金属として知られているが、同社はプラズマ回転電極法によりボール状のチタン（Ti）粉末製造に成功している。

　以上に述べたことは、福田金属の新製品開発は、製造技術開発と一体的な要素が強く、製法革新と相まって新製品が生み出されてきていることを示している。
　次に、電解銅箔粉を中心に、同社の製法革新の原動力である研究開発・製品開発体制を追ってみよう。

福田金属の研究開発・製品開発体制
　福田金属の新製品は、アイデア一つで簡単に次々生み出せるものではない。金属粉末は製法によって特性が異なり、それによって用途も変わる。
　現在の主力商品である電解銅箔粉は、伝統的な物理的生産方法しかなかった時代に画期的な化学的な生産方法を導入し、国産化したものである。アトマイズ粉は、製法が異なるアトマイズ粉を含め、これらの製品は福田金属が国産化に成功するまで日本は輸入するしかなかったものである。
　電解銅粉にせよ、電解銅箔にせよ、技術開発、製品開発時に販売市場が確立

---

(4) 電解銅粉は、鍍金の原理を応用して生産される。硫酸液に浸した2枚の銅地金の一方を陽極、他方を陰極として電流を流し、一定間隔で電極を交互に反転させ地金を剥離して銅粉を製造する。剥離された銅粉は、中和、洗浄、乾燥、篩わけ粒度選別の工程を経て製品化される。
(5) 電解銅箔も鍍金原理の応用で作られる。硫酸液中の陽極に置いた銅地金を電気分解し、陰極のロールに銅箔を形成し剥離して生産する。
(6) 福田金属箔粉工業300年史編集委員会編［2001］76ページ。
(7) 福田金属箔粉工業300年史編集委員会編［2001］77ページ。
(8) 福田金属箔粉工業300年史編集委員会編［2001］78〜79ページ。
(9) 福田金属箔粉工業300年史編集委員会編［2001］182ページ。
(10) 搗砕法とは、臼で突き砕くという粉砕の方法。
(11) 福田金属箔粉工業300年史編集委員会編［2001］444〜445ページ。
(12) 福田金属箔粉工業ホームページ（https://www.fukuda-kyoto.co.jp/about/periodic_table.html 2018年8月9日アクセス）。

していたわけではない。電解銅箔粉の本格的な市場が開けるのは、電子部品や自動車部品などの需要拡大を待たなければならなかった。電解銅箔粉の開発事例は、福田金属の経営者自身がたゆまぬ研究の先頭にたって、目利き能力を養い、リスクをとって新規事業を開拓してきていることを示している。経営者主導型の研究開発・製品開発体制に基づく革新と言えよう。

福田嘉一の活躍

　社史を読む限り、福田金属の電解銅箔粉への着目や初期の製法開発は、大学等研究機関の手を借りない独自開発だと思われる。1940年、福田嘉一取締役（のちの社長・会長）が京都帝国大学の岡田辰三教授の「粉末冶金」講演会を聴講し、技術指導を申し入れたのが外部研究機関とのネットワーク構築のはじまりと思われる。その後、1943年12月には岡田研究室の玉井教秀助手を嘱託として迎え、研究開発布陣としている[13]。

　福田嘉一（1947年に社長就任）が書いた、欧米業界視察（1956年）のための渡航理由書がある。そこには、「私は東京大学経済学部卒業ののち、工場にあって製造・研究に打ち込み、23年間の経験と京都大学の金相および工業化学教室の指導によって金属箔粉の知識を重ねてきた」と述べられており、同理由書の末尾に記載された福田嘉一社長の技術研究略歴には、「京都帝国大学の岡田辰三教授指導で蒸留法によるアルミニュウム粉製造に日本で初成功（1944年）」、「京都大学河根誠教授指導でプリント配線銅箔の製造・研究中（1956年）」などと書かれている。技術開発での福田嘉一社長の活躍ぶりがよく分かる[14]。

　福田嘉一は、1947年から1981年までの35年にわたって福田金属社長として在任し、経営近代化、研究開発体制整備、資金調達[15]などに注力した。「非鉄金属箔粉のことなら福田金属に聞け」と言われるほどの存在に同社を育て上げた最大の功労者である。

研究開発・製品開発体制の整備

　戦後、福田金属が研究開発体制を本格的に強化するのは1960年代である。それまで研究開発は、工場中心の分散型の研究室で行われ、生産設備も内製化し

ていた。1962年に技術研究所が建設され、各種の試験・分析装置を設置し、文献資料も集められた。これは国際水準の高度な研究所で、1964年には研究所内部に研究試作工場も建設され、研究員の充実が図られた[16]。

　研究設備面では、走査型電子顕微鏡、原子吸光分析装置に加え、蛍光Ｘ線分析装置、Ｘ線解析装置など最先端の分析装置が設置され、「短時間に定性・定量あるいは状態の分析や微小部分の分析が可能になった」ことにより、研究開発体制は大きく強化された[17]。

　こうした研究所の充実によって、福田金属は大学などの研究機関の設備に依存することなく先端的な研究開発を行う体制を整え、生産設備も原則として内製をしてきた。そして、この体制をさらに強固にしたのが、福田金属の主力製品の一つであるアトマイズ粉の研究開発、生産拠点となっている「滋賀リサーチセンター」である。完成したのは1986年である[18]。

　福田金属は、持続的な研究開発重視経営によって技術革新を重ね、競争優位性を獲得してきたと言えよう。

顧客の要請に応える研究開発・生産体制

　福田金属は、非鉄金属箔粉というニッチ分野に集中するという方針のもと、時代に先駆けた先端的な技術開発を積極的に行い、生産プロセス革新に邁進してきた。同社の軌跡は、まさしく積極的な革新の連続である。

　福田金属は1,000種類以上の金属粉末を生産しているが、生産ロットごとにすべてのサンプルを抜き取って保管している。ごく少量の需要しかないものもあるが、顧客が求めるものは可能な限り生産を中止せず、顧客ごとの要求にこたえる仕様の製品を供給し続けている。

---

[13]　福田金属箔粉工業300年史編集委員会編［2001］92ページ。
[14]　福田金属箔粉工業300年史編集委員会編［2001］151ページ。
[15]　山西［2016］125〜142ページ。福田金属箔粉工業300年史編集委員会編［2001］は、資金調達史の詳細な記述があり、企業の成長資金調達事例として貴重である。
[16]　福田金属箔粉工業300年史編集委員会編［2001］178〜180ページ。
[17]　福田金属箔粉工業300年史編集委員会編［2001］261〜262ページ。
[18]　福田金属箔粉工業300年史編集委員会編［2001］405〜409ページ。

福田金属の製品は仕様が少しでも異なると、顧客が製造した製品の品質に影響を及ぼしてしまう。福田金属の事業革新の特徴の一つは、この点と対応した研究開発と、顧客の要請に基づく製品開発が一体感をもって進められていることであろう。

福田金属の革新の特徴

　福田金属の新製品は、家電製品のような機能追加やデザイン変更によっては作れない。金属箔粉は、製法によって製品の形状や物性が決まる面が大きい。福田金属では、多様な製法革新の研究を重ね、他社の追随を許さない加工度の高い金属箔、加工困難な金属の金属粉を商品化している。

　福田金属の革新の特徴を挙げると以下の六つとなる。

❶技術動向、市場動向に対する慧眼をもった福田嘉一のような経営者の存在。
❷この慧眼によって信念をもって、苦しいときにも粘り強く研究開発を持続してきた経営判断。
❸技術情報の公開につながる特許取得には慎重で、ノウハウを守るために製造設備も原則として内製化してきたこと。
❹家族主義的な社風が社員の力量を高めるとともに技術流出防止効果をもたらしていること。
❺企業家精神に富み、革新に積極的な経営体制の持続。
❻非公開同族企業の強みとして、株主の意向に左右されない長期的な視野での経営。

　ニッチな分野で内部経営資源を蓄積し、革新を重ねてきた福田金属は、家族主義的社風のもとに培った社員力を結集し、革新に挑み、創業400年に向けて堅実なあゆみを進めている。

（2）清酒業界の指導的リーダー企業月桂冠

　月桂冠（名称は変遷があるが、現企業名で統一する）の企業概要（単体）は、

表4−2 月桂冠の企業概要

商号	月桂冠株式会社
本社所在地	京都市伏見区
創業	1637（寛永14）年
会社設立	1927（昭和2）年
代表者	代表取締役社長　大倉治彦
資本金	4億9680万円
売上高	274億円（2016年度）
従業員数	395名（2018年4月1日現在）

出所：月桂冠ホームページ（http://www.gekkeikan.co.jp/　2018年5月24日アクセス）より筆者作成。

表4−2の通りである。事業内容は、主力の清酒醸造販売とリキュール類の製造販売、ビール、ワインの輸入販売である。

月桂冠は明治時代から海外市場に打って出た歴史をもつが、2017年の海外生産と輸出の合計は生産全体の約15％である[19]。主なグループ企業として、「米国月桂冠株式会社」と「月桂冠（上海）商貿有限公司」、そして月桂冠の多角化戦略を担う「株式会社キンレイ」（京都市、冷凍食品・年商95億円）等がある。

月桂冠の経営理念と革新の精神

月桂冠の中興の祖・大倉恒吉（おおくらつねきち）（1874〜1950）が、大倉家が300年続いた理由を箇条書きした回顧録企画がある。そこに記載されている、「本業邁進、信用と品質第一、祖先供養、質素倹約」という理念は、月桂冠の経営理念に継承されている[20]。

現在の社長である大倉治彦は、月桂冠の基本理念は「Quality・Creativity・Humanity」であると述べている。「Quality」は、大倉恒吉の掲げた品質第一主義を表している。品質第一主義は月桂冠製品の顧客価値に直結するわけだが、それは「Creativity」が意味する日々の創造と革新によって実現されるものであり、社内に向けた革新精神涵養とつながっている。また、「Humanity」は、人

---

[19] 『日本経済新聞』2018年8月4日。
[20] 月桂冠株式会社・社史編纂委員会編［1999］370〜381ページ。

図4－1　月桂冠の基本理念図

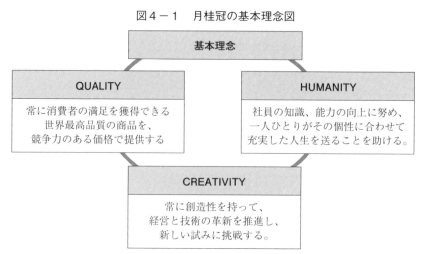

出所：出所: 月桂冠ホームページ
　　（http://www.gekkeikan.co.jp/company/message_philosophy/index.html　2018年8月8日アクセス）。

間性重視で社員の生活の充実を図るとともに帰属意識を高め、社員の能力を高めて顧客満足につながるものである[21]。

　この基本理念のもと、ブランド・メッセージとして「健をめざし、酒（しゅ）を科学して、快を創る」というコーポレートブランドコンセプトが置かれ、企業目的としてどのような顧客価値を創造するのかが示されている。そして、消費者に向けて、月桂冠の企業目的をソフトに表現しているコーポレートブランドステイトメントが、「うるおいを あなたと（For Your Lifestyle Taste）」である[22]。

　経営理念は社内に浸透し、社風として現れている。創業380年余りの

月桂冠大倉記念館。明治時代に建造された酒蔵を利用（2018年11月26日筆者撮影）

老舗、月桂冠の精神と実行力は、「常日頃は万事控えめに打ち過ごしながら、ここぞというときには目を見張るほど積極的な行動に出る月桂冠の社風は、恒吉に始まるものであろう」とされる[23]。この社風を背景に、12代大倉治一、13代大倉敬一、14代（当代）大倉治彦、歴代社長の革新経営は展開されてきたと言える。

大倉恒吉の行った革新

　月桂冠の革新は、13歳で家業を受け継いだ中興の祖、11代目の大倉恒吉抜きには語れない。まず、企業家精神あふれる恒吉が明治時代に行った革新の一端を『月桂冠三百六十年史』から抜き出してみよう。

1892年	東京方面市場への鉄道輸送を利用し始める（東京への貨物はまだ船便中心だった）。
1898年	洋式帳簿に改める。
1899年	新聞広告を開始する。
1899年	灘酒の研究のため灘の借蔵で醸造を開始する。
1909年	清酒メーカー初の酒造研究所を設立、清酒醸造に科学技術導入し品質向上に取り組む。
1909年	瓶詰工場新設、瓶詰酒販売に力を入れ、鉄道院より月桂冠が駅売り酒指定を受ける。
1910年	瓶詰駅売酒を開発する。
1911年	『防腐剤なしのびん詰清酒』を日本で初めて開発・発売する。

　恒吉のこうした旺盛な事業家精神あふれる革新は、業界大手の地位を固めた12代治一、清酒の高級化、生酒の常温流通、小瓶や紙パックなど業界をリード

---

(21) 月桂冠株式会社・社史編纂委員会編［1999］355～357ページ。
(22) 月桂冠ホームページ（http://www.gekkeikan.co.jp/company/brand/index.html　2018年8月8日アクセス）。
(23) 月桂冠株式会社・社史編纂委員会編［1999］379ページ。

する商品を展開した13代敬一、経営理念の成文化、海外事業推進、事業多角化を展開する14代治彦に脈々と受け継がれている。

次では、恒吉が創設し、月桂冠の革新に大きな役割を果たした「大倉酒造研究所」の開設経緯と成果の一端をみてみたい。

大倉酒造研究所開設の経緯と成果

1890年頃、伏見の酒造業界のモラルは低く、東京では「伏見の酒は場違い酒」とまで呼ばれていた[24]。社史によれば、伏見では、このモラル改革のために恒吉が発起して、1902年から京都大学の講師陣を呼び、継続的な講演会「実業講話会」を開催することにした。この講話会を通じて恒吉は、京都大学の電気化学を専門とする吉川亀次郎教授や製造化学の松本均助教授（当時、のちに教授）とのつながりができていった。

一方で、恒吉が業容拡大に努力した結果、月桂冠は、1907年には伏見に8蔵、灘に2蔵を数え、醸造高はおよそ13,000石（1石は約1,800ℓ）へと急激に規模を拡大した。当時、国は、1904年に清酒造りの科学的解明と四季醸造の実現を掲げ、大蔵省醸造試験所（現・国税庁酒類総合研究所）を開設していた。そして1907年には、同所から鹿又親（かのまたちかし）技官が伏見酒造業の保護育成を目的として月桂冠に派遣され、月桂冠に宿泊して調査と酒造技術の指導を行った。

このときから松本均、鹿又親、恒吉のインフォーマルな交流が生まれ、恒吉に学理的知識に基づく醸造技術の近代化を目指す強い動機づけを与えた。恒吉は、鹿又親の紹介で東京帝国大学農学士の濱崎秀を採用し、1909年に、月桂冠の技術革新拠点となっていく大倉酒造研究所（現在の月桂冠総合研究所）を開設した[25]。

清酒の品質は、酒米、水、酵母の良し悪しという原材料面、醸造方法といった製造プロセス面に左右されるだけでなく、醸造後や出荷後の品質劣化にも大きな影響を受ける。清酒は樽詰めで出荷されていたが、雑菌による腐敗が生じやすく、この腐敗防止対策として明治時代に防腐剤を入れるようになっていた。これに対し、大倉酒造研究所を開設していた月桂冠は、1911年に洗浄が容易で雑菌の繁殖を抑えられる瓶詰を採用して防腐剤入らずの清酒を日本で初めて売

り出した。さらに、1928年の紫外線による品質劣化対策として褐色瓶を採用している。

　当時にあっては、防腐剤入らず瓶詰清酒や褐色瓶の採用は、容器革新と品質革新を組み合わせ、消費者に安全安心の品質の清酒を届ける注目の革新だった。また、1960年代以降の醸造プロセスの機械化・自動化に向けて開発された、高温蒸気で大量の米を連続して蒸す横型連続蒸米機や、酒の絞り、酒粕剥がしの工程に必要な圧濾圧搾機などは、大倉酒造研究所と月桂冠技術陣の研究開発成果でもある[26]。

　次に、大倉酒造研究所のたゆまぬ研究をもとに実現した月桂冠の醸造プロセス革新についてみていくことにする。

月桂冠の醸造プロセス革新──四季醸造

　四季醸造は、月桂冠が業界で初めて実現した清酒醸造プロセス革新である。清酒醸造は、醸造の失敗、保存・流通時の腐敗などリスクの高い事業であった。

　その対策として、清酒醸造は雑菌の少ない冬季に限定して行われてきた（寒造り）。そのため、四季を通じ安定した品質の清酒醸造を行うことは、明治時代の主要な税源であった酒税の安定確保を狙い醸造試験所を設置していた大蔵省にとっても、経営の安定を図りたい酒屋にとっても、夢であったが長く実現できなかった。雑菌の多い日本での四季醸造は、酒造プロセスそのものに高度な雑菌対策を組み込み、精度の高い管理によって安定した品質が得られる醸造システムが必要だからである。

　こういった課題を乗り越えて月桂冠は日本で初めて四季醸造を実現した。それは、大倉恒吉没後、大蔵省醸造研究所設立から57年であった。月桂冠では、1961年6月に初めての夏季醸造を「昭和蔵」（1927年新設）で行い、12月には日本最初の四季醸造システムを備えた酒蔵「大手蔵」（1961年新設・7階建）を新築完成させ、翌1962年1月から四季醸造が開始されたのである[27]。

---

(24)　月桂冠株式会社・社史編纂委員会編［1999］85ページ。
(25)　月桂冠株式会社・社史編纂委員会編［1999］109〜110ページ。
(26)　吉田［2013］234〜235ページ。

ここで、四季醸造という革新に関連して、月桂冠の杜氏組織の革新にも触れておきたい。

　従来の清酒醸造は、杜氏制度による農閑期を利用した農民季節労働者へ大きく依存してきた[28]。しかし、四季醸造では通年で働く杜氏が必要となるため、季節労働に依存できなくなる。一方で、1960年代には農村の過疎化が進みはじめ、杜氏の確保が清酒メーカーの課題となりつつあった。また、技術革新の過程での一般的な問題として、新旧の技能者の対立が生じやすい。

　この点に関して、月桂冠の対処は巧みなものであった。いくつもの酒蔵をもつ月桂冠は、各地の杜氏を競わせて品質向上を図る一方で社員に杜氏の技能を学ばせ、四季醸造が開始された1961年には、勤務する社員杜氏による醸造ができるまでになっていた。ちなみに、月桂冠では、1996年頃までには最大で6流派の杜氏が在籍し、社員酒造技能者は杜氏たちと技を競いながら技術を磨いていた[29]。

　四季醸造における有利性は以下の通りである。
❶生産の繁閑を平準化し設備効率を大きく改善できる。
❷原料手当ても平準化できる。
❸製品在庫コストが削減できる。
❹需要変動に対応した生産量の調整が容易になる。
❺醸造後、消費者に届けるまでの時間が短縮され品質劣化対策となる。
❻夏場の生酒のような新商品開発ができる。
❼醸造プロセスの高度な管理によって品質が確保される。

　四季醸造は、月桂冠の品質第一主義にかなうばかりでなく、投下資本の回転期間を早めて資本効率を高め、コストを低減できることで業界内での競争においても優位に立てるものであった。月桂冠が四季醸造のために新築した「大手蔵」の醸造能力が10万石という大規模なものであったことは、その証左と言ってもよいだろう。

　ちなみに、月桂冠の販売石数は1961年に10万石を突破したばかりであった[30]。月桂冠にとって、年間の販売石数に匹敵する醸造能力を有する四季醸造蔵の建

設は、文字通り社運を懸けたものであった。

　次に、四季醸造とともに酒造のシステム化・効率化に大きく寄与した融米づくりについて簡潔にみてみよう。

融米づくり

　月桂冠が融米づくり（液化仕込み）を開発したのは1982年である[31]。

　清酒の醸造は、清酒原料の米にアルコール発酵のもととなる糖分が含まれていないため、蒸米(むしまい)に麹菌(こうじ)を作用させて米のデンプンを発酵糖化させ、そこに清酒酵母を加えてアルコール発酵をさせる。清酒醸造の発酵方式は、この二つの発酵プロセスが発酵タンクの中で同時に進められるため「並行複発酵」と呼ばれている。

　従来のこのプロセスでは、蒸米に仕込み水を加えて膨潤した固体状の原料を、溶解、発酵させながら液状化、撹拌し、発酵管理をしていた。均一な撹拌が困難で、杜氏の経験と勘による発酵管理に大きく頼り、品質の安定性には不安があった[32]。

　融米づくりは、米の澱粉を麹菌で糖化させるプロセスにおいて、原料米の酒米を特殊な方法で粉状や液状にして糖化発酵させ、並行複発酵槽に投入する。並行複発酵槽の中では、さらに澱粉の糖化発酵が進むとともに、並行して清酒酵母による発酵（乳酸発酵）によって糖からアルコール生成プロセスが進む。基本原理は在来法と同じであるが、融米づくりは、麹製造工程と醪工程の麹と蒸米とを水に溶かす工程に革新的な工夫したつくり方である。

　この新たな清酒醸造方法は、酒母(しゅぼ)（糖からアルコール生成を担う天然の清酒

---

(27) 月桂冠ホームページ（http://www.gekkeikan.co.jp/enjoy/industry/history/history07.html　2017年11月30日アクセス）。月桂冠株式会社・社史編纂委員会編［1999］257～266ページ。
(28) 杜氏制度については、松崎［2003］143～162ページ。
(29) 月桂冠ホームページ（http://www.gekkeikan.co.jp/enjoy/sake/industry/industry03.html　2018年8月8日アクセス）。詳しくは、月桂冠株式会社・社史編纂委員会編［1999］の「酒蔵と杜氏の変遷」139～148ページ。
(30) 月桂冠株式会社・社史編纂委員会編［1999］年表、430～431ページ。
(31) 月桂冠株式会社・社史編纂委員会編［1999］267ページ。
(32) 小泉・角田・鈴木［1998］64ページ。

酵母を酒蔵で増殖させたもの)・麹(こうじ)・蒸米(むしまい)・仕込み水でつくる醸造プロセスの最も中心的な工程の時間短縮、連続化、歩留まり率向上によって、清酒の連続的大量醸造と生産量の機動的な調整を可能にし、大幅な生産コスト削減をもたらした革新であった。

月桂冠の融米づくりは、米を磨砕(まさい)したものに仕込み水を加えて溶かし、蒸す代わりに高温を加えてデンプンを蒸米と同じ状態にして急速冷却し、酵素で発酵、液状化させている。この後の発酵プロセスには、ファジィ制御が取り入れられている。均一な撹拌が容易で、精密な発酵温度管理ができ、工程がシステム化され人手の介入が少なくなり、衛生管理の面でも優れ、量産する場合の生産性も高い。

融米づくりは、原料米の有効利用度が高く、酒粕が少ないうえに、その酒粕には有用機能成分が多く含まれているなど利点が多い。なお、月桂冠は、1993年より融米づくりのプラントを外販している[33]。

市場の激変と月桂冠の革新

1960年代に入ると、わが国の消費財流通は流通革命の時代に突入し、スーパー・マーケットが成長したことで清酒などの酒類流通構造も大きく変化した。さらに年代を下るに従って、コンビニ、ディスカウント・ストアなどの新業態が現れ、既存の酒販店の基盤を掘り崩していった。つまり、清酒メーカーにとって、スーパーやコンビニなどの棚割確保が売上を左右する時代になったわけである。

これら大手流通業者は、大量販売するためにメーカーに大量の商品供給を求めることになる。当然、清酒醸造業者にも、消費者に訴求できるだけの商品の安定・大量供給が要請されることになった。この時期、四季醸造と融米づくりを中心とする醸造プロセス革新を確立していた月桂冠は、流通革命の荒波に対応できるだけの体制を整えており、規模拡大を図れたと言える。

だが、清酒の市場環境はさらに激変した。洋酒、ワイン、ビール、焼酎などへ消費者の好みが多様化したほか、特に若者の清酒離れが著しく、国内清酒需要はピーク時の3分の1とも言える水準にまで減少している。

この市場激変に月桂冠は、①時代の変化と要請に適合した酒類商品開発、②清酒の海外市場開拓、③アルコール以外の新規事業展開、という３方向から対処してきている。

①の代表例は、2008年に発売された業界初の糖質ゼロ清酒である。消費者の健康志向にアピールしてマーケットを切り開こうとするもので、今後の月桂冠の経営を占う商品の一つと言える。②は、輸出と米国月桂冠をはじめとする現地生産の推進である。そして③は、食品関係企業のキンレイ、株式会社藤清（京都府城陽市）、株式会社タカトー（茨城県水戸市）の３社をグループ企業に迎え入れるなどして力を入れている。

現在の月桂冠は、恒吉の時代から積み重ねてきた本業の革新を土台にして、多角化に舵を切っている。

新たな時代に挑戦する月桂冠の革新

ここまで、月桂冠の革新の歴史を、企業家精神に富んだ大倉恒吉を起点として、「糖質ゼロ」清酒が開発された現在までをみてきた。月桂冠の本業は、嗜好品である清酒の醸造である。清酒は腐敗が生じやすく、長期保存や流通管理が困難な商品であった。こういったことから、清酒醸造業は経営リスクが大きかった。この問題に、月桂冠中興の祖、大倉恒吉は品質第一主義を掲げ、科学的な学理に基づく清酒醸造を追求することによって立ち向かうとともに、嗜好品販売にとって重要な消費者訴求を、斬新な広告宣伝などによって追求した。

恒吉が創設した大倉酒造研究所は、品質面、価格面の要求を満たす安定的な清酒醸造技術を磨き続け、四季醸造や融米づくり、糖質ゼロ清酒といった開発にもつながった。月桂冠は、生産面、流通販売面、内部管理面などにわたる革新を重ねながら、規模の拡大を図ってきたわけである。

長寿企業経営のエッセンスといわれる「本業から離れない、規模の拡大は求めない」[34]に反して、月桂冠は積極的な革新を重ねて規模を拡大してきたのである。老舗経営の常識を覆して規模を拡大し、成長してきた月桂冠は、「酒を

---

(33) 月桂冠株式会社・社史編纂委員会編［1999］267〜269ページ。
(34) 東京商工会議所［2015］55〜65ページ。

科学する」ことによって醸造プロセスの暗黙知を形式知に変える努力を重ねてきた。

月桂冠は、清酒需要の劇的な減少に見舞われてきたなかでも、会社設立後一貫して経常利益ベースでの黒字経営を持続してきている[35]。その底力は、「ここぞ」というときには驚くほど積極的な行動をとるといった社風のもと、恒吉の革新精神を継承し、日々懸命に革新を重ねてきたことから生まれていると思われる。

近年、月桂冠は、冷凍食品のキンレイをグループ企業として迎えている。また、酒造研究で培った研究をもとに、試薬分野に進出するなど多角化も進めている。月桂冠は、新たなステージに向かって続けられている。

（３）医療福祉関連ビジネスのリーディングカンパニー・ワタキューセイモア

医療福祉業界で、多彩な事業を展開しているワタキューグループは、時代のニーズをいち早くつかみ、果敢に攻め続けて老舗の仲間入りを果たした企業である。ワタキューセイモア株式会社を中核とする同グループは1872（明治５）年にふとん綿の製造業者としてスタートしたが、1960年代に病院向け寝具類のリース業に参入した後、医療施設や福祉施設を対象とした食事の提供、売店・喫茶や調剤薬局の運営、福祉用具のレンタル・販売、医療福祉業界に特化した人材派遣、医療福祉施設の設計・建設・設備保守などの事業を相次いで展開し、近年は医療福祉に関するその高い専門性や総合力をベースに、コンサルティング業務や医療福祉施設の運営にも乗り出している。グループ企業44社の売上高は5,600億円を超えており、従業員総数は87,000人に達する[36]。

ワタキューグループは創業者一族によるファミリービジネスで、バトンを渡された歴代の経営者が新事業や新市場の開拓に継続的に取り組み、業界のリーディングカンパニーとして確かな地歩を固めた。

綿打ち業者が医療福祉関連ビジネス業界の雄へ――その軌跡

ワタキューグループの起源は、現社長である村田清和の曽祖父、村田久七が

京都府南部の綴喜郡井手町で、1872（明治5）年にはじめた村田製綿所である[37]。事業意欲が旺盛な久七は、製菓業にも関心を示し、1909年以降は製綿業と製菓業の二枚看板で営業を続けた。なお、社名のワタキューは、創業期の同社の呼称「綿屋の久七」に由来している。

　大正期から昭和期にかけては、久七の長男である庄太郎が2代目として製綿業を拡大した。当時、原料の綿は相場商品であったが、「信用の綿久」として取引先などから信頼されていた綿久製綿所には良質な情報が寄せられ、原料綿の調達で役立ったとされる。

　庄太郎は1941年に47歳で急逝したが、その妻ハルヱが家業を守り、子どもらを育てた。第2次世界大戦後は、復員してきた庄太郎の次男、清次が3代目となり、八面六臂の活躍をみせた。「医療福祉関連ビジネス」といった言葉もなかった時代に、病院向け寝具類のリースや給食サービスといった新事業に参入し、ワタキューグループの基礎を築いた。

　4代目は、清次の弟、秀太郎である。秀太郎は昭和から平成にかけての時代を担い、在宅向けの福祉機器や介護用品などのレンタル事業、ホテルリネン事業などを展開し、海外市場も開拓したほか、医療福祉分野における多角化を推進した。その後、3代目清次の娘婿である安道光二が継いだ。

　5代目となった安道は島根県からの集団就職組で、清次が1950年に設立した「綿久製綿株式会社」の生え抜き社員でもあった。そして、2016年、清次の長男である清和が安道から社長の座を譲り受け、6代目として社長に就任した。

　少子高齢化が急速に進むなか、医療福祉関連ビジネスを手掛けるワタキュー

---

(35)　龍谷大学・京都産業学センター［2014］11ページ。
(36)　京都の老舗企業の雄として知られる島津製作所は、創業が1875年で、2018年3月期の売上高（連結）は3,765億円、従業員数は11,954人である。創業時期もほぼ同じ島津製作所をもしのぐ規模である。ワタキューグループの数字は同社提供資料による。
(37)　ワタキューグループのケースは、同社の社史と2017年9月13日の安道光二・代表取締役副会長（当時）へのインタビューによる。同社の歴史は、創業110周年を記念した『綿久110年のあゆみ』、130年を記念した『心とともに歩む、創業1872→1981→1992』および『心とともに歩む、1992→2002』が詳しい。ワタキューセイモアのホームページでは、中興の祖とされる3代目の伝記『村田清次社長一代記』が掲載されている。https://www.watakyu.co.jp/genten/index.html　2018年9月15日アクセス。

6代目、村田清和社長（左）
4代目、村田秀太郎前会長（中央、2017年12月逝去）
5代目、安道光二会長（右）

グループの業績は極めて順調である。1991年度に1,000億円を超えた売上高は、1998年度に2,000億円に達し、2015年度には5,000億円を突破している。躍進の源泉は、「医療福祉関連ビジネス」における多面的な事業展開である。

同グループは、寝具類の製造・販売や洗濯付きリース業を手掛けるワタキューセイモア株式会社を中核に、医療・福祉施設に「食」のサービスを提供する日清医療食品株式会社、ホテルやレストラン向けにシーツなどの繊維製品を供給する綿久リネン株式会社、保険調剤薬局と在宅介護のための福祉用具提供・住宅リフォームを中心事業とする株式会社フロンティア、薬剤師、看護師などの医療専門職の派遣や医療事務業務の請負といった医療福祉業界に特化した総合的な人材サービス業の株式会社メディカル・プラネット、医療・福祉施設の設計・建設から設備保守までを一気通貫で担う古久根建設株式会社などを擁している。

また、全国に9支店・1支社、34営業所・出張所、43工場の拠点がある。医療福祉現場の様々なお困り事を一括して引き受け、解決できるだけの体制が、他の追随を許さない同グループの強みとなっている[38]。

日本一を目指した3代目——業容拡大による倒産の危機を乗り越え飛翔

まずは、3代目清次がワタキューグループの礎をいかに築いたかをみておきたい。

清次は、1950年に村田製綿所を改組し、資本金100万円、従業員20人の綿久製綿株式会社を京都府綴喜郡井手町に設立した。25歳での社長就任である。同年は、朝鮮戦争による特需景気で、日本全体が沸いた年でもあった。この特需を利用して、清次は事業を一気に拡大している。

先代から付き合いのある大手取引業者から、「米軍が韓国の難民用ふとん綿を日本で調達する。横浜で競争入札がある」という情報を得た清次は、実力をはるかに超える膨大な量を入札した。それが受理されると大阪へ夜行で引き返し、翌朝、大阪市内の綿問屋10社を回って、手持ちの有り金200万円を元手に2,000万円分の原綿買い付け契約を結んでいる。残額の1,800万円は、メインバンクである南都銀行と掛け合って、融資のゴーサインを得た。

　綿久製綿は、4年間で10回に及ぶ特需を落札し、「特需の綿久」という異名をとったほどである。社運を懸けたこの特需によって、同社の基礎が確立されたと言える。

　「日本一」を目指す清次の次なる手は、販路拡大であった。1951年、全国展開の第1弾として、東京と北海道・小樽に営業所を開設した。また、「綿久わた」の知名度向上のために、テレビやラジオなどを使った宣伝も展開している。

　綿久製綿は、販路拡大、工場増設、倉庫増強と拡大路線をひた走ったが、1958年夏に原綿が大暴落し、売上不振や長期受取手形の不渡りも重なって急激に資金繰りが悪化し、1959年初頭には倒産寸前まで追い詰められた。銀行の管理下で、大口債権先への支払い延期要請、従業員の削減、営業所の閉鎖などの再建に取り組む清次を救ったのが、同年6月に行われた法務省によるふとん綿の競争入札である。このとき、十分な利益が見込める価格での大量受注に成功し、綿久製綿は息を吹き返した。

　さらに1961年、新たに開発した洋ぶとんを売り込んだ京都の病院で折衝を重ねるうちに、病院に寝具類をリースし、その寝具類の洗濯も一括して行うという新しいビジネスの構想が生まれた。当時、厚生省（現・厚生労働省）は、病院が備える寝具設備の基準を設け、「患者が使う寝具一式を病院が備えれば、健康保険の保険給付を行う」とか「病院は寝具一式の洗濯、消毒、修理などを外部に委託できる」といったルールを法制化しつつあった。

　「病院基準寝具」市場に大きなビジネスチャンスを感じた清次は、1962年に綿

---

(38) ワタキューグループの詳細は、ワタキューセイモア［2015、2017］のCSRレポートや同社のホームページ（https://www.watakyu.co.jp）、ワタキューグループのポータルサイト（http://www.watakyu.jp/　いずれも2018年9月15日アクセス）を参照されたい。

久寝具株式会社を綴喜郡井手町に設立し、南都銀行からの融資を得て、製綿工場の隣に洗濯工場を建設し、基準寝具資材も購入して京都地区での営業を開始した。

新市場を制するには、ライバルに先んじて全国各地の病院と契約を結ぶ必要があった。と同時に、そのためにもリース用基準寝具資材を購入し、営業拠点や洗濯工場の全国展開など、膨大な先行投資が急がれた。このときに頼ったのが大手商社である。同社とは、洋ぶとんの販売をきっかけに取引関係が生まれていた。

清次は、営業拠点や洗濯工場を全国展開するなかで、寝具リース事業をホテル業界に横展開するという着想を得て、1973年には綿久リネンを設立している。基準寝具を通じて太いパイプができた病院向けには、医療食の販売という新事業を展開すべく、前年の1972年に日清医療食品を立ち上げている。

このように、3代目清次は、「先行投資」による巨額負債をものともせず、未成熟な市場を切り開き続けた。経営トップの座にあった約30年間で、子会社を相次いで設立してワタキューグループを結成し、創業110周年にあたる1982年6月期の業績をみると、グループ4社の総売上高は250億円を超え、念願の無借金経営を実現していた。

4代目は多角化を推進し、福祉関連ビジネスに挑戦

しかしながら3代目は、創業110周年を目前に控えた1981年、55歳の若さで急逝した。その後を継いで4代目に就任したのが、7歳下の弟、秀太郎である。旧制中学在学中から3代目を助け、卒業後はその片腕としてワタキューグループの発展に尽くしてきた秀太郎は積極経営を継承し、「攻め7分、守り3分」と「新規推進と新市場開拓」を経営方針の中心に据えた。

秀太郎は、基準寝具市場が飽和状態になるなかで先述の大手商社と新規事業を検討し、その第一弾として、病院の医師や看護師、職員向けにカタログ販売を行う合弁会社を設立した。この個人向け通販ビジネスは、専門の大手通販業者の高い壁に阻まれ失敗に終わるが、その後、ターゲットを法人に変更し、医療福祉施設向けにベッドや事務机などを販売しはじめた。

特に、紙おむつが好評を博した。布おむつの取り扱いに悩んでいた医療福祉施設にとっては、使用済み紙おむつの処理まで請け負ってくれる同社の紙おむつ販売事業は時機を得たものであった。

　秀太郎の時代に、商品開発と市場開拓の一体化が加速している。紙おむつは、当初、ユニ・チャームの商品を納入していたが、その後、現場の声に基づいて、要介護者の快適性、経済性、介護者の作業の軽減性などを意識した紙おむつをユニ・チャームと共同開発している。また、白衣のリース事業では、東レ、ワコールと提携して、耐久性が優れているうえにファッション性も高い白衣を開発した。こうした現場ニーズに応えるオリジナル商品の投入によって、医療福祉施設で圧倒的なシェアを獲得していったのである。

　さらに1987年頃からは、病院内の売店運営事業にも進出し、入院患者、外来患者、病院職員らのニーズに沿った品揃えで、事業開始後わずか3年で全国123店舗を運営するまでに急成長を遂げた。

　3代目の時代には苦戦続きだった日清医療食品事業も、拡大の兆しが見えはじめた。1981年の診療報酬の改定によって医療食加算が引き上げられ、病院の医療食への関心が高まった。これに乗じて日清医療食品は、旭化成工業（現・旭化成）と共同で虚弱な老齢患者向け流動食を開発し、他に先駆けて病院給食受託業務にも参入した。

　1990年には、大手商社および鉄鋼メーカー数社と医療廃棄物処理を行う新会社を設立した。

　高齢化社会が急速に進み出したこの時期、4代目秀太郎は、高齢者福祉事業分野の開拓にも注力した。1990年、「シルバーマーク」の認可を得て、療養ベッドや車イス、ポータブルトイレなどの福祉機器や、介護用品のレンタル・販売事業を本格化させた。また、社会福祉法人「平成会」の設立認可を得て、1992年には特別養護老人ホームや老人デイサービスなどの施設をオープンし、高齢者福祉事業のノウハウを自ら蓄積していった。

　前後するが、海外にも進出している。1989年にはグアムに現地法人を設立して、ホテルのリネンサプライ事業を開始している。

　事業の多角化を推進し、医療・福祉分野の様々なサービスを包括的に提供で

最近の工場

きるようになったワタキューグループは、創業120年を迎えた1992年、グループの中核企業である綿久寝具の社名を「ワタキューセイモア」に変更した。社名の「セイ」は、生命や生命、人生の「生」、清潔や清純、清秀の「清」、誠実や誠意の「誠」を表し、「モア」は英語の「MORE」（より多くの）を意味している。安心快適な健康生活を創造する「健康インテリジェンス産業」を目指す企業姿勢を社名で表現したという。

　このように、1980年代から1990年代を担った4代目秀太郎は、3代目清次と同様、積極経営によってワタキューグループを牽引していたことが確認できる。秀太郎は、社史『綿久110年のあゆみ』のなかで「発刊のことば」を述べ、以下のように振り返っている。

> （ワタキューは）日本の黎明、成長、発展期から、戦後の躍進期とともに歩みつづけ、先手必勝の戦略を展開し、今日の基盤の形成をみたものであります。（中略）企業は生きものであり、永久に発展させねばなりません。先達諸賢の営々として築き上げられたこの"綿久の城"を、一層堅護にし、業界の首位を更に伸ばす経営努力が要請されます。

経営理念は5代目が明文化

　5代目は、1997年に就任した安道光二で、2016年までの約20年間、ワタキューグループのトップとして舵を取ってきた。後述するように、5代目も、3代目および4代目と同様に積極経営を継続したが、他方で「感謝」と「謙虚」を信条としてきた同社の基本方針を明文化し、急増した社員教育に力を注いだ[39]。

　先にも述べたように、5代目の安道は創業者と血縁関係があるわけではない。島根県出身で、綿久製綿に社員として入社後、3代目清次の長女と結婚して創

業者一族に加わったという異色人材である。社長の清次およびその母ハルエの腰の低さにいつも感動を覚えていた安道は、1998年1月、社長就任後の年頭挨拶で、全社員に「創業の原点」を見つめ直し、感謝と謙虚な姿勢で何事にも接する「ワタキュー精神」を発揮することの重要性を訴えた。そして、ワタキューグループの基本方針を策定し、社是を「心」とした。

当時を振り返り安道は、次のように述べている。

「業容の拡大に伴い、『ワタキューさんは横柄だ』という言葉を外部から聞くようになり、このままではワタキューがだめになってしまうという危機感がありました。清次社長はもちろん、お母様のハルエさんも、腰が低く、おじき福助人形のように、だれにでも『おおきに』、『いつもご苦労さんです』と話しかけていました。こうした『感謝の気持ちと謙虚な姿勢』を忘れてはならないとの思いで、『創業時の原点に還り』で始まる『基本方針』を作ったのです」[40]

2年後の2000年9月11日、安道は本社や京都市下京区の京都本部、各支店などで村田清次社長を偲ぶ会「清心記」を開催し、清次社長の在りし日の姿をビデオで上映した。それ以来、毎年、命日の9月11日に「清心記」を開催している。こうした活動から、3代目の行動規範や価値観を後世に継承していこうとするグループとしての意思がうかがえる。

安道はさらに2011年、社是の「心」の意味を理解し、それを実践できる人材の育成が最重要課題であるとし、研修センター「一心館」を京都本部に開設した。ワタキューの「心」をもった社員を育てる場として位置づけており、新入社員はここで1年間、挨拶や礼儀、規律から業務の知識までを幅広く学んでいる。研修を通じて、お辞儀や礼儀作法の重要性が理解できるようになり、プロの自覚も芽生えるという。

このように、5代目安道の特筆すべき特徴は、ワタキューグループの原点を見つめ直し、人材育成に注力し、ナンバーワン企業からオンリーワン企業への

---

[39] 3代目清次の経営哲学をワタキューグループの基本方針にまとめ上げ、急増する社員の人材教育にも力を注いだ安道はよくインタビューを受けており、安道［2004a、2004b］、安道・竹林［2015］といった雑誌記事がある。
[40] 2017年9月13日の安道光二・代表取締役副会長（当時）へのインタビューによる。

進化を目指そうとした点にある。

 とはいえ、一方では、3代目、4代目と続いた積極経営の姿勢も引き継いでいる。安道は、高齢者福祉の分野に力を入れることにした。介護保険法が成立し、在宅介護問題がクローズアップされた1997年、福祉用具のレンタル・販売事業を拡充するためにホームケア事業本部を設置し、翌1998年には、在宅介護の基盤となる住宅改修事業に着目し、在宅介護に特化したリフォーム事業も開始した。さらに2001年10月、日清医療食品をJASDAQ市場に上場させている[41]。

 21世紀に入ってからも、ワタキューの革新活動は活発である。研究開発拠点を開設し、医療福祉業界を対象とした人材紹介・派遣事業にも乗り出している。さらに、建設会社を傘下に収め、医療福祉施設に関する設計、施工からコンサルティングまでの一貫体制を整備した。

ワタキューグループの革新活動の源泉

 140年余の歴史を誇るワタキューは、身の丈経営による老舗の存続モデルとは一線を画している。その積極路線によって経営は何度も危機に直面したうえに、病院基準寝具市場への参入にあたっては、数十億円の融資を受けた大手商社から経営陣が次々と送り込まれ、子会社さながらの状態だった。

 5代目安道は、「昭和56年に借金がゼロになり、大手商社から来ていた役員にもお帰りいただき、ワタキューはようやく、名実ともにわれわれの会社となった」と述懐している[42]。

 すでに明らかなように、先手必勝を信条とする積極経営は3代目の清次によって確立され、4代目以降に踏襲されていくが、製綿業の創業者および2代目にも製綿業と製菓業の二枚看板を掲げていた時期があり、既存市場や既存業種への強いこだわりは感じられない。

 ワタキューの歴代経営者は、既存の商品や市場の寿命、そして、新しい商品や市場の将来性に対する情報収集力や分析力に優れ、新しいビジネスモデルや構想を具現化する行動力にも長けていたようにみえる。例えば、病院基準寝具市場を切り開いた3代目清次は、日本病院寝具協会（1964年社団法人として設立）の理事長に就任して人脈を広げた。110周年を記念した社史『綿久110年の

あゆみ』には、当時の通商産業大臣（現・経済産業大臣）安倍晋太郎が祝辞を寄せている。

　政界、医学界などに顔が利く経営トップには、最新の情報が自然に集まってきたに違いない。そして、そうした情報に触発された経営者の斬新なアイデアは、取引先や社員を含むあらゆる人々に対する感謝の気持ちと謙虚な姿勢によって多方面からの協力が得られ、実現していったのであろう。

　医療福祉分野は、現在、労働力不足問題が深刻化している。2017年、京都府亀岡市で病院や介護施設に提供する給食工場が稼働した[43]。日清医療食品が立ち上げたこの新工場は、1日当たり10万食の生産能力をもった国内最大級の規模を誇り、投資額は127億円にも上る。ここで調理された医療・介護食をパックに詰めてチルド状態で出荷するため、病院や介護施設では調理の手間を省くことができる。もちろん、新工場の内部も自動化を進めて省力化を図っている。

　2016年に安道からバトンを受けた6代目清和は、「基本方針にある感謝の気持ちと謙虚な姿勢で様々な分野に挑戦していく」としており、ワタキューグループの行動様式や価値観に大きな変化はみられない。積極的な先行経営の継続によって、創業150周年の節目となる2022年に向けてあゆみが続いている。

2 革新企業成長型の革新活動

世代を超えて継承される革新DNA

　本節では、業種・業態まで大きく変化したケースとして「株式会社中川パッケージ」と「近江屋ロープ株式会社」、業種は堅持しているが、主力商品やサービスが大きく変わったケースとして「京都鰹節株式会社」と「中西印刷株式会社」を取り上げる。

　中川パッケージの革新姿勢は創業者から続き、近江屋ロープも歴代の経営者

---

(41) 日清医療食品は、MBO（経営陣が参加する買収）の実施によって、2010年12月に上場を廃止した。給食市場の縮小で新たな資金需要も想定されないため「上場維持は重荷」と判断された。『日本経済新聞（電子版）』2010年8月12日。
(42) 2017年9月13日の安道光二・代表取締役副会長（当時）へのインタビューによる。
(43) 『日本経済新聞（電子版）』2017年8月29日。

が次々と新しい事業を立ち上げてきた。一方、京都鰹節は「伝統を超える革新性」をスローガンに新しい「だし」文化を発信し、印刷技術が日進月歩で革新しペーパーレス化も進む業界に身を置く中川印刷は、新しいビジネスモデルの構築を急いでいる。

（1）日本の包装分野をリードしてきた中川パッケージ

「モノを包む」という事業分野で、時代が求める包装技術を提案し続けてきたのが中川パッケージ（資本金8,000万円）である[44]。同社の前身は1904（明治37）年創業の中川木棉製造所で、わが国初のモクメン（木棉）メーカーとして、包装緩衝材という新しい概念を日本社会に提案した。モクメンとは、割れやすい食器などを安全に包むために、木を削って綿のように丸めた緩衝材のことである。

緩衝材としてのモクメンは、その後、発泡樹脂に代わり、外装材も筵（むしろ）から木箱、段ボール、そしてプラスチック段ボールへと転換してきた。現在、中川パッケージが力を入れているのは、熱可塑性ポリウレタンフィルムを使った梱包材である。フィルムと段ボールを使った画期的な商品として注目されている。

現社長の中川仁は5代目で、2000年、32歳のときに父親の中川幸雄（現会長）から社長業を譲り受けた。2018年4月現在の従業員は76人、2017年12月期の売上高は17億8,000万円で、オムロン、日本電産、ワコール、堀場製作所、トヨタ自動車、三菱電機といった大手メーカーが得意先に名を連ねている。主力商品や開発体制、取引先などをドラスチックに変えてきた中川パッケージが、後生大事に継承してきたのは創業者の「フロンティア精神」である。

モクメンメーカーから包装企業へ

創業者の中川幸次郎（初代）は、後に「煙草王」と呼ばれる村井吉兵衛（1864～1926）の煙草製造販売会社「村井兄弟商会」で働いていた際、視察に出掛けたドイツのドレスデンで、陶器を運ぶために使われるモクメンとそれを作る機械に出会ったとされる。

日本で見たことのない技術、そしてモクメン緩衝材を使えば破損を防ぐことができるという事実に驚愕した幸次郎は、機械を日本に持ち帰ることを決意した。そして、独立した幸次郎は1904年、原材料の調達に便利な京都の松ケ崎（京都市左京区）に工場を造り、ドイツ製の機械を使ってモクメンを生産しはじめた。

　幸次郎は荷物の保護という新しい市場を切り開く使命感に燃えていたが、不幸にして、不慮の事故で急逝した。事業を引き継いだのは妻のサヨである。女性経営者が現在以上に珍しかった時代に２代目となった。幸いなことに、実家が繊維問屋であったサヨは、商売人の娘として生まれ育ったために商売のセンスに長けていた。

　1917年には市街地の河原町七条に店を出し、社名も「中川モクメン本店」に改称し、モクメンだけでなく、縄や紙ひも、包装紙などの包装資材の卸小売をはじめた。宣伝効果は大きく、新規顧客の獲得や売上の増加につながった。さらにサヨは、東京や大阪、長野、金沢などに倉庫や代理店を置き、全国展開を図っている。

　サヨが、長男の幸次郎に３代目として経営権を譲ったのは1939年のことである。第２次世界大戦中は軍需指定工場として、砲弾を輸送するための「砲弾箱」を製造し、戦後は、戦前と同じくモクメンや包装資材の製造卸小売業を再開した。

　1957年に段ボールケースの生産を開始し、1960年には日絆薬品工業株式会社（現・ニチバン株式会社）と代理店契約を結び、同社製の包装資材や包装機械を売りはじめた。また、梱包の専門家として、梱包の支援や代行にも乗り出している。そして、1963年から1970年にかけて、東邦窯業株式会社京都工場、住友特殊金属株式会社山崎工場、株式会社島津製作所に相次いで出張所を開設し、梱包作業を請け負うことになった。

---

(44) 中川パッケージのケースは、同社が創業111年を記念して作成した社史『株式会社中川パッケージ111周年記念誌』（2015年）と、2017年８月29日の中川仁・代表取締役社長へのインタビュー、同社ホームページ（http://www.nakagawa-pkg.co.jp/　2018年９月１日アクセス）による。

中川仁社長

事業内容と社名との乖離が際立つようになったこともあり、1969年、同社は社名を中川モクメン本店から中川パッケージに変更した。人が生活するなかにおいてモノの移動は必ずあり、安全に運ぶための包装・緩衝材は不可欠である。社名には、新しいパッケージのスタイルを提案し、時代が求める包装技術を通じて社会の物流を支えるという気概を込めた。

3代目幸次郎は、需要が低迷するモクメンの製造中止を決断し、モクメンに代わる新素材として発泡バラ状緩衝材に着目して、工場まで立ち上げている。1970年以降は、得意先の地方進出に合わせて、滋賀、岐阜、熊本などに営業所や工場も開設した。

4代目は3代目幸次郎の長男である中川幸雄で、1977年、社長に就任した。4代目は1957年に入社して以来、3代目の懐刀として社内を調整し、社員とともに様々な新事業を軌道に乗せてきた。そして2000年、5代目社長として、4代目の長男である中川仁が就任した。5代目にも、創業者以来のフロンティア精神は受け継がれている。

「わが社がこだわるのは、包む、守るということだけ。それ以外は、どんどん変えてきましたし、変えていきます」

5代目の革新活動——フィルム包装材の開発

最近、書籍やDVDなどをオンラインで購入すると、商品が台紙と一緒にフィルム包装されて送られてくるようになっている。5代目社長が新たにはじめたのが、この品物の形に沿ってフィルムで包むフィルム包装材だ。段ボールの台紙にプラスチックフィルムを熱融着し、フィルムに商品を挟むことによって

保護するという新しい包装手法である。

　フィルム包装材には利点が多い。商品の形状にあわせて自由に変形できるので、複雑な形状の商品や、複数の商品を同一梱包する場合などに作業工数や梱包資材を削減することができる。また、透明のフィルムで梱包しているので、商品がみえるという魅力もある。

　後者の利点を徹底追求したのが、2004年に発表した包装緩衝材「キュービックフローター」である。従来は、商品を包み込んだ見えない梱包が一般的だったが、同社は逆転の発想で、壊れやすいもの、複雑な形状のものを空中に浮かせて梱包し、額縁に納められた絵のようにディスプレイを楽しめるという、見せる包装を提案した。

　公益社団法人日本包装技術協会主催の日本パッケージングコンテストで「包装アイデア賞」（2004年）を受賞するほどのユニークな商品で、世界最大級の国際見本市「ミラノサローネ」にも2004年以降3度出展しているほか、2007年には、香港デザインセンター（Hong Kong Design Centre）主催のアジアデザイン賞（Design for Asia Awards）にも選ばれている。

革新的な商品はいかに誕生したのか

　中川パッケージの新しい取り組みを振り返ると、最初のアイデアは社長から寄せられることが多い。段ボールは3代目幸次郎がその将来性を確信し、のちに4代目社長となる長男を段ボール業者に見習いとして送り込んでノウハウを学ばせ、事業化に至っている。

　そして、熱可塑性ポリウレタンフィルムを使った緩衝材「キュービックフローター」は、取引先からの情報をもとに、5代目社長が新商品の種と直感し、外部の専門家を取り込んで具体的なコンセプトやデザインを固め、同社の設計や製造などの担当者がそれを具現化したという流れになる。

　フィルムに関する最初の情報は営業担当者が入手した。2001年、得意先から、「段ボールはごみになるので、中川パッケージとの取引を中止したい。これからはフィルムでくるむ」という連絡が入ったのだ。5代目はフィルムに興味をもち、この得意先を経由して現物を入手した。フィルムは驚くほど透明度が高

ディスプレイ機能を併せもつキュービックフローター

く、伸びがよかった。

5代目は、自社の経営理念や歴史を思い起こしたという。
「うちはずっと緩衝材を扱ってきました。段ボールとも組み合わせることができるこのフィルムには、包む、守るといった機能をもたすことができます。革新的な緩衝材になると確信しました。梱包材の量そのものを減らすことができるので、地球環境にも優しい。わが社は経営理念で、『常に向上心を持ち、包装技術のトップ企業を目指そう』、『地球環境に優しい包装に最優先で取り組もう』といったことを掲げています。フィルム素材は、経営理念にも即していたので、取り組むことを決めました」

さらに、フィルムを使った製品を産学連携で開発したいと考えた5代目は、京都の大学を訪ね歩いた。理工系研究者にアプローチするが、なかなかよい答えは得られない。諦めきれない5代目は、アプローチ先を芸術系に変更し、「デザイン」というキーワードで連携先を探し求めた。そこで出会ったのが、京都造形大学とその姉妹校の東北芸術工科大学である。

2003年、東北芸術工科大学の鈴木敏彦助教授（当時）から「高級品の贈答用などの商業用途で開発してはどうか」との提案を受け、中川パッケージはデザイン案を制作し、製品設計にも取り組んだ。プロジェクト始動から1年後となる2004年、同社が創業100周年を迎える年に包装緩衝材「キュービックフロー

ター」が誕生した。

　社長の新しい商品やビジネスの種に対する貪欲な探究心、見知らぬ人や組織ともつながろうとする行動力はどこから来るのだろうか。大学を卒業後、大手段ボールメーカーに数年間勤務した経験のある５代目社長は次のように言う。「大手の資本力、ブランド力などを間近に見た結果、大企業と直接競争するのではなく、彼らが狙わないニッチな市場で、お客さまに喜んでいただけて、収益も確保できる商品やサービスを提供しなければと考えるようになりました」

　付き合いは「広く」を心掛けている。行政、商工会議所、産業支援機関、銀行、大学などが主宰する異業種交流会や研究会に参加し、知り合ったメンバーとは、Facebookをはじめとする様々な手段でコンタクトを取り合っている。「異業種から寄せられる相談事は、私たちと目線がまったく違います。彼らとの交流は、『こういうことはできませんか』、『こんなことができたら面白いと思います』といったお話を聞かせてもらえる貴重な機会です」

　段ボールで作った「ミツバチボーヤ」というハチの巣箱は、商品化にまでつながった好例と言える。養蜂園の社長から、「木ではなく段ボールで巣箱を作りたい」という相談がもち込まれ、試行錯誤を繰り返すなかで実現したものである。

　革新的な商品やサービスの開発に向けて、社長とともに奮闘しているのが社員である。

「わが社発展のカギは社員の成長です。互いが成長を目指し、勇気をもって新しいことに挑戦していける環境、また、そうした姿勢を評価し応援する社風を根付かせたい」

　このように述べる５代目は、社長就任後、新商品開発の機能を担う販売企画室を新設した。社員から仕事の改善を含む様々な提案を募る制度も設け、優れたアイデアには社長賞を授与している。

次世代のために種を蒔く

　先代までは家業的色彩が強かったが、５代目は企業組織としての体制構築にも努めてきた。事業所単位だった資金の調達や回収を本社に一元化し、開発、

製造、管理といった部門を整備した。5代目社長は、次のようにも述べている。
「社員ののれん分け制度の導入や持ち株会社の設立などについても検討しながら、グループとしての展開を図っていきたい」

　余談だが、2007年には（財）京都市中小企業支援センターから「オスカー認定」を受けている。オスカー認定とは、優れた事業計画を策定し、積極的に経営革新に取り組む中小企業を持続的に支援育成するための制度であり、革新に積極的な企業でなければ認定されないものでる。

　5代目社長が現在関心をもっているのは、海外展開と素材開発である。以下のコメントの通り、見据える「将来」が通常よりもかなり先である。
「私が生きている間に芽は出ないかもしれませんが、次の時代に向けた種を蒔いておこうと思います。私自身、過去からのベースがあって今の事業をやっているわけですから。自分がこの世にいなくなった後のことも考えながら、アンテナを高く張っておかないと、これぞという出会いはありません」

　中川パッケージでは、中長期的な視点で新しいビジネスをどのように作っていくかを考え続けるのが社長の責務となっている。かつて日本各地にあったモクメンメーカーはほぼ消滅し、現在、専業メーカーは全国に2社のみとされる。包む、守るという本業は維持しながら、主力商品を変えることによって同社は生き延び、発展してきた。その歴史こそが、経営者や社員に変革の必要性を訴えているとも言えよう。

（2）ロープの卸売から獣害防止ネットのメーカーに転じた近江屋ロープ

　近江屋ロープ（資本金3,800万円）は、江戸時代後期の文化文政の時代（1804年前後）に、滋賀県湖西の堅田で麻関連の仕事をしていた近江屋藤助が京に上り、麻糸や綿布などを商う「つな屋」を開業したのがはじまりである[45]。

　1991年、40歳で社長に就任した野々内達雄は8代目にあたる。8代目は、同社の中核事業だったワイヤロープや繊維ロープといった産業資材の卸売業が衰退するなか、オリジナル商品の開発・製造や天井走行クレーンなどの機械器具

設置工事業に力を注いできた。その結果、2018年現在、近江屋ロープの稼ぎ頭は、猪、シカ、サルなどの野生動物の侵入を撃退する獣害防止ネットとなっている。

この新事業を全社一丸となって育て上げ、同社の業績はすでにバブルの絶頂期を超えている。従業員35人で約20億円（2019年1月予想）を売り上げているのだ。

連綿と続く革新活動
　江戸から明治に時が移り、富国強兵・殖産興業を掲げる近代日本で、綱（ロープ）が幅広い分野で使われるようになると「つな屋」は商いを広げていった。5代目辰之助は屋号を「ヤマキ綱辰」と改め、「つな辰野々内商店」として麻ロープや綿ロープの製造販売に力を入れた。当時、ロープの用途は、農業用牛馬の追い縄や手綱から鉱山、建築土木、船舶と多岐にわたり、海軍も得意先であった。

　卸売業への本格進出は、第1次世界大戦後の世界恐慌期である。待ちの姿勢では売れないと判断した6代目辰造が陣頭指揮を執り、社員らは西日本各地を行脚して販売先を開拓した。そして、第2次世界大戦中は、麻ロープや綿ロープの工場を分離し、「近江屋商店」の商号で販売業に専念している。

　戦後の復興期を担ったのは、現社長の父である7代目泰一である。1951年にはワイヤロープや集材機といった架空索道資材の取り扱いをはじめ、1957年から合繊ロープも販売している。現在の社名および組織に改めたのは1960年のことである。その2年後にはチェンソーの販売を開始し、産業資材部と林業機械部の2部門制を打ち出した。詳細は後述するが、のちに同社の危機を救うことになる獣害防止ネットの開発は、長年にわたって培ってきた林業分野の知識や

---

(45) 近江屋ロープのケースは、2018年5月31日に龍谷大学で行われた講演や2017年8月31日の野々内達雄社長へのインタビュー、関本［2015］、ネット上にアップされている野々内達雄社長へのインタビュー動画（『日本の社長.tv』https://j-president.net/kyoto/ohmirope/　2018年9月6日アクセス）、同社ホームページ（http://www.ohmirope.co.jp/　2018年9月1日アクセス）をもとにまとめた。講演録は、京都老舗の会の「NEWS LETTER」Vol. 23にその簡略版が掲載されている。

人脈がベースになったものである。

7代目はまた、井戸の滑車とロープの組み合わせから派生した、工場内に設置するクレーン設備に着目し、天井走行クレーンを主体にした機械器具設置工事を新たなビジネスとして立ち上げた。この機械器具設置工事業は、8代目が新たにはじめた「獣害防止ネット」とともに、現在の近江屋ロープを支える中核事業となっている。

同社の歴史を振り返ると、歴代の経営者は競うように新機軸を打ち出しており、連綿と続く革新活動によって同社の存続が図られてきたことが分かる。

起死回生策となった「獣害防止ネット」

8代目が近江屋ロープに入社したのは1977年、社長に就任したのは1991年のことである。当時の売上高は15億円。順風満帆なスタートとなるはずだったが、バブル経済崩壊後の景気低迷で同社の業績も悪化を続け、2003年の売上高は9億円にまで落ち込んだ。

7代目がはじめた林業分野は構造不況で、それに追い打ちをかけたのが、屋台骨であった卸売業の瓦解である。公共事業の激減とホームセンターの急増で得意先である各地の小売店が窮地に陥り、メーカーによるユーザーへの直販が増えた。メーカー、商社、販売代理店（卸）、全国各地の小売店、そしてユーザーという既存の流通体制が大きく揺らぎ、同社の卸という商売は時代に取り残されたわけである。

経営が傾くなかで起死回生に向けた動きは、林野の野生シカ侵入防護ネットからはじまった。これは、60歳近い嘱託社員の「直訴」がきっかけであった。1997年、出張先で彼は8代目に懇願した。

「私は林業のことしか分かりませんが、今日、社長と一緒に見たシカの害を防ぐネットを開発させてください。頑張りますから、私を見捨てないでください」

「見捨てないで」という言葉に衝撃を受け、その心根に応えなくては、という気持ちのままに、8代目はその場で協力を約束したという。やがて2人で開発したシカ用防護ネットはヒット商品となり、林業機械部の業績は好転し、この嘱託社員も輝きを取り戻した。

一方、農業においても、イノシシやサルといった野生動物が田畑に侵入して農作物を荒らす獣害が深刻化していた。時代と共に衰退する卸売に代わる新しいビジネスを模索していた8代目は、林業向けシカ用防護ネットの応用商品として「農業向けイノシシ用」というアイデアを思いつき、ベテラン社員を鼓舞したほか、立命館大理工学部教授にも協力を求めた。

　100キロを超えるイノシシの衝撃に耐え、かつ作業性のよい商品を開発するには、どのような材料を組み合わせ、どんな設計にすればよいのか。教授は、同社開発製品の衝撃荷重による強度計算に取り組み、実験によってその妥当性を検証した。

　近江屋ロープが2004年に売り出した金属性獣害防止ネット「イノシッシ」は、オプションで特殊繊維、電気柵を用途に応じて組み合わせることもでき、シカやイノシシだけでなく、これまで対応が難しかったサルの侵入までも防止できるものである。持ち運びや組み立てが容易で、場所を選ばず自設できる。しかも、専門家のお墨付きデータがある。すでに先発メーカーはあったが、顧客である地方自治体への懸命な売り込みも功を奏し、数年後には大きな利益を生むようになった。

　「わが社は、シカやイノシシの侵入に困り果てている農家の方に寄り添い、心底満足されるまで改良し続けました。そうして作り上げた商品を絶賛していただいたとき、市場が見えてきたのです。安易に利益を追求するのではなく、現代社会に貢献できる事業にしていくことが大切です」

　近江屋ロープは、同社が開発した製品の組立、配送、アフターサービスを担い、部材に関しては、付き合いの長い、信頼できる仕入先、つまり部品メーカーなどに特殊品として外注している。長く卸売をしていた同社ならではの強みを生かしたビジネスモデルである。

　同社は、この獣害防止ネットの開発により、2005年に（財）京都市中小企業支援センターより「オスカー認定」を取得したほか、翌2006年には、（社）日本ニュービジネス協議会連合会主催のニッポン新事業創出大賞・アントレプレナー部門の特別賞を受賞している。

野々内達雄社長

家業の継承よりも大事なもの

　時代が変わり、ビジネス環境が変わると、それまでの商法が通用しなくなる。近江屋ロープを長く支えてきた卸業も、全売上高の約2割まで減少した。同社の経営危機を救ったのが新商品の獣害防止ネットであるが、より本質的には、社長が自らの生き方や価値観を変えたことよる。社内の雰囲気は一変し、会社は再生軌道に乗った。8代目が次のように語ってくれた。

「1999年に尊敬していた父が亡くなり、この先どうなるかと追い込まれた時期がありました。ベテラン社員も思うように動いてくれません。そんなとき、卸売一筋の課長から『社長はもう卸売も私たちも見捨てておられるのでしょう』と言われました。またしても、『見捨てる』という言葉を社員から発せられ、愕然としましたね。そのころ参加した経営セミナーでも、私の人生の師である高橋佳子氏から、『野々内さんは一生懸命に頑張っているとおっしゃいますが、本当にそうですか。暖簾（のれん）を守ることが企業を経営する最大の動機になっているのではないですか』と言われ、社員との心のすれ違いにはたと気づきました。社員は、仕事を通じて豊かな人生を過ごしたいと思っているのに、私は、暖簾を守るため、家を守るために汲々としていることを後悔と共に自覚することができました。そして、そのときより、一人の人間として本当にやるべきことのために生きていこう、と思ったのです」

　近江屋ロープでは、「たゆまぬ自己形成と社会への奉仕」を企業理念に制定した。社員には、自己変革への実践が毎年のテーマとして与えられている。そ

れは、社員との関わりによって、自分の心の弱点を知った社長自らが変わり、実践してきたからこそ可能な社内研修だといえる。そして、いつしか社員同士の絆を大切にする風土が醸成され、立場や年齢、部署を越えた協働作業が当たり前のように行われるようになった。

　自由闊達な明るい雰囲気の職場で、社員が仕事に励むようになると業績も向上し、さらに社内が活気づくという好循環が生まれた。社長が「暖簾を守る」という先代から引き継いだ価値観を捨て、「社員を守る」ことを最優先すると心に決め、あらゆる行動に踏み入れた結果として暖簾が守られたのである。

21世紀の中小企業モデルを目指す

　近江屋ロープは、2012年に京都商工会議所の「知恵ビジネスプラン認定」を取得し、京都府の中小企業優良企業表彰も受賞した。前者は、京都の特性や企業独自の強みを活かしながら、新たな知恵によってオリジナルのビジネスモデルや技術、あるいは商品・サービスを開発し、顧客創造を実現するビジネスプランを表彰するものであり、同社は獣害防止ネットが社会貢献度の高いソーシャルビジネスのモデルとして高く評価された。

　一方、後者は、京都府内で優位性、新規性、または京都らしさを備えたモノづくりやビジネスモデルの構築により、京都産業の振興に貢献している中小企業者を表彰する制度である。

　2005年に受けた「オスカー認定」は、第2創業や経営革新に積極的に取り組む優れた中小企業の証であり、8代目は、「オスカー認定」を受けた企業で構成する異業種交流団体「京都オスカークラブ」（2018年11月1日現在の認定企業数は190社）の会長を務めている。

　21世紀の新しい中小企業モデルを構築しようと邁進する8代目は、自らの経験を踏まえ、老舗が長く生き続けるための条件として三つのポイントを挙げている。

　第1が自己変革である。経営不振という試練のなかで8代目は、暖簾（のれん）ではなく、社員やその家族の人生を守ることが自らの使命と認識するに至った。

「時代の流れを変えることはできません。しかし、自分を変えることはできま

す。最も重要なことはリーダー自身が変わっていくことです。様々な試練は、私たちリーダーに変革を呼びかけているものと受け止めるようになりました」

　第2は会社のDNAである。同社が新たに開発した獣害防止ネットは、先代から受け継いだ綱や林業の商売を捨てることなく、そこに新しい需要を見いだしたものであり、自社の強みを最大限活用している。「老舗は、自社のDNAを生かして現代のユーザーが満足する商品やサービスを創造することが大事」と言い切る。

　第3は風通しのよい組織である。これについては次のように語っている。「これまでの老舗には主人と従業員という強い主従関係がありましたが、リーダーと社員が響き合う協働の風土を構築し、継承していくことこそが、企業の存続につながると思います」

　ところで、暖簾の継承はもはや関心事ではないが、暖簾はしっかり活用している。屋号の「近江屋」を社名に入れ続けているのは、カタカナの名前にはない信用力の高さを感じさせられるからだ。同社は、「京都で200年続く近江屋」という暖簾を生かしながら、「安全（ロープ）」、「省力（工場クレーン）」、「環境緑化（防護ネット）」をテーマに、ユーザーに満足してもらえる商品の開発やサービスの提供を目指している。

（3）「伝統を超える革新性」を旗印に商品開発に勤しむ京都鰹節

　京都鰹節（資本金2,500万円）は1877（明治10）年、京都の中心部（京都市中京区）で鰹節の卸問屋として誕生した[46]。1949年に法人改組し、2代目として中西定次郎が就任した。

　当初は、原料の仲卸と、京料理屋や蕎麦屋、うどん屋といった和食店に天然のだし原料である鰹節や昆布を販売していたが、2代目の実弟で、3代目となった志村正雄（1965年に社長就任）の代に、大手調味料メーカー「味の素」の販売代理店を取得し、うま味調味料も扱いはじめた。

　3代目は、味の素の販売代理店業務を通じて、それまで付き合いのなかった飲食店への販売ルートを開拓し、4代目の志村雅之が、削り節をブレンドした

「中華だしパック」を開発して、ラーメン業界のベストセラーと評される商品に育て上げた。4代目は3代目の長男で、社長に就任したのは1984年、37歳のときである。同じ年、京都市南区に本社を移転している。

実はこのとき、同社は危機的な状況にあった。大規模な新社屋が完成した直後に3代目が急逝したのである。急遽社長に就任した4代目は、当時を振り返って次のように語る。

「先代は将来を見据えて、約6億円もの新たな設備投資をしていました。新社長としての私は、親父の死という肉親の情よりも先代社長の死という状況に戸惑い

志村雅之社長

ながら、ひたすら借入金の返済に努めました。約3年で返済の目途をつけたことが、新社長としての初めての仕事でした。この試練によって、経営者としての強い責任感と自覚を持つことができたと思います」

4代目は、「伝統を超える革新性」を旗印に新商品の開発や新市場の開拓を続け、「だし」文化の海外発信にも力を入れている。2018年現在の従業員は90人、売上高は約30億円となっている。

天然だしとうま味調味料の共存

海産物を扱う京都鰹節の商いは、戦後、中京税務署の高額納税者名簿に掲載されるほど盛況だった。4代目の現社長は、小学生の頃から鰹節の日干しなどを手伝ってきた。

---

(46) 京都鰹節のケースは、2017年9月11日の志村雅之・代表取締役会長兼社長へのインタビューと同社ホームページ（http://www.kyoto-katsuo.co.jp/、2018年9月1日アクセス）による。海外展開については、戎［2016］も参考にした。

「鰹節やのせがれやから、この商売をせなあかんと思うてました。鰹節やは、ほんまにええ商売やとも。当時、同じクラスのほとんどが呉服屋の子どもですわ。呉服は、現在ではもう富士山の頂しか残ってません。商売の興廃を見てきましたな。私はこの商売、生来好きで好きでかなわんからやってますけど、うちは老舗にあぐらをかかず、絶えず危機感をもって、新しい物に挑戦してきました。それが、うちのスローガン。老舗だけで飯が食べれるほど、甘いものではないと言いきかしています」

3代目が1949年に味の素と総代理店契約を結んださい、「鰹節屋がグルタミン酸ソーダやイノシン酸の片棒を担ぐのは何事や」と、業界から総スカンを食ったという。しかし、そのおかげで同社は新しい販売先を開拓することに成功した。「外食産業の発展を予見した先代は見事だった」と4代目は言う。

3代目は、味の素が1975年に売り出した和風だしの素「ほんだし」の開発にあたっても、味の素に鰹節を売り込もうと鰹節エキスの使用を提案し、鰹節に関する文献やデータの提供まで行っていたという。

番頭への競争意識から生まれた新商品

4代目の現社長は、同志社大学に在学中、米国ロサンゼルスに企業研修として留学し、大学を卒業後、西武百貨店を中核とするセゾングループに勤務した。京都鰹節には1970年に入社したのだが、その際、真っ先に意識したのが古参社員との関係である。小学生の頃、自宅の2階に番頭さんや丁稚さんが住み込んでいたのだ。

「幼少の頃、周りから『ぼん、ぼん』と言われて育てられました。先代を支えてきた経験豊かな番頭はんから認められんとな。番頭はんに凌駕されたらあきませんのや。親父からも『次の社長になるには実績が大切。うちで頭角を現そうと思ったら、彼らと同じ仕事をすんな』と叱咤激励されまして。それで、私は誰もやってなかった中華材料とラーメン材料を手掛けました。味の素の代理店をやってましたから、中華料理店やラーメン店と取引ができました」

このように話す4代目、1971年に削り節をブレンドした「中華だしパック」を開発し、鶏がらや豚骨の動物系スープが中心だったラーメン店に魚介系スー

プを売り込んだ。彼らに、動物系と魚介系をあわせた、現在では当たり前になっている「W（ダブル）スープ」を提案したのである。その後、ラーメンが国民食として定着したこともあり、「中華だしパック」は同社の主力商品に育った。

　4代目は、食文化の変化に対して調味料や加工品などの商材を拡充し、今では鰹節や昆布、だしパックだけでなく、そばつゆや味付けにしん、さらに、同社独自で開発したレトルト食品を、うどん、そば、日本料理、ラーメン、中華料理の各店に提供している。

　既述した通り、4代目は、学生時代に留学したアメリカでインターンとして働いた経験がある。海外市場の開拓はその当時から秘めていたアイデアで、21世紀に入ってから本腰を入れている。シンガポールや香港などの展示会に出展するとともに、2006年には、食品衛生管理の国際基準であるHACCP認証を取得した。

　さらに2013年、和食が世界文化遺産に登録されると、翌2014年には国際営業部門を立ち上げた。ニューヨークなどでの展示会では、魚粉をまぶしたフライドポテトの試食提供を行い、レストランのシェフや飲食コンサルタントらを集めて、だしの取り方に関する講習会も随時開催している。

　国によって、水質も好みも異なる。昆布や鰹節は、産地や熟成方法、熟成期間、配合などによってとれる「だし」の味も大きく異なってくるため、顧客のニーズに合ったベストな提案に努めながら、「だし」文化を発信している。

　また国内でも、「和食文化発展」のため、2013年から毎月24日を「節の日」と銘打って、創業地の中京区で消費者に販売を行っている。京都鰹節にとっては消費者の声を直接聞くことができる貴重な機会であり、新製品開発のヒントが得られることも少なくない。

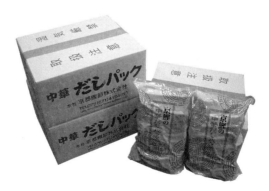

中華だしパック

おいしさの追求と財務体質の強化

　京都鰹節は、素材の調達からその配合、品質管理まで、強いこだわりをもって取り組んでいる。だしの材料である鰹節、ウルメ節、サバ節、目近節（宗田節）、昆布などの仕入れにあたっては、長年にわたって培ってきた産地との良好な関係が大きな強みとなっている。季節や収穫時期に応じて、また使用目的に応じて最適なものを厳選する。削り方やブレンドにも、長年の経験で培われた独自のノウハウがある。

　とはいえ、伝統的な製法を堅守しているわけではない。1988年に良質な原材料を最適条件で熟成するための物流センター（原料冷蔵倉庫）を新設し、1994年には本社西側に、品質の安定を図る目的で昆布の低温倉庫も建設した。その結果、1年を通じて一定の温度と湿度を保つことができる管理体制が構築された。

　さらに1999年には、本社から車で5分ほど離れた場所に鰹節製造工場を開設した。最新設備を投入し、厳密な品質基準のもとで管理している。鰹節の製造工程では、削りたての鮮度や風味を維持するために、窒素ガスを充填し、空気を遮断してパッキングする方式を導入した。

　同社は、伝統だけではなく、おいしさにこだわることで、こうした設備投資を積極的に行って顧客の要望に応えてきた。2018年現在、販売拠点は、京都市南部の本社のほかに、京都市中京区、大阪、金沢、東京となっている。

　4代目が意識的に取り組んでいるのは、天変地異にも耐えられる強い企業づくりである。鰹節や昆布の原材料は、産地の入札会に参加したり、北海道などの産地に出向いて手当てをしているわけだが、商品として売り出すまでには倉庫に寝かせて醸成する長い年月を必要とする。言うまでもなく、一定規模の事業を安定的に行うためには豊富な資金力が欠かせない。同社は、利益を上げ、内部留保を図ることで財務体質を強化してきた。2016年の『中小企業白書』によると、中小企業の自己資本比率の平均は39.5％、大企業の平均でも41.7％となっているが、なんと同社は50％を超えているのだ。

　「社員やその家族を路頭に迷わさんよう、しっかりした土台を作ることは経営者の責任ですわ。自己資本比率を上げることは利益を上げること。その結果、

株価は上がり、事業承継には痛し痒しですが、儲けられん企業に社員は来ないし、銀行も取引先も相手にしてくれません」

伝統を超える革新性と先憂後楽

　京都鰹節は、「伝統を超える革新性」をスローガンに掲げ、先代も4代目の現社長も、同業他社から「異端児」扱いされるほど進取の気性に富んでいる。人事制度や組織を変え、資金調達や資産運用の方法も大きく変えた。

　しかし、やみくもに革新してきたわけではない。経営者が牽引する革新行動の背後には先憂後楽の精神がある。先憂後楽とは、中国、北宋の范仲淹（はんちゅうえん）（989～1052）が「岳陽楼記（がくようろうき）」のなかで優れた人物の心がけとして述べたものであり、「天下の憂いに先んじて憂え、天下の楽しみに後れて楽しむ」を意味する。

「いつでも危機感を抱き、先は厳しいぞと思って。私は、ある程度先読みしてからしか飛び出ません。ぱっと飛び出たら、ばっとやられる。うまくいかないのが普通やから、上手にいこう思ったら、率先して自分が泣かねばと思っています。泣くいうことは、悩んで悩んで、苦しんで、そのうえで、ゴーサインや。しっかり準備すると、結果はおのずと見えてくる。私が率先して苦しまんと、社員はついてきてくれません」

　今回のインタビューにおいて生粋の京都弁で答えてくれた4代目、地域活動や業界活動にも熱心に取り組んでいる。一般社団法人・日本外食品卸協会の理事や全国削節工業協会の副会長など、業界団体の要職を務めているほか、母校である同志社大学校友会の評議員、メインバンクである京都中央信用金庫（中信）の総代にもなっている。中信との関係はとりわけ深い。次期経営者を育成するために結成された中信青年経営者倶楽部の初代会長を務めた実績があり、現在は、中信経営者倶楽部で他企業の経営者と親睦を図り、勉強会も実施している。他にも、約10年前から京都の名門、京都ロータリークラブに所属し、積極的に社会奉仕に取り組んでいる。

　人脈やそこから入ってくる情報の重要性は強く意識しており、社員が一堂に会する朝礼などで、「人脈、行動力が結果につながる。同期会、OB会、同窓会、町内会、趣味の会に行け。毎日がチャンスや。仕入先、得意先、銀行、病院な

ど全部人脈やで。パーティーに行ったら、先にご飯食べんとどんどん名刺交換しよう」などと発破をかけている。

（4）印刷のサービス業化を推進する中西印刷

　京都府庁に隣接する中西印刷（資本金3,400万円）は、1865（慶応元）年、初代の中西嘉助が書肆（小売りと版元を兼ねた業態）「めどき屋」から分家独立したのがはじまりである[47]。「印刷を通じた文化学術への貢献」を社是に掲げ、業界では、「学術出版の中西」、「特殊文字の中西」として知られてきた。

　木版、活版、平版（オフセット）、オンデマンド印刷を経験した全国でも稀有の印刷業者で、ペーパーレス化にもいち早く参入し、日本のオンラインジャーナル市場で他社の追随を許さない実績を上げている。さらに、出版業を超える新しい取り組みとして、学会業務受託サービスに力を入れてきた。

　8代目となる現社長の中西秀彦は文筆家としても知られている。2016年に、従兄弟で7代目の中西隆太郎（現会長）から社長業を譲り受けた。2016年現在、従業員は80人。中西印刷には、「でんぼ（出来物）と会社は大きくなると潰れる」と言って規模拡大を戒めてきた歴史があり、現状はほぼその上限という。

英文や特殊文字への対応で「学術出版の中西」へ

　1870年代に木版印刷から活版印刷に転換して以来約100年間、中西印刷の中核事業は活版印刷だった。1881（明治14）年に、当時二条城内にあった京都府庁の御用達となり、府庁の現在地への移転に伴って同社も本社を移転した。1901（明治34）年に初代の長男が2代目を継いだが、印刷にあまり興味をもたなかったこともあり、初代の娘婿が3代目となり、4代目はその長男が継いでいる。

　中西印刷は第2次世界大戦中も印刷業に専念し、戦後も、京都府庁、京都市役所、日本中央競馬会といった官公庁関連の印刷を安定的に受注してきた。4代目までは本業が安泰で、新しい何かに挑戦する必要がなかったとも言える。

　5代目以降、革新姿勢を強めた外的要因の一つは、寡占に近かった市場環境

の変化だった。随意契約を止め、競争入札などを導入する官公庁が増え、京都府庁などの御用達印刷業者としての安定した仕事を失った。そして、もう一つは印刷業界の技術革新で、活版そのものが時代遅れになったことである。

内的要因としては、5代目の中西亨や6代目の中西亮の強い学術志向や、それを可能にするだけの大学関係者との強いネットワークが挙げられる。5代目と6代目は、4代目の長男と次男にあたる。それぞれ京都大学理学部、同法学部の卒業生である。4代目の三男も京都大学に進んでおり、理学研究科の物理学教室で素粒子論を研究し、ノーベル物理学賞を受けた湯川秀樹博士の愛弟子の1人として名を残している（現在は京都大学名誉教授で、中西印刷監査役）。

5代目、6代目は、母校である京都大学の研究者らと親しく付き合うなかで、学術書や学会誌を中心とする仕事にシフトしていった。慣れ親しんできた英語の本や雑誌の出版に関心をもった彼らは、欧米諸国に負けない品質の本格的な英語の本を印刷するために、イギリスから鋳造機を輸入した。また、法学部卒で文学部にも出入りしていた6代目は、「特殊文字の中西」となるきっかけを作っている。その経緯を紹介しておこう。

モンゴルに滅ぼされた西夏帝国の文字の解読に力を注いでいた京都大学文学部の西田龍雄教授の依頼を受け、西夏文字の活字を母型（鋳型）から作り、西夏文字の印刷物をこの世に送り出したのだ。その結果、「言語学界に中西あり」という評判が立ち、日本を代表する民族学・文化人類学の拠点、国立民族学博物館（大阪府吹田市）などからも仕事が舞い込むようになったという。

他社を圧倒する英文学術書および特殊文字への特化は、5代目、6代目が成し遂げた革新活動である。

活版印刷から平版印刷へ

もう一つの革新活動は、約100年続いた活版印刷から平版（オフセット）印刷への転換である。活版印刷では、職人が原稿に従って鉛の活字を棚から拾い、

---

[47] 中西印刷のケースは、2017年8月29日の中西秀彦・代表取締役社長へのインタビューと、同社の5代目中西亨がまとめた社史『中西印刷歴代史』、同社ホームページ（http://the.nacos.com/index.php　2018年9月1日アクセス）に基づき作成した。

1960年代の活版印刷工

その活字をページ枠内に並べて体裁を整えていたが、平版印刷では、版下を作成し、「ゴムブランケット」と呼ばれるゴム布にいったん転写し、それを紙面に印刷することになる。

活版ならではの書体や刷り上がりに愛着をもつ顧客も少なくなかったため、同社では平版（オフセット）印刷への転換が遅れたが、1992年、ついに活版印刷を全廃し、電算写植のオフセット専業となった。電算写植とは、コンピュータを用いて処理した文章データを自動写植機によって印字し、印刷用の版下をつくるという作業である。

平版（オフセット）印刷への移行にあたっては、まず人材問題を解決する必要があった。活版のベテラン職人が磨いてきた高い技術や知識が役に立たなくなったが、同社は希望者全員の雇用継続と待遇維持を条件にオフセットへの移行に踏み切った。そして、電算写植オペレーターなどの新しい仕事に就いてもらったという。

中西印刷は、京都府御用達の印刷会社として発展し、京都府印刷工業組合の理事長を輩出する地元の名門印刷業者である。「世間に恥ずかしいことはできない」という意地もあった。

次の問題は資金で、平版（オフセット）印刷のシステムを導入するとなると億単位の投資が必要であった。さらに厄介だったのは、しばらくこれで稼げると見込んでいた電算写植が、すぐに時代遅れの技術となったことである。「DTP（Desk Top Publishing）」と呼ばれるもので、デスク上で原稿作成から編集、レイアウト、製版、コピーが行えるパソコン・システムが登場した。その結果、執筆者がパソコンで文書を作成し、デザイナーや編集者がDTPを使いこなすことで版下まで作るようになっている。

ペーパーレス時代への対応

　現在、印刷業界では、平版が登場したときの衝撃をはるかに超える激震が走っている。ペーパーレスである。学術雑誌は印刷されなくなり、オンラインジャーナルが主流になっている。1990年代当時、印刷産業は10兆円規模だったが、すでに6割程度にまで落ち込んでいる。

　2018年現在、中西印刷が力を入れている事業の一つが学会事務の代行である。学会誌の印刷を引き受けるうちに発送作業の下請けを依頼されるようになり、それが発展して名簿ラベルの作成、さらには名簿そのものの管理を任され、最後は会費の徴収まで請け負うようになった。学会の運営事務は、研究者にとって大きな負担である。そのため、信頼できるアウトソーシング先として中西印刷に依頼が殺到したのだ。印刷の仕事が減少するなかで、重要な収益源となっている。

　出版費を抑えたいといった学会に対しては、印刷の発行を廃止し、オンラインジャーナルにして機能を強化する提案をしている。一例を挙げると、仏教関連の学会誌がある。オンラインジャーナルにすることで経典のデータベースにリンクを貼ることが可能になり、研究の効率アップが期待できるという。

　このような学会事務とオンラインジャーナルは、すでに全売上高の4割近くを占めるまでに成長している。

企業の存続は自己否定から

　印刷業界に次々と押し寄せる技術革新の波によって、中西印刷のビジネスは劇的に変化した。京都大学文学部を卒業し、東京でサラリーマン生活を送った8代目の現社長は、1985年に父が6代目社長を務める中西印刷に入社し、活版専業だった同社の電算化を推進してきた。

　しかし、グーテンベルグ（1398？〜1468）の発明以降、550年にわたって続いた活版印刷技術は終焉を迎え、紙に印刷しないというペーパーレス文化も急速に広がっている。印刷業もサービス業化が不可欠なのだろう。

　「求められるのは、顧客のニーズを正しく把握し、ものやサービスに昇華する力で、学会業務はその好例です。うちはまだ6割を印刷で稼いでいますが、社

長の私はそこにとどめを刺すことになるのかもしれません。中西家と中西印刷を残してほしいと言われてきましたが、印刷がなくなるのは想定外でした」と、8代目は苦笑する。

この8代目、『学術出版の技術変遷論考』（印刷学会出版部、2011年）という学位論文まで出す学究肌である。長男は大学院で図書館情報を学び、家族や親族で集まると自然に、印刷や本、図書館の未来、データベースなどが話題になるという。同社の場合は、印刷会社であることの自己否定によって新しい事業やビジネスモデルを模索しており、そうした自己否定が、企業の存続可能性を高めているとも言えるだろう。

ただ、変化の方向性はこれまでの歴史に規定される部分が少なくない。大日本印刷が半導体のフォトマスク事業に進出できたのは、写真印刷を得意としていたからだ。特殊文字や英文に特化した文字印刷を強みとする中西印刷の変化は、当然、大日本印刷とは違うものになろう。これについて8代目は、次のように分析している。

「顧客ニーズと過去から蓄積してきた知識やノウハウ、それらを少しずつずらしていくことによって、新しいビジネスが生まれます。まったく畑の違うビジネスをいきなり手掛けることはできないのです」

新しいビジネスを生み出す仕組み

中西印刷の株主は、7代目（会長）と8代目（社長）、そして彼らの叔父である監査役の3人である。重要案件は、会長と社長が日常的に対話をしながら決めている。

中西印刷は、代々の経営者がいわゆる職人ではない。それゆえ、技能や職に執着することなく、時代の変化や技術革新の流れを読んだ経営ができたのかもしれない。また、研究

2018年、日本語オンラインジャーナルについてスピーチする中西秀彦社長（アメリカ）

者の顔をあわせもつ経営者が相次いだことで、官公庁御用達印刷業者から、学術分野に特化した日本有数の専門業者に転じることができたと言えよう。学究肌の経営者は、業界動向に関する情報収集にも余念がない。出版学会や図書館情報学会などにも入り、熱心に活動している。

　ただ、学術書印刷の専門業者として高いレベルを維持するには、優秀な社員の採用や育成も不可欠である。同社では、多くの社員が様々な学会に参加し、専門分野の知識を身につけるとともに人脈を広げている。

　80人の社員のうち、10人が大学院卒となっている。子育てを終えた30、40代の女性も積極的に採用し、稼ぎ頭に育ってきた学会事務を任せている。週休2日制の導入、女性が働きやすい職場づくりなどの取り組みも早く、2006年、京都市の男女共同参画推進宣言事業者に登録し、翌年には表彰を受けている。また2008年には、京都府から第1回「京の子育て応援企業」の認証も受けた。

　中西印刷は、長く無借金経営だったが、活版から平版（オフセット）への移行時、設備投資のために多額の借金をし、自己資本比率は一桁台に落ち込んだ。業界を揺るがす新技術の登場は、長く続いてきた保守的な体質をいとも簡単に変容させてしまった。借金してでも最新の設備を揃え、また人材を集めて育てる以外、存続する手立てはなかったのである。

3　革新DNAとその継承

　本章では、名門企業型企業3社、革新企業成長型企業4社を対象に、革新行動の実態を詳述してきた。

　名門企業型企業3社の事例からも明らかなように、業界のトップに上り詰めた企業では、後に「中興の祖」と呼ばれるようになる経営者が、時代が要請する成長市場に、新しい製法や製品、サービスを投入し、時に新しいビジネスモデルを構築してきた。彼らの卓越した先見性、強力な指導力、リスクを恐れない企業家精神などの結果、企業規模が拡大し、業界のリーダー企業に発展した。

　電子部品や自動車部品といった市場が確立されていなかった時代に、電解銅

粉や電解銅箔の研究を牽引した福田金属の福田嘉一、杜氏の経験とカンに頼っていた清酒業界にあって、科学的な学理に基づく清酒醸造を追求した月桂冠の大倉恒吉、病院基準寝具という新市場を切り開いたワタキューの村田清次はその典型である。彼らの大胆な挑戦によって、将来に向けた各社の安定基盤が構築された。

　メーカーである福田金属の福田嘉一と月桂冠の大倉恒吉は、大学や政府機関の研究者らと親交を深めるなかで生産技術の開発に傾注していった。

　東京大学を卒業した福田嘉一は、京都大学工学部の教授に師事し、金属箔粉の製造・研究に自ら携わり、先進的な欧米諸国の視察までしている。一方、13歳で家業を継いだ大倉恒吉は、京都大学や大蔵省醸造試験所の研究者らとの交流を通じ、大卒の若い研究者を自社に招聘し、研究開発の拠点となる研究所を開設した。そして、ワタキューの村田清次は、新サービスの提供先である病院と連携してビジネスモデルを確立し、全国展開にあたっては大手商社の支援を仰いでいる。

　冒頭に掲げた第1の疑問に関して言えば、直面する課題を解決するために、あるいは将来有望な市場で地歩を固めるために、企業家精神旺盛な経営者が同業者に先んじてリスクを取って挑戦していたことが分かる。そのリスクも、しばしばわれわれの予想をはるかに超える大きなものであった。事実、ワタキューの村田清次は、「先行投資」による巨額負債をものともせず、銀行や商社の「管理下」に置かれながら、未成熟な市場の開拓に命を懸けた。

　革新企業成長型の事例として取り上げた4社も、既存市場の衰退や新技術の登場などを契機に経営者が強いリーダーシップを発揮して、新製品や新サービスの開発や市場開拓、新技術の導入などに取り組んできた。そして、新しいアイデアや戦略の実現にあたって経営者を支えたのが、大学や公的研究機関などの研究者やデザイナーであり、取引先であった。

　もちろん、社員の貢献も見逃せない。福田金属では、家族主義的な社風が社員の高い定着を生み、研究開発の推進や技術の流出防止に貢献した。近江屋ロープでは、ベテラン社員が新製品の開発をリードした。重要な経営資源である社員の能力を最大限に引き出すことができるかどうかは、革新姿勢の強い企業

型の老舗にとって、また家業型から企業型へ脱却しようとしている老舗にとって、どうやら重要なポイントのようである。

　第2に、老舗が主力商品やサービスの変更、業種・業態の転換にまで踏み込むのは、繰り返し述べてきたように、本業ビジネスの低迷が最大の要因である。官公庁御用達として安定した商売を続けてきた中西印刷も、官公庁の競争入札導入やオフセット印刷という新技術の登場によって革新姿勢を一気に強め、今では印刷業のサービス業化で先頭を走っている。

　ワタキューや中川パッケージ、近江屋ロープは、元々の商売が、ふとん用の綿打ち、モクメン製造、ロープの卸である。彼らも、市場の衰退、技術の陳腐化、流通体制の崩壊といった危機的な状況のなかで、新商品や新サービスの開発、新しいビジネスモデルの構築に取り組んできた。

　名門企業型や革新企業成長型として存続している老舗が、同様の状況に直面した他の老舗と決定的に異なるのは、「座して死を待つよりは出て活路を見いださん」とする企業家精神が旺盛であるうえに、強いリーダーシップを発揮できる経営者の存在であろう。「ここぞというときには目を見張るほど積極的な行動に出る」という月桂冠の社風は、名門企業型や革新企業成長型の企業に共通する特性だと推察される。

　第3に、革新活動に対する姿勢は世代を超えて継承される傾向が強いと言える。業界のリーダー企業にまで発展した名門企業型の場合、市場が安定的であれば、その後の経営者が現状維持レベルの革新活動に留まる場合も少なくないが、月桂冠のように、若者の酒離れによる市場縮小といった環境変化によって再び果敢な挑戦がはじまるかもしれない。また、ワタキューのように、成長を続ける市場を前に歴代の経営者が「拡大路線」をひた走るケースもあるだろう。社会ニーズに応えることを企業の使命とするならば、「拡大路線」こそが称賛に値する戦略となる。

　革新活動が継承されるかどうかは、当該企業が立脚する産業や市場の動向によって左右される部分が大きい。とはいえ、経営者やその家族の幸せが第一義とも言える零細な家業とは異なり、企業が一定規模以上に拡大すると、社員やその家族の生活を守るという強い使命が生まれている。そうした企業は、存続

のための必要条件として、革新行動を促進する体制づくりに努めている。研究所や商品開発室のような組織を新設し、革新活動を常態化しているのである。

　また、過去の経営者の革新行動によって企業が存続しているという歴史的事実や、それを明文化した社是や経営理念などが経営者や社員に革新行動を促す側面も強いだろう。中川パッケージの旺盛な企業家精神は、包装緩衝材という新しい概念を日本にもち込んだ創業者にまでその起源を遡ることができる。「変化し続けること」、「次世代のために種を蒔くこと」が同社の社風なのである。一方、「伝統を超える革新性」をスローガンに掲げる京都鰹節は、先代も現社長も、同業他社から「異端児」扱いされるほど進取の気性に富み、それを誇りにしている。

　特に、革新企業成長型は、名門企業型のように比較的大きな市場で確固たる地位を確立しているわけではない。時代の変化やビジネス環境の変化に翻弄されやすい。革新企業成長型の革新姿勢が継続的に高水準なのは、彼らの置かれている構造に起因している可能性もある。ひょっとすると、変革し続けるしか存続の道がなかったのかもしれない。「時代は変えられないが、自己変革はできる」という境地である。

　一旦、革新活動に積極的なDNAが当該企業に組み込まれれば、経営者や社員が革新活動の進め方や成果の上げ方を、経験や勘に基づく暗黙知として、あるいは社史などに明文化された形式知として伝承していく。

　例えば、変化の方向性であるが、織物業者によるホテル経営といった、まったく畑の違うビジネスをいきなり手掛けることは忌避されがちだ。老舗としての強みが生かせる、過去から蓄積してきた知識やノウハウをベースにした革新活動が、老舗の鉄則のようにみえる。

　また、綱、林業といった既存事業での蓄積を生かして獣害防止ネットを開発した近江屋ロープ、4代目の現社長がラーメン店に削り節ブレンドの魚介系スープを売り込んだ京都鰹節などは、「自社のDNAを生かして現代のユーザーが満足する商品やサービスを創造した」典型的なケースと言える。

　さらに、広い付き合いの重要性についても、「次世代のために、アンテナを高く張って、商売のタネを探している」、「日々の出会いすべてにチャンスがあ

る。社員にも人脈を広げるよう呼び掛けている」などと、多くの経営者が繰り返し指摘した。ある老舗の経営者は、企業型と家業型の老舗を次のように分析している。

「企業型は、野望があって、事業展開は上手ですね。いわゆる、着眼点が違います。家業型の老舗には『ばたばたせんでもええ』という雰囲気があって、何となくこの時代まで続けてこられたのがいますが、これからも、同じようにやっていけるかどうか分かりませんな」

　本章では、企業型の革新派である「名門企業型」と「革新企業成長型」に革新行動について議論してきたが、6類型は固定的なものではない。商いを取り巻く環境はどんどん変化している。今は商いが順調の「家業安泰型」であっても、主力商品やサービスの市場が衰退すれば、存続のために革新派への転換を余儀なくされるだろう。その際、当該企業に革新DNAを出現させることができるかどうかは、経営者自身が自己変革できるかどうかにかかっている。

参考文献一覧

- 安道光二［2004a］「その心、ここにあり（1）ワタキューセイモア社長 安道光二 創業社長・村田清次の経営哲学を受け基本方針を策定。社是を「心」と定める」『財界』52（20）、104〜107ページ。
- 安道光二［2004b］「その心、ここにあり（2）ワタキューセイモア社長 安道光二 全従業員が基本方針を徹底し、挨拶や礼儀などをキチンと身につければ、オンリーワン企業になれる！」『財界』52（21）、116〜119ページ。
- 安道光二・竹林篤実［2015］「私の人材教育論 安道光二氏 ワタキューセイモア代表取締役社長 企業成長の要は人材に育成の要は創業の原点にあり」『人材教育：人材開発の実践情報誌』27（7）、12〜19ページ。
- 戎佑一郎［2016］「挑戦！国際ビジネス 京都府 京都鰹節株式会社 顧客ニーズにベストを 老舗「だし」メーカーの挑戦」『ジェトロセンサー』66（788）、82〜83ページ。
- 近江屋ロープホームページ（http://www.ohmirope.co.jp/　2018年9月1日アクセス）。

・京都鰹節ホームページ（http://www.kyoto-katsuo.co.jp/　2018年9月1日アクセス）。
・京都老舗の会［2018］「近江屋ロープ㈱、代表取締役社長、野々内達雄」『京都老舗の会、NEWSLETTER』龍谷大学コラボレーション講義、Vol.23。
・月桂冠株式会社・社史編纂委員会編［1999］『月桂冠三百六十年史』月桂冠株式会社。
・月桂冠ホームページ（http://www.gekkeikan.co.jp/company/brand/index.html　2018年8月8日アクセス）。
・月桂冠ホームページ（http://www.gekkeikan.co.jp/enjoy/industry/history/history07.html　2017年11月30日アクセス）。
・月桂冠ホームページ（http://www.gekkeikan.co.jp/enjoy/sake/industry/industry03.html　2018年8月8日アクセス）。
・小泉武夫・角田潔和・鈴木昌治［1998］『酒学入門――Alcoholic Beverage』講談社。
・関本しげる［2015］「人財こそ企業の命綱：近江屋ロープ 三方よし！老舗のDNA：百年超企業は改革を恐れない」『人事マネジメント』25（3）、62〜66ページ。
・中小企業庁編［2016］『中小企業白書　2016年度版』日経印刷。
・東京商工会議所編［2015］『長寿企業の訓え――長寿企業における変革・革新（イノベーション）活動』東京商工会議所。
・中川パッケージ［2015］『株式会社中川パッケージ111周年記念誌』中川パッケージ。
・中川パッケージホームページ（http://www.nakagawa-pkg.co.jp/　2018年9月1日アクセス）。
・中西印刷ホームページ（http://the.nacos.com/index.php　2018年9月1日アクセス）。
・中西亨編［2010］『中西印刷歴代史――七代百五十年のあゆみ（改訂版）』中西印刷。
・『日本経済新聞』2018年8月4日、大阪13版朝刊、関西経済・京滋版、「対決関西 灘の酒　VS. 伏見の酒」。
・『日本経済新聞』（電子版）2010年8月12日「日清医療食品がMBO、給食市場縮小で非公開化」。
・『日本経済新聞』（電子版）2017年8月29日「日清医療食品、国内最大級の給食工場 医療・介護向け、亀岡で竣工」。
・『日本の社長.tv』（https://j-president.net/kyoto/ohmirope/　2018年9月6日アクセス）。
・福田金属箔粉工業300年史編集委員会編［2001］『福田金属箔粉工業300年史』福田金属箔粉工業。
・福田金属箔粉工業総務部編［1964］『福田金属の歩み――元禄13年から昭和35年まで260年間』福田金属箔粉工業総務部。
・福田金属箔粉工業ホームページ（https://www.fukuda-kyoto.co.jp/company/ir/document/bs-pl2017.pdf　2018年8月8日アクセス）。
・福田金属箔粉工業ホームページ（https://www.fukuda-kyoto.co.jp/about/periodic_table.html　2018年8月9日アクセス）。

・松崎春雄［2003］『日本酒のテキスト２――産地の特徴と造り手たち』同友館。
・山西万三［2016］「福田金属の資金調達」龍谷大学・京都産業学センター、京都産業学研究シリーズ企業研究第三巻編集委員会編『福田金属箔粉工業』晃洋書房所収。
・吉田元［2013］『近代日本の酒づくり：美酒探求の技術史』岩波書店。
・龍谷大学・京都産業学センター、京都産業学研究シリーズ企業研究第三巻編集委員会編［2016］『福田金属箔粉工業』晃洋書房。
・龍谷大学・京都産業学センター［2014］、『2013年度経営学特別講義「我が社の経営と京都」講義録』。
・ワタキューグループポータルサイト（http://www.watakyu.jp/　2018年９月15日アクセス）。
・綿久寝具［1982］『綿久110年のあゆみ』綿久寝具。
・ワタキューセイモア［2015］「ワタキューグループ こころレポート2015-2016」。
・ワタキューセイモア［2017］「ワタキューグループ こころレポート2017」。
・ワタキューセイモアホームページ（https://www.watakyu.co.jp/genten/index.html　2018年９月15日アクセス）。
・ワタキューセイモアホームページ（https://www.watakyu.co.jp　2018年９月15日アクセス）。
・ワタキューセイモア 創業130周年記念事業委員会編［2003a］『心とともに歩む、創業1872→1981→1992』ワタキューセイモア。
・ワタキューセイモア 創業130周年記念事業委員会編［2003b］『心とともに歩む、1992→2002』ワタキューセイモア。

第2部
老舗の地域間比較

第5章

エノキアン協会[1]

　京都の老舗企業の多くはファミリービジネスと言っていいだろう。われわれの2016年実施の調査によると、回答企業366社の88.8％で現経営者は創業者の親族であると答えている。2011年調査でも91.1％となっている。

　ファミリービジネスの定義にはいろいろあるが[2]、創業家が今も経営しているという意味では約9割の京都老舗企業がファミリービジネスなのである。それに長寿が加わり、言わば「長寿ファミリービジネス」なのである。

　第1部の京都の老舗・長寿ファミリービジネスの分析で得られた結果のなかには、全国的あるいは全世界的な老舗・長寿ファミリービジネスに共通する特徴も、そうではなく京都の老舗・長寿ファミリービジネスのみにみられる特徴もあるだろう。この問題について考えるために、京都以外の国内外の地域の老舗の特徴を検討し、地域間比較をしようというのが、第2部の課題である。

　まず本章では、国際的な老舗・長寿ファミリービジネスの団体であるエノキアン協会について紹介しよう。続く第6章では、ローマ時代以来の歴史を誇るイタリアの老舗についてみてみる。第7章では、同じく古い歴史をもち、近年老舗への関心が高まっている中国の老舗事情を概観する。そして、国内の老舗集積地については第8章で検討している。日本国内にも各地に老舗が集積して

---

(1) 本章は、松岡憲司「長寿ファミリー企業の国際比較―エノキアン協会を中心として―」『龍谷大学社会科学研究所年報』第47号に加筆・修正したものである。
(2) ファミリービジネスの定義については、本書の「はじめに」を参照されたい。

いる地域はあるが、このなかから東京と金沢を選んで、老舗団体と会員の老舗企業について紹介している。

第1部のように、アンケート調査による大規模なデータを用いた分析にはまだ至っておらず、第2部はもっぱら公表されている統計や資料によっているが、中国以外の地域については、現地の老舗団体や老舗企業を訪問してインタビュー調査も実施している。

1 エノキアン協会とは

　世界的に展開している老舗あるいは長寿ファミリービジネスの団体がいくつあるかは定かではない。しかし、最も国際的に幅広い会員をもち、グローバルに活動している団体はエノキアン協会であろう。国際的な老舗比較の第一歩として、同会とその会員企業について紹介しよう。われわれは日本国内のエノキアン協会会員企業8社と、エノキアン協会ヴィレム・ファン・エイーヘン（Willem van Eeghen）前会長、岡谷篤一現会長にインタビュー調査を実施した。

　エノキアン協会は、1981年にマリー・ブリザール社（Marie Brizard. 1755年に創業したフランスのお酒、アニゼットの醸造メーカー）のジェラール・グロタン（Gerard Glotin）の提唱によって創設された長寿ファミリービジネスの国際組織である。目的は、多国籍企業に現実的に代わるものとしてのファミリービジネスの価値という共通の哲学に基づく世界的なメンバーシップを発展させていくこととされている[3]。

　ジェラール・グロタンは、商工会議所や大使館などの協力により74社を200年以上の歴史をもっていると認定し、そのなかから厳しい審査の結果、10社だけを承認した[4]。エノキアンという名称は『旧約聖書』にあるノアの洪水の前の家長で、365歳まで生きで多くの子どもを残したといわれる人物の名前「エノク（Henok）」にちなんでいる[5]。その後、日本を含むフランス以外の国にも拡大し、2018年現在、48社が加盟している。

　国別にみると、フランスが14社、イタリアが12社、日本は9社となっている。

表5－1　歴代の会長

代	氏名	国	会社名	在任期間	
1	Gerard Glotin	フランス	Marie Brizard	1981	1986
2	Gerard Durand-Texte	フランス	Griset	1987	1990
3	Ugo Gussalli Beretta	イタリア	Beretta	1991	1995
4	Riccardo Piacenza	イタリア	Fratelli Piacenza	1996	1997
5	Francois Mellerio	フランス	Mellerio dits Meller	1998	2001
6	Pina Amarelli	イタリア	Amarelli	2002	2005
7	Peter von Möller	ドイツ	MöllerGroup	2006	2009
8	Christophe Viellard	フランス	Viellard Migeon & Cie	2010	2013
9	Willem Van Eeghen	オランダ	Van Eeghen & Co.B.V.	2014	2017
10	岡谷篤一	日本	岡谷不動産	2018	

出所：Bennedsen and Henry（2016）Appendix 3。岡谷篤一は筆者が追記。

　それに続いてドイツ4社、スイス3社、オランダ、ベルギー各2社となっており、オーストリアとイギリスがそれぞれ1社である。また、業種は多岐に及んでいる。最も多いのはワインメーカー3社を含む酒類製造で8社ある。月桂冠もこのなかに含まれる。老舗に酒造メーカーが多いのは日本も同じで、帝国データバンクの調査によると老舗企業が多い業種のトップに清酒製造が挙がっている[6]。酒類に次ぐのが銀行で、5社ある。ちなみに、スイスの3社はすべて銀行（プライベート・バンク）となっている。

　日本の老舗では、旅館や呉服など伝統的な業種が多い。エノキアン協会会員企業にも絹織物や毛織物、宝石など伝統的な業種が多い。しかし、自動車のモジュール部品などを製造しているドイツのメラー・グループ（MöllerGroup）や、釣り針やネジから航空機部品も製造しているヴィラール・ミジョン（Viellard Migeon & Cie）[7]など、現代的な製品を製造している企業も少なくない。

---

(3) Bennedsen and Henry（2016），p.68, Appendix 2による。日本経済新聞1996年5月25日からの連載では、呼びかけに応じた企業は174社、そこから約30社が選ばれたとなっている。
(4) エノキアン協会のホームページによる。（http://www.henokiens.com/content.php?id=4&lg=en　2018年9月20日アクセス）
(5) 日経産業新聞　1988年2月16日。
(6) 帝国データバンク［2009］56ページ、表4。

表5−2　現在のエノキアン協会役員

氏名	会社名	エノキアン協会の役職
岡谷篤一	岡谷不動産	会長
Willem van Eeghen	Van Eeghen & Co BV	副会長
Bob de Kuyper	De Kuyper Royal Distillers	副会長
Christophe Viellard	Viellard Migeon & Cie	会計
Giovanni Aldinio Colbachini	Stablimento Colbachini	イタリア・セクション会長
Julian von Möller	MöllerGroup	次世代担当

出所：エノキアン協会ホームページより。

　歴代の会長は**表5−1**のようになっている。現在の会長は、2018年1月に就任した名古屋にある岡谷鋼機の岡谷篤一社長である。役員には副会長、会計、部会（セクション）会長、次世代担当などがあり、2018年現在の役員は**表5−2**のようになっている。副会長のヴィレム・ファン・エイーヘンと会計のクリストフ・ヴィラール（Christophe Viellard）は、それぞれ9代目、8代目の会長である。役員以外に、事務局長としてジェラール・リポヴィッチ（Gerard Lipovitch）がいる。

　会員数が多い国には部会（セクション）が設けられている。これまではイタリア・セクションだけであったが、日本の会員数も増えたため、2017年11月に日本セクション設立の準備会合がもたれ、2018年の総会で承認されて正式に発足している。

　日本からは、2018年現在、9社が加盟している。最も早く加入したのは、1984年に加入した「月桂冠」である。その後、月桂冠の紹介で石川県粟津温泉の「善吾楼（法師旅館）」が1987年に加入した。それに続き、名古屋の「岡谷不動産（岡谷鋼機）」（2004年）、伊勢の「赤福」（2005年）、東京の「虎屋」（2008年）が加入した。そして2016年には、名古屋の「材惣木材」、銚子の「ヤマサ醤油」、奈良の「中川政七商店」の3社が一気に加盟し、2018年には東京の「山本山」が参加した。このなかでも、法師旅館は創業が718年とエノキアン協会のなかでも際だって古く、同協会のなかでも注目を集めている。

　日本だけでも、創業200年以上の企業は多数ある。もちろん、欧州にも200年

以上の企業がたくさんあるが、そのなかで48社だけが会員となっており、エノキアン協会は「世界で最も入会のハードルが高い団体」と言う人もいる[8]。

　難しくしているのは、厳しい入会条件である。エノキアン協会に加入するためには、参加資格を満たさなければならない。参加資格は以下の四つとなっている。

❶創業200年以上であること。
❷創業者がはっきりしており、今も創業者の一族が資本または議決権の半分以上を保有して経営の実権をもっていること。
❸創業家の子孫が経営トップであるかまたは筆頭株主であること。
❹今も健全な経営状態を保っていること。

　入会審査は大変厳格で、上記の条件やファミリービジネスであることを証明する証拠を出さなければならない。日本企業の場合は、200年前の文書というといわゆる古文書となり、日本人でも判読が困難なものが多い。それを英語やフランス語に訳して提出しなければならず、かなりの苦労が伴うことになる。また、経営状況が良好であることを証明するために、損益計算書、貸借対照表といった決算書を3期分送ったという日本企業もあった。

　これらの資格のうち、現在も創業家が経営の支配権を握っており、経営者も創業家の一員でなければならないという点が厳しく、世代交代で創業家以外に経営が移動した企業が退会している。Parker（2005）のエノキアン協会の会員リスト[9]に掲載されている会員企業である22社中、9社が2018年現在の会員リストになかった。このなかには、最初の呼びかけ人であったジェラール・グロタンのマリー・ビザール社も入っている。第2代会長であるジェラール・デュラン－テクステ（Gerard Durand-Texte）のグリゼット（Griset）社も、1998年に

---

(7)　ヴィラール社については、『GQ Japan』2011年11月号に、エノキアン協会の紹介とともに紹介記事が掲載されている。
(8)　例えば、ファミリービジネス関連の出版社である Family Capital のサイトには、Henokiens: the world's most exclusive club というページがある。http://www.famcap.com/articles/2015/1/28/the-worlds-most-exclusive-club（2017年4月5日アクセス）
(9)　Parker（2005）p.132, Table 5.2.

家族によって売却され、現在は会員とはなっていない。

　エノキアン協会に入会するためには、自ら申し込むという手順ではなく、誰か会員の紹介がなければならない。日本の会員企業も、最初に入会した月桂冠を除いて、日本の会員企業の紹介で入会している。ちなみに、日本企業の場合、元々エノキアン協会の存在を知っており、ある機会に会員企業から紹介を受けて入会したという場合が多かった。知っていたという経緯は、ヨーロッパの知人からの誘い、他の会員企業が入会したという新聞記事や飛行機の機内誌での記事、あるいは他の団体でパリに訪問した際に知ったなど、様々であった。

　紹介制度について、前会長のヴィレム・ファン・エイヘンや岡谷現会長が言うのは、「エノキアン協会は、どんどん会員数を増やして大きな団体にすることは考えていない」ということであった。というのも、会員相互が顔を知り、交流するためにはあまり大きな会ではふさわしくない、という考えが基本にあるようだ。会員数の上限については明言しなかったが、年に2～3社ぐらいの新入会員が適当で、そのうちの1社は日本企業も考えているということであった。

　前述したように、会員資格を満たさなくなった場合に退会した企業もあることから、エノキアン協会の会員は流動的であるとも言える。

　会員リストを見ると、本当にファミリー・ビジネスなのかと疑問を感じる企業もある。その代表とも言えるのが、自動車メーカーの「プジョー」である。プジョーは、1810年にプジョー（Peugeot）兄弟によって設立され、鋸の歯や時計のバネなどを製造していた。その後、19世紀終盤に自動車を作りはじめた世界最古の自動車量産メーカーの一つであり、2016年の世界での販売台数は約300万台という巨大メーカーである。

　2014年4月以降、自動車メーカーとしてのプジョー（PSA）の株式は、中国の国営自動車メーカー「東風汽車」とフランス政府、プジョー家の持ち株会社「Etablissements Peugeot Freres（EPF）」およびEPF傘下の投資会社である「FFP」が均等（各13.68％）に所有している[10]。

　このような状況では、先に示したエノキアン協会への入会条件を満たさない。実は、エノキアン協会の会員となっているのはプジョー家の持ち株会社であるEPFである。ここは、プジョー家が支配権をもっており、エノキアン協会企業

の条件を満たしているのである。実は、日本の岡谷鋼機の場合も同様で、会員となっているのは上場企業である岡谷鋼機ではなく、岡谷家のファミリー・ビジネスである「岡谷不動産」である。

日本企業の参加目的は多様である。実務的な面では、エノキアン協会に参加することでの広報的な価値を上げる企業があった。また、入会が新聞記事に掲載されたことで会社の知名度が上がったという意見もあった。海外取引に際しても、エノキアン協会会員であることが効果的に働く場合もあるという。その他、ヨーロッパの老舗の経営や事業承継について学びたいという意見もある。広い意味でのネットワークを構築し、世界に情報収集のアンテナを張れることは、グローバル化の現在、非常に意味があるとのことであった。

総会には社交的な面もあり、個人的な人脈を築かれている日本企業もある。しかし、フランスやイタリアの企業が多いため、言語という障害は少なからずあるようである。

2 事業

現在、エノキアン協会で行われている事業は五つある[11]。

第一に、次世代のために既存のファミリー・ビジネスの事例を提供し、家族の戦略と企業戦略、そして経営の継続性の統合が企業の長期存続の基礎となっていることを明らかにすること。そのため、エノキアン協会では、会員のファミリー・ビジネスのケース・スタディを作っている。2018年9月現在で、わが国の虎屋、法師旅館、月桂冠、ヤマサ醤油を含む12社と、エノキアン協会自身に関するケース・スタディが公開されている[12]。

---

[10] 残りは、個人株主7.5％、従業員2.37％、フランス国内の機関投資家10.45％、国外機関投資家37.51％などである https://www.groupe-psa.com/en/finance/peugeot-sa-share/ （2017年4月5日アクセス）

[11] エノキアン協会提供の文書「The Member of the association the Henokiens represent, with nearly 150 centuries of existence cumulated an extraordinary model of longevity for the family business」による。

第二に、各ファミリー・ビジネスの将来をより良く理解するための鍵を会員企業に提供することで、具体的には、年次総会の際に会員企業の相互訪問などを行っている。

第三に、ファミリー・ビジネスの重要性について識者（オピニオンリーダー）の理解を深めてもらう活動である。特に、ファミリー・ビジネスが長期的視点に立つことによって経済危機を乗り越えて存続し続け、地域の投資や雇用を維持していることの理解を深めることである。

例えば、2016年11月に中国・北京で開催された「第3回ファミリービジネス事業承継フォーラム（China Family Business Succession Forum）」にヴィレム・ファン・エイヘン会長（当時）が参加し、講演を行っている。また、パリ郊外のフォンテーヌブローにあるビジネススクールINSEADで開催される「Family Enterprise Day」という国際会議にも深くかかわっている。

第四は、ファミリービジネスの持続可能性を確実にするために、ファミリービジネスそのものの能力を強化する活動である。そのために、ヨーロッパ各国のファミリービジネス団体の連合組織である「European Family Business（E. F. B.）」と連携し、事業承継時の課税制度の統一などに働きかけている。

第五は、ノウハウの伝授である。具体的には、何世代にもわたって文化や人

2018年9月15日に開催された「Family Enterprise Day」（撮影：Brian Henry／INSEAD）

表5－3　レオナルドダビンチ賞受賞企業

年	受賞企業	国
2011	Salvatore Ferragamo	イタリア
2012	Otto Bock HealthcareGmbH	ドイツ
2013	DAHER	フランス
2014	貝印株式会社	日本
2015	Bracco	イタリア
2016	Van Oord	オランダ
2017	Swarovski	オーストリア
2018	Schwan-STABILO	ドイツ

出所：エノキアン協会ホームページにより筆者作成。

間価値、伝統や特定の技術を維持している企業に対して「レオナルド・ダビンチ賞」を贈っている。エノキアン協会のように200年以上という条件はないが、少なくとも2世代以上の歴史があり、所有者・経営者が個人的に、あるいは創業家の一族で株式の過半をもっており、さらに年商300万ユーロ以上というファミリービジネスが対象となっている。2014年には、日本の「貝印株式会社」に贈られている（表5－3参照）。

3 活動

（1）総会

エノキアン協会の重要な活動として年次総会がある。総会では、その年の方針と予算を決めるのはもちろん、レオナルド・ダビンチ賞を決めることも重要な議題となっている。その後、開催地に近い会員企業を訪問したり、地元の美術館・博物館の見学や音楽などの文化事業が開かれるという。またファミリー

⑿　エノキアン協会のホームページ内の、Case Studies and Reports のページ（http://www.henokiens.com/content.php?id=9&lg=en）による。2018年9月19日アクセス。

表5−4　最近の総会開催地

年	国
2011年	フランス
2012年	ドイツ・ベルリン
2013年	フランス・アンボワーズ
2014年	日本・東京
2015年	イタリア
2016年	オランダ・ロッテルダム
2017年	オーストリア・ウィーン
2018年	ドイツ・ミュンヘン

出所：エノキアン協会ホームページより作成。

ビジネス研究者との交流が行われる場合もある。これら行事を通じて、会員間の交流を深めることが総会の大きな目的だという[13]。

　日本でも、総会はこれまでに4回開催されている。1987年に初めて日本で開催され、そのときの会場は京都だった。この1987年には、11月18日から20日にかけて国立京都国際会館で「世界歴史都市会議」が開かれており、同じ期間に京都府総合見本市会館（パルス・プラザ）において「世界歴史都市博」が「21世紀における歴史都市—伝統と創生」というテーマで行われた。その一環として、「エノキアン展」という催しがもたれ、エノキアン協会会員企業14社から製品やゆかりのある品物が展示された[14]。

　その後、1997年にも京都で総会が開かれたほか、2008年には名古屋でも開催された。このときにはヨーロッパからも22、23社の参加があり、参加者全員が法師旅館に宿泊している。また、名古屋ではトヨタ自動車の工場見学、京都では月桂冠の大倉記念館、そして赤福の地元である伊勢のおかげ横町などを訪問している。

　2014年には東京が会場となって総会が開かれ、欧州からも含めて55名が参加したという[15]。このときには、御殿場にある虎屋の工場見学や文化事業として相撲の見物もしたという。

　2018年はミュンヘンで開催され、日本からも7社が参加している。日本企業は、日常的にヨーロッパ企業の人たちと交流することは難しいため、総会参加

はヨーロッパの老舗企業との交流や親睦の機会となっている。

（2）次世代

老舗企業にとって共通の重要な課題は、会社あるいは家の継続である。すなわち、事業承継である。しばしば発生する経済危機、グローバリゼーションの一層の進展、競争の激化、環境変化といった経済面の変化のなかで、事業承継はますます難しくなってきている。経済面の変化だけでなく、地震や台風などの天災、あるいは戦争や紛争といった障害を乗り越えなければいけないし、外的要因への対応だけでなく、企業や家の文化や哲学、顧客への対応姿勢、社会的貢献なども引き継いでいかなければならない。

次世代で経営を担う若い人たちが事業を継ぐためには、経済的な環境変化や社会の構造変化に対応するだけの能力をつけなければならない。エノキアン協会に属している企業も同じ問題に直面しているわけだが、ファミリービジネスとしてファミリーの伝統も継承していかなければならない。しかし、200年以上の歴史をもつ企業には多くの経験という蓄積がある。

2008年にリーマンショックが起きた年、エノキアン協会の総会は名古屋で開かれた。その際、リーマンショックについて、われわれの200年以上の歴史のなかでは、それほど大きな出来事ではないという意見を述べた経営者がいたという。このような経験を次世代に引き継ぐために、エノキアン協会では「Next Generation Meeting」という次世代経営者の会合をもっている。日本の会員企業のなかにも、この会合に積極的に参加している企業もある。このような次世代の会合は、次の経営者にとって、世界中にネットワークを拡げる絶好の機会となっている。

⒀ 2011年の総会の様子については、前出の『GQ Japan』2011年11月号に写真入りで紹介されている。
⒁ 世界歴史都市博開催委員会［1988］には「エノキアン物語」という記事が掲載されている。
⒂ 2016年9月14日、虎屋本社でのインタビューによる。

4 会員企業の事例

　エノキアン協会の会員企業の事例を紹介しよう。ここで取り上げるのは、ヴィレム・ファン・エイヘン前会長のファン・エイヘン社と、現会長の岡谷不動産（岡谷鋼機）である。

（1）ファン・エイヘン社（Van Eeghen & Co BV）[16]

　ファン・エイヘン社は、1662年にヤコブ・ファン・エイヘン（Jacob van Eeghen）によってアムステルダムで設立された会社で、現在もファン・エイヘン家の100％保有のファミリービジネスである。エノキアン協会副会長を務めるヴィレム・ファン・エイヘンは14代目となる。現在のCEOは15代目で、ヴィレム・ファン・エイヘンの甥であるイエルン・ファン・エイヘン（Jeroen van Eeghen）である。売上は約1,500万ユーロ、税引き前利益率約26～27％、従業員は20名である。

　創業当時の業務は貿易で、アムステルダムから西インドにリネンを輸出し、西インドからコーヒー、砂糖、タバコ、藍などを運んでいた。4代目のヤン・ファン・エイヘン（Jan van Eeghen）の時代に、活動範囲をバルチック海や地中海に拡げた。同社の大きな特徴は、この頃に構築された政治的なネットワークである。アメリカ合衆国の独立に際して、アムステルダム金融市場で債券の発行を支援し、これを機会に金融業に進出した。その後、ナポレオン時代にビジネスの拠点をアメリカに移し、他社と共同で「Holland Land Company」を設立し、アメリカのニュージャージー州やペンシルバニア州に広大な土地を保有した。

　第2次世界大戦後、同社は乾燥食品分野に進出し、1970年代には乾燥食品市場で大きなシェアをもっていた。しかし、乾燥食品はコモディティ化し、ニッチではなくなっていった。また、規制が強化されたことによってコストも上昇してきた。1990年代末に日本で機能性食品があることを知り、2006年には乾燥

食品ビジネスを売却し、乳児食品、医療食品、スポーツ・栄養サプリメントなど機能性食品を中核事業とした。

同社の強みは、市場ニーズを的確に把握し、そのニーズを満たすための適切な供給者を見つけ出す能力にある。経営哲学は「継続性」であり、継続性を保つために、ネットワークを活かして様々なニッチ市場を見いだすことが同社の伝統となっている。そのニッチ市場が乾燥食品であり、機能食品であったわけである。

同社でもう一つ注目すべき点は、事業承継とファミリーによる所有の問題について積極的に取り組んでいる点である。

同社は、第2次世界大戦前に家族と多くのパートナーに所有権が分散してしまったことを改善するために、大戦後、ヴィレムの祖父と父は持ち株会社を設立し、そこが事業会社ファン・エイヘン社を保有するという構造に変えた。さらに、慈善基金団体（トラスト）を設立し、このトラストが持ち株会社を所有するという仕組みを導入した。

これにより、慈善事業のための資金を確保し、思いがけない相続税というような相続問題を解決することができるようになった。しかし、次第にトラストの支配力が強まり、ファミリーメンバーのなかには事業への関心が低下する人も出てきてしまった。

2013年、ヴィレムから甥のイエルン・ファン・エイヘンへCEOの座を継承した際、新しい制度を導入した。まず、新しく株を発行することでトラストの持ち株を希薄化した。さらに、ファミリー内の株主に強い権限を付与する新しいタイプの株を導入した。これによって、ファミリーメンバーが会社の多数を再び握ることができたと考えられている。また、ファミリーメンバーが事業活動により関心をもち、事業の目的に協力していくようになることが期待されている。

---

(16) 同社 Wellem van Eeghen 社長へのインタビュー、エノキアン協会のケーススタディー、Bennedsen and Henry（2016）による。オランダ人名のカタカナ表記については、在大阪オランダ総領事館に協力いただいた。

（2）岡谷不動産（岡谷鋼機）[17]

　岡谷鋼機は、1669（寛文9）年に元々武士だった初代岡谷總助宗治（通称・惣助）が、農具や工匠具（釘、錐、鋸、金槌など）、家庭用品（剃刀、鋏、鏡）、刀剣など鉄の加工品を扱う「笹屋」という店を開業したのが出発点である。現在も、創業の地である昔の鉄砲町の同じ場所に本社を構えている。

　資本金は91億2,800万円、年商は連結で8,514億円、単体では5,743億円、従業員は連結で4,995名、単体で673名という、名古屋を代表する大企業である。名古屋証券取引所第1部に上場しており、その事業内容は、鉄鋼、非鉄金属、機械、工具などの国内販売、輸出入を行う商社である。

　12代目となる現社長の岡谷篤一は、2013年11月から2016年10月まで名古屋商工会議所第28代会頭を務めている。岡谷家では、9代目は貴族院議員、10代目（岡谷惣助、名商10代目会頭）、11代目（名商副会頭）と、代々名古屋財界の重鎮として活躍してきた。

　岡谷鋼機は、「短期で損して長期存続」という、いかにも創業350年の老舗らしい経営方針を掲げている。また、社会貢献も重視しており、教育面では毎年10人の学生に無償奨学金を供与している。ちなみに、この制度は2017年で100年目を迎えている。この他、タイでも奨学金制度を運用している。「今になって、先人がしてきたことを繰り返していると思う」と、岡谷篤一は言う。

　エノキアン協会には2004年に入会した。岡谷鋼機は公開企業であるので、前述したように、エノキアン協会にはファミリービジネスである岡谷不動産株式会社（資本金：99,825,5000円）[18]として入会している。入会への経緯は、ある人物からエノキアン協会のことを聞き、パリの本部に問い合わせし、月桂冠を紹介者として加入した。エノキアン会員としての活動は、毎年、夫人同伴で総会に参加している。総会の雰囲気は、「家族同士の付き合いが基本で、参加者はみな謙虚で、大上段に構えず地味である」と言う。個人的に親しくなった友人も何人かいるほか、次の経営者世代の活動である「Next Generation」にも参加している。

　前述したように、2008年にはエノキアン協会の総会が名古屋で開催されたが、

その際には赤福とともに幹事を務めた。その際、前述通り、法師旅館に泊まったり、トヨタ自動車の豊田章一郎名誉会長の講演やトヨタの工場見学、鳥羽や京都にも行っている。

　毎回総会に出席し、親しい友人もいることから前会長に推薦され、2017年の総会で就任承認を得て、2018年1月より会長に就任した。会長として取り組んだことの一つは、日本セクションを発足させたことである。そんなこともあり、2018年の総会には日本から7社が参加した。

　岡谷会長から見たヨーロッパの老舗企業は、信用と真面目さの結果としての長寿企業という点で、日本の老舗と基本的に変わらないという。課題として後継者問題があるが、これも日本にも共通する老舗の課題である。

おわりに

　ファミリービジネスを説明する理論の一つとして、Barney（2002）の資源ベース理論がある。資源ベース理論では、競合相手が模倣できないような経営資源によって競争優位が構築されるといい、ファミリービジネスの場合には、ファミリー名や家訓、秘伝の技などが模倣困難な経営資源の例として挙げられている[19]。

　同じような視点からBennedsen and Henry（2016）は、エノキアン協会の会員企業をファミリー資産（family asset）という概念を用いて説明している。ファミリー資産として挙げられているのは、ファミリー名、評判、歴史、ミッション、経営哲学、価値、ビジネスや政治的なネットワークである。そして、これらのファミリー資産を育成していくことが、何世代にもわたる事業継続に重要であるという。ファミリー資産を育成していくためには、自社のファミリー

---

[17]　同社岡谷篤一社長へのインタビュー、同社社史、ホームページによる。
[18]　全国不動産会社データベースによる（2018年10月6日アクセス）https://www.sumaistar.com/shop/detail/022300012900/
[19]　ファミリービジネス学会編［2016］29～30ページ。

付表5−1 エノキアン協会会員企業(2018年9月現在)

	会社名	創業年	事業内容	都市
フランス	H.Beligné & Fils	1610	ナイフ販売	ラングル
	Mellerio dits Meller	1613	宝石	パリ
	Hugel & Fils	1639	ワイン	リクヴィール
	SFCO (Société Française Pour le Commerce avec l'Outre-Mer, ex Maison Gradis)	1685	資産管理	パリ
	Catherineau	1750	豪華航空機用家具製造	ボルドー
	Jean Roze	1756	絹織物	サン・タヴェルタン
	Revol	1768	台所用磁器	サン・ウーゼ
	Editions Henry Lemoine	1772	音楽出版	パリ
	Descours & Cabaud	1782	産業、建築部品	リヨン
	Banque Hottinguer	1786	プライベートバンク、商業銀行	パリ
	Viellard Migeon & Cie	1796	釣針、ファスナー、溶接機器	フォルジュ・ド・モルヴィヤール
	Louis Latour	1797	ワイン	ボーヌ
	Thiercelin	1809	天然アロマ植物	コン・ラ・ヴィル
	Etablissements Peugeot Fereres	1810	自動車	パリ
イタリア	Fabbrica D'armi Pietro Beretta	1526	武器	ガルドーネ・ヴァル・トロンピア
	Cartiera Mantovana	1615	紙	マントヴァ
	Augustea	1629	海運	ナポリ
	Vitale Barberis Canonico	1663	仕立て用高級布地	プラトリヴェロ
	Guerrieri Rizzardi	1678	ワイン	バルドリーノ
	Amarelli	1731	酒類製造	ロッサーノ・スカーロ
	Frattelli Piacenza	1733	毛織物	ビエッラ
	Stablimento Colbachini	1745	鐘鋳、物、ゴムホース、プラスチック製品	チェルヴァレーゼ・サンタ・クローチェ
	Lanificio G.B.Conte	1757	織物	スキーオ
	Garbellotto	1775	樽、桶製造	コネリアーノ
	Ditta Bortolo Nardini	1779	蒸留酒	バッサーノ・デル・グラッパ
	Confetti Mario Pelino	1783	砂糖付アーモンド	スルモーナ
日本	法師	718	旅館	小松
	虎屋	1600	和菓子	東京
	月桂冠	1637	酒	京都
	ヤマサ醤油	1645	醤油	銚子

	会社名	創業年	事業内容	都市
日本	岡谷不動産	1669	不動産	名古屋
	材惣木材	1690	木材	名古屋
	山本山	1690	日本茶・海苔	東京
	赤福	1707	餅菓子	伊勢
	中川正七商店	1716	家庭用品	奈良
ドイツ	Friedr. Schwarze	1664	酒類製造	エルデ
	MöllerGroup	1730	クルマ内装、モジュール部品製造	ビーレフェルト
	Gebr. Schoeller Anker	1733	フロアカバー製造	デューレン
	J.D.Neuhaus	1745	クレーン製造	ヴィッテン・ヘーヴェン
スイス	Banque Lombardi Odier & Cie SA	1796	プライベートバンク	ジュネーブ
	Les Fils Dreyfus & Cie SA, Banquiers	1813	プライベートバンク	バーゼル
	Banque Pictet & Cie SA	1805	プライベートバンク	ジュネーブ
オランダ	De Kuyper Royal Distillers	1695	蒸留酒	スキーダム
	Van Eeghen & Co BV	1662	機能性健康食品製造	アムステルダム
ベルギー	D'Ieteren	1805	自動車流通、クルマのレンタル、ガラスの修理	ブリュッセル
	Pollet	1763	クリーニング及びメンテナンス機器製造	トゥルネー
オーストリア	A.E.Köchert Juweliere	1814	宝石	ウィーン
イギリス	C. Hoare & Co	1672	プライベートバンク	ロンドン

出所:エノキアン協会ホームページにより作製(国別、創業年順)、業種については Bennedsen and Henry (2016), Appendix 1. を参考に、一部追記。

付表5－2　調査日

会社名	面会者	訪問日
月桂冠株式会社	総務部広報課長　田中伸治	2016年8月10日
株式会社善吾楼（法師旅館）	46代法師善五郎	2016年9月5日
岡谷鋼機株式会社	社長　岡谷篤一	2016年9月6日 2018年8月22日
株式会社赤福	執行役員　中西省三	2016年9月6日
株式会社虎屋	社長　黒川光博	2016年9月14日
材惣木材株式会社	代表取締役社長　鈴木龍一郎（12代目鈴木惣兵衛）	2016年10月7日
ヤマサ醤油株式会社	代表取締役社長　濱口道雄	2016年10月28日
株式会社中川政七商店	代表取締役社長　13代中川政七	2016年11月18日
Van Eeghen & Co BV	Wellem Eeghen	2017年3月26日
株式会社山本山	代表取締役山本嘉一郎	2018年10月5日

資産をきちんと認識して事業にどのように活かしていくか、そして次世代にファミリー資産をいかに引き渡していくかが重要な課題であるという[20]。

　エノキアン協会は、原則的に親睦団体で、会員企業同士で取引をしたり、経営の話をすることはないという。しかし、親睦を通じて、模倣困難な経営資源やファミリー資産の発見や育成について相互に学んでいるのではないだろうか。特に、事業の承継はどこの国のファミリービジネスにとっても重大な課題となっている。エノキアン協会の「Next Generation」の会合は、模倣困難な経営資源やファミリー資産の継承という点からも重要な役割を果たしていると考えられる。

---

[20]　Bennedsen and Henry（2016）p.5.

参考文献一覧

- 岡島隆三［2004］「近代化過程における老舗企業の事業展開」『関西国際大学地域研究所研究叢書』55～65ページ。
- 後藤俊夫［2004］「ファミリー企業における長寿性」『関西国際大学地域研究所研究叢書』91～114ページ。
- 世界歴史都市博開催委員会［1988］『世界歴史都市博―記念写真集』、『太陽スペシャル、歴史都市』。
- 日本経済新聞［1996］「日本の「エノキアン」①－⑨」『日本経済新聞』1996年5月25日～7月20日。
- ファミリービジネス学会編［2016］『日本のファミリービジネス―その永続性を探る―』中央経済社。
- 松岡憲司［2017］「長寿ファミリー企業の国際比較――エノキアン協会を中心として」『龍谷大学社会科学研究所年報』第47号133～140ページ。

- Bennedsen, Morten and Ludo van der Heyden（2010）"When MBAs Meet Henokiens: What can we learned from long living family firms", *INSEAD Faculty & Research Working Paper*.
- Bennedsen, Morten and Brian Henry（2016）, *Henokiens: The Families and Firms Who Made History*, INSEAD Case Study.
- Gersck, K, E., Davis, J., Hampton, M, M. and I, Lansberg（1997）, *Generation to Generation, Life Cycle of the Family Business,* Harvard Buisiness School Press.（岡田康司監訳『オーナー経営の存続と継承』流通科学大学出版、1999年）
- O'Hara William T.（2003）, *Centuries of Success, Lessons from the World's Most Ending Family Businesses*, Adams Media.
- O'Hara William T. and Peter Mandel（刊行年不明）*The World's Oldest Family Companies*, http://www.cojobweb.com/ref-companies-worlds-oldest.html,（2018年9月1日アクセス）
- Parker, Barbara（2005）, *Introduction to Globalization and Business, Relationships and Responsibilities*, SAGE Publications.

コ・ラ・ム

INSEAD
Wendel International Centre for Family Enterprise

　INSEADはパリ郊外のフォンテーヌブローにある1957年創設のビジネススクールで、元々の名称は「Institut Européen d'Administration des Affaires」であった。その後、キャンパスをシンガポールやアブダビにも拡張したため、略称だった「INSEAD」を正式名称とした。Financial TimesのMBAランキングでは、2017年に世界第1位を獲得している。

　INSEADの一部局として「Wendel International Centre for Family Enterprise」というファミリービジネスの研究機関がある。1996年にWendel家の支援で設立されたものである。Wendel家とは、1704年にロレーヌで創業した鉄鋼会社の設立家族で、1970年代に製鉄事業が国有化されたため、現在は投資会社を経営する一族である。この研究機関のトップは、デンマークのコペンハーゲン大学教授で、ファミリービジネスのガバナンスについて研究しているモーテン・ベネセン（Morten Bennedesen）である。

　この研究機関が主催する会議に「Family Enterprise Day」という国際会議がある。これは、2010年より開催されている。年に4～5回開催されており、シンガポール・キャンパスでも年2回開催されている。取り上げられるトピックは、ファミリービジネスの経営のプロ化、継承、次世代、フィランソロピー、ネットワーキングなどと多彩である。

　このなかで、秋に開催されるFamily Enterprise Dayはエノキアン協会との共催になっている。筆者も参加した2017年の大会では、エノキアン協会からヴィレム・エイヘン会長（当時）やリポヴィッチ事務局長などが参加していた。また、エノキアン協会会員企業のケース・スタディが恒例として紹介されている。2017年の会合では、日本のヤマサ醤油がその対象となり、同社から濱口道雄取締役会長が参加している。

INSEADの校門（筆者撮影）

第6章

イタリアの老舗企業とファミリー[1]

　日本で老舗が多く残る地域をみると、古い歴史をもった地域に多いことが分かる。企業数全体に占める老舗企業数の比率を「老舗出現率」と呼んでいるが、都道府県別にみて、老舗出現率が最も高いのは山形県で、京都府は第2位である。それに続くのが、島根県、新潟県、福井県と日本海側の県が並んでいる[2]。言うまでもなく、京都府は古い歴史を誇っているが、日本海側の諸県も、北前船の寄港地として古くからの歴史をもっている。このように、地域の歴史と老舗は深い関係があることが分かる。

　イタリアは、ローマ時代に遡ることができる古い歴史をもった国である。そのような長い歴史があるということは、企業も古い歴史をもっているのではないかと考えられる。国際的老舗団体「エノキアン協会」の会員企業47社のうち、13社がイタリアの老舗で、フランスと並んでエノキアン協会の中心となっている。

　イタリアの中小企業に関する研究は、ピオリとセーブルの『第二の産業分水嶺』で注目された産業地域研究などをはじめとして多く出されている。EUの資料によると[3]、イタリアの中小企業は3,716,207社あり、企業全体の99.9％を

---

[1] 本章は松岡憲司［2018］に加筆・修正を加えたものである。イタリアの老舗企業調査にあたっては、イタリア老舗ユニオン事務局長のマルコ・マッセターニ（Marco Massetani）氏、サンタ・マリアノヴェッラ薬局の前田知美氏にお世話になった。
[2] 帝国データバンク［2017］8ページ表Ⅲ。
[3] European Commission, SBA Fact Sheet, Italy.

占めている。雇用全体の78.6％、付加価値の67.7％が中小企業である。

　EU28カ国の平均と比較すると、企業全体に占める比率はEU全体で99.8％なので、ほぼ同じである。一方、雇用に占める比率はEU全体では66.6％、付加価値への貢献度は56.8％となっており、イタリアはEU全体の平均よりそれぞれ12.0ポイント、10.9ポイント高くなっている。さらに、零細企業（Micro Enterprise）が雇用に占めている割合は46.0％で、EU平均の29.8％に対して16.2ポイントも高くなっている。また、自営（Self-employment）の比率も高い。全雇用者に占める自営の比率は、EU平均が14.0％であるのに対してイタリアでは21.5％となっている。このように、イタリア経済では中小企業、特に零細企業、自営が果たしている役割が大きい。

　イタリアのもう一つの側面は、ファミリービジネスである。堺［2014］は、イタリアでは「中小企業はもちろん大企業にあっても「家族的経営」が一般的な形となっている」と指摘している[4]。「イタリア・ファミリービジネス協会（L'Associazione Italiana delle Aziende Familiari：AIDAF）」によると[5]、イタリアには784,000社のファミリービジネスがあり、企業の85％、雇用の70％を占めているという。これは、フランス80％、ドイツ90％、スペイン83％、イギリス80％とほぼ同じ水準にあるという。

　AIDAFによると、イタリアのファミリービジネスには二つの特徴があるという。一つは、外部の専門的な経営者に経営を委ねる割合が低いという点である。イタリアのファミリービジネスの66％が、ファミリーメンバーによって経営されているという。同じ割合をみると、フランスでは26％、イギリスでは10％となっており、イタリアの家族経営の比率の高さは際だっている。

　もう一つの特徴として、イタリアのファミリービジネスには長寿の企業が多いという点が指摘されている。つまり、イタリアには長寿ファミリービジネス、すなわち老舗企業が多いということである。イタリアの老舗について、日本ではほとんど知られていないというのが現状である。本章では、主に現地調査を通じてイタリアの老舗企業について紹介していく。

1 イタリア老舗企業の概要

　イタリアの老舗企業に関する情報は非常に限られている。前述の AIDAF によると、イタリアで最も古い企業は「マリネッリ社（Pontificia Fonderia Marinelli）[6]」というベル（鐘）のメーカーである。同社のホームページによると[7]、同社で最初のベルが作られたのは西暦1000年頃であるという[8]。そして、1954年には、イタリア最古の企業として大統領から金のメダルを授与されたという。

　その他、ワインの「バローネ・リカーソリ社（Barone Ricasoli）」（1141年創業）、ヴェネツィア・グラスの「バローヴィエ＆トーゾ社（Barovier & Toso）」（1295年創業）、宝飾品の「トッリーニ社（Torrini）」（1369年創業）、そしてワインの「マルケージ・アンティノーリ社（Marchesi Antinori）」（1385年創業）などの古い企業がある。

　まず、イタリアの老舗の概要をみておこう。イタリアの商工会議所連合会（Unioncamere）は、2011年にイタリア統一150周年を記念して老舗企業登録（Registro nazionale delle imprese storiche）を開始した。条件は、同じ業種で活動し、創業以来100年以上経過していることとなっており、業種などに制約はない。登録制度の目的は、いくつもの世代を継承してきたこと、企業家としての経験や価値を讃えるためである。

　イタリアは、特別自治州5カ所を含んで20州から構成されているが、州ごとの登録老舗企業の数は次の表6－1の通りである。これからも分かるように、登録老舗企業数が多いのは北部の諸州で、最も多いのは経済の中心都市ミラノを抱えるロンバルディア州で、569社が登録されている。ちなみに、ミラノだ

---

(4) 堺［2014］200ページ。
(5) イタリア・ファミリー・ビジネス協会（AIDAF）のホームページ内の Family Business in Italy（http://www.aidaf.it/en/aidaf-3/1650-2/）による。（2018年9月18日アクセス）
(6) イタリア語の人名、社名のカタカナ表記について、前田知美氏のご協力をいただいた。
(7) http://campanemarinelli.com/en/marinelli-campane/storia-fonderia/
(8) イタリア商工会議所連合会の老舗登録の一覧表では、1399年創業とされている。

164　第2部　老舗の地域間比較

表6-1　イタリア州別登録老舗企業数

番号	州	登録老舗企業数	番号	州	登録老舗企業数
1	ヴァッレ・ダオスタ州	1	11	マルケ州	51
2	ピエモンテ州	356	12	ラツィオ州	60
3	リグーリア州	214	13	アブルッツォ州	38
4	ロンバルディア州	569	14	モリーゼ州	8
5	トレンティーノ・アルト・アディジェ州	172	15	カンパニア州	74
6	ヴェネト州	274	16	プッリャ州	49
7	フリウリ・ヴェネツィア・ジュリア州	17	17	バジリカータ州	9
8	エミリア・ロマーニャ州	213	18	カラブリア州	6
9	トスカーナ州	294	19	シチリア州	7
10	ウンブリア州	31	20	サルデーニャ州	14

出所：イタリア商工会議所連合会（Unioncamere）ホームページ（http://www.unioncamere.gov.it/ricerca-imprese/P48A0C0S738O0/Le-radici-del-futuro.htm　2018年9月19日アクセス）により作成。

図6-1　イタリアの州

注：地図の数字は、表5-1の番号に対応している。

けで118社が登録されている。ミラノの古い企業としては、1505年創業の居酒屋（Osteria）「アンティーカ・オステリーア・ジェルリ社（Antica Osteria Gerli Snc）」がある。

その他にも、工業都市トリノがあるピエモンテ州には356社あり、トリノだけで135社が登録している。最古となるのは、1640年に創業した薬局「ファルマチーア・デッラ・コンソラーテ・ディ・レンティ・フルヴィア社（Farmacia Della Consolate di Lenti Fulvia）」であるが、全体的にはミラノよりも古い老舗が多い。

前出の「バロヴィエ＆トーゾ社」があるヴェネツイアを含んだヴェネト州が274社となっている。ボローニャのあるエミリア・ロマーニャ州、ジェノヴァのあるリグーリア州など北部の州も多い。特に、中世に海洋国家として繁栄したジェノヴァには152社の老舗が登録されている。また、中部のトスカーナ

表6-2　登録老舗の創業年

年代（西暦）	企業数	比率（％）
900年代	1	0.04
1000年代	1	0.04
1100年代	2	0.08
1200年代	2	0.08
1300年代	7	0.29
1400年代	12	0.50
1500年代	14	0.58
1600年代	27	1.12
1700年代	98	4.06
1800年代	1419	58.78
1900年代	830	34.38
不明	1	0.04
総計	2414	100.00

出所：イタリア商工会議所連合会（Unioncamere）ホームページ（http://www.unioncamere.gov.it/ricerca-imprese/P48A0C0S738O0/Le-radici-del-futuro.htm 2018年9月19日アクセス）により作成。

表6-3　登録老舗の業種別

業種	企業数	比率（％）
農業	216	8.95
工芸	293	12.14
工業	597	24.73
商業	747	30.94
サービス	440	18.23
不明	121	5.01
総計	2414	100.00

出所：イタリア商工会議所連合会（Unioncamere）ホームページ（http://www.unioncamere.gov.it/ricerca-imprese/P48A0C0S738O0/Le-radici-del-futuro.htm　2018年9月19日アクセス）により作成。

州も多く、州都フィレンツェには先に述べた「バローネ・リカーソリ社」や「トリッニ社」、「マルケージ・アンティノーリ社」など116社の登録老舗企業がある。南部のカンパニア州のナポリには54社あり、1629年に創業した「アウグステア社（Augustea Spa）」という老舗がある。なお、先に紹介したイタリア最古の「マリネッリ社」はモリーゼ州にある。

　この登録老舗企業を創業年で分類すると**表6－2**のようになっている。登録老舗として最も古い創業年が挙げられているのはエミリア・ロマーニャ州の建設業「モンタナーリ・ルイージ社（Montanari Luigi Srl）」という企業で、900年となっており、AIDAFで最古とされているマリネッリ社より古くなっている。年代別にみると1800年代が最も多く、58.78％と6割に近くなっている。

　業種については**表6－3**のようになっている。農業が216社もあるが、このなかにはワイン・メーカーも含まれている。分野として最も多いのは商業分野で30.94％となっている。

2　イタリア老舗ユニオン

　イタリアにも老舗団体がいくつかあるが、そのなかでも代表的な団体が「イタリア老舗ユニオン（Unione Imprese Storiche Italiane）」である。イタリア老舗ユニオンは、前身を含めると18年の歴史を有している。出発時は「フィレンツェ老舗協会（Associazione Imprese Storiche Fiorentine）」という団体で、2000年に「トッリーニ社」のフランコ・トッリーニ（Franco Torrini）と「サンタ・マリア・ノヴェッラ薬局（Officina Produmo Farmaceutica di Santa Maria Novella）」のエウジェニオ・アルファンデリー（Eugenio Alphandery）の呼びかけに応えた11人の老舗経営者によって設立された。その後、2006年にフィレンツェが属しているトスカーナ州の老舗企業に範囲を拡げて、「トスカーナ老舗ユニオン（Unione Imprese Storiche Toscane）」となり、イタリア全土に範囲を拡げて、2012年2月に「イタリア老舗ユニオン」となった。

　条件は創業100年以上で、伝統的な活動を続けており、その価値が認められ

第6章 イタリアの老舗企業とファミリー 167

表6-4 イタリア老舗協会の会員企業

企業名	創業年	地域	業種	企業名	創業年	地域	業種
フラテッリ・アリナーリ社 Fratelli Alinari	1852	Firenze	写真	フィリッポ・カタルツィ社 Filippo Catarzi	1910	Signa	帽子
アマレッリ・リクイリッツィア社 Amarelli Liquirizia	1731	Rossano	リコリス	ルイージ・チェッキ・エ・フィーリ社 Luigi Cecchi e Figli	1893	Castellina in Chianti	ワイン
マルケージ・アンティノーリ社 Marchesi Antinori	1385	Firenze	ワイン	アチェート・バルサミコ・デル・ドゥーカ社 Aceto Balsamico del Duca	1891	Spilamberto	バルサミコ酢
カーザ・ヴィニーコラ・アポッローニオ社 Casa Vinicola Apollonio	1870	Monteroni di Lecce	ワイン	フェルナンデ・アッフリカーノ社 Fernandez Affricano	1896	Livorno	オリーブ油
カッサ・ディ・リスパルミオ・ディ・フィレンツェ銀行 Banca Cassa di Risparmio di Firenze	1829	Firenze	銀行	フィオーレ・ドルチェ・ティピチ・セネージ社 Fiore Dolci Tipici Senesi	1827	Siena	菓子
フェデリコ・デル・ヴェッキオ銀行 Banca Federico Del Vecchio	1889	Firenze	銀行	フォンディアリア（ウニポール・サイ） La Fondiaria - Divisione di Unipol Sai	1879	Firenze	保険
カンビアーノ銀行 Banca Cambiano	1884	Castlefiorentino	銀行	フリッリ・ギャラリー Frilli Gallery	1860	Firenze	彫刻アートスタジオ
サルモーネ・ベルフォルテ＆C.エディトーリ社 Salomone Belforte Editori	1805	Livorno	書籍・出版	ジュンティ・エディトーレ社 Giunti Editore	1841	Firenze	出版
ビオンディ・サンティ社 Società Agricola Greppo-Biondi Santi	1888	Montalcino	ワイン	グラン・デポジト・アチェート・バルサミコ・ジュゼッペ・ジュスティ社 Gran DepositoAcetaia Giuseppe Giusti	1605	Modena	バルサミコ酢
アンティーカ・ドルチェリーア・ボナイウート社 Antica Dolceria Bonajuto	1854	Mondica	チョコレート	リブレリア・アンティクアリア・ゴンネッリ社 Libreria Antiquaria Gonnelli	1875	Firenze	古書
テッシィトゥーラ・ブザッティ社 Tessitura Busatti	1842	Anghiari	テキスタイル	グレーヴィ・モーデ社 Grevi Mode	1875	Signa	帽子
カルペネ・マルヴォルティ社 Carpene Malvolti	1868	Conegliano	スプマンテ	ジュースト・マネッティ・バッティローロ社 Giusto Manetti Battiloro	1820	Firenze	金箔
カッサ・ディ・リスパルミオ・ディ・サン・ミニアート銀行 Cassa di Risparmio di San Miniato	1830	San Miniato	銀行				

168　第2部　老舗の地域間比較

企業名	創業年	地域	業種
マリネッラ社 E.Marinella	1914	Napoli	ネクタイ
フォンデリア・アルティスティカ・フェルディナンド・マリネッリ社 Fonderia Artistica Ferdinando Marinelli	1905	Firenze	鋳造
アントニオ・マッテイ・ビスコッティフィーチョ Antonio Mattei Biscottificio	1858	Prato	菓子
マルケージ・マッツェイ・カステッロ・ディ・フォンテ・ルートリ社 Marchesi Mazzei-Castello di Fonterutoli	1435	Fonterutoli	ワイン
マッツェッティ・ダルタヴィッラ社 Mazzetti d'Altavilla	1846	Altavilla Monferrato	グラッパ
インドゥストリア・チェレリア・ミゴーネ社 Industria Ceraria Migone	1866	Firenze	蝋燭
モカ　J-Enne 社 Moka J-enne	1878	Pistoria	コーヒー
ニコーリ社 Laboratori Artistici Nicoli	1835	Carrara	彫刻スタジオ
オッフィチーナ・プロフーモ・ファルマチェウティカ・ディ・サンタマリアノヴェッラ社 Officina Profumo-Farmacueticadi Santa Maria Novella	1612	Firenze	香水、化粧品
フラテッリ・ピアチェンツァ社 Piacenza Fratelli	1733	Pollane	羊毛
ポーリ・ディスティッレリエ社 Poli Distillerie	1898	Schiavon	グラッパ
バローネ・リカーソリ社 Barone Ricasoli	1141	Brolio	ワイン

企業名	創業年	地域	業種
セッラ銀行・ホールディング Banca Sella Holding S.p.A.	1886	Biella	銀行
トッカフォンディ・アルティ・グラフィケ Toccafondi Arti Grafiche	1910	Borgo San Lorenzo	グラフィック
トッリーニ社 Torrini	1369	Firenze	宝飾
トラヴィニョーリ社 Azienda Agricola Travignoli	1473	Pelago	ワイン
ヴェーニ・エクスプレス社 Vegni Express	1904	Firenze	運送・ロジスティックス
チェーザレ・ヴェローナ社 Cesare Verona -Magister Scripturae	1889	Torino	アウローラ・ペン
ヴィエリ社-『イル・ミオ・アミーコ』出版 Grafiche Vieri - Editrice "Il Mio Amico"	1878	Roccastrada	印刷・グラフィック
ヴィッラーニ・サルーミ社 Villani Salumi	1886	Castelnuovo Rangone	サラミ
マニファットゥーレ・シガロ・トスカーノ社 Manifatture Sigaro Toscano	1818	Lucca	葉巻
オッフィチーネ・マリオ・ドリン Officine Mario Dorin	1918	Fisole	コンデンサー、コンプレッサー
ガッレリーア・ピエトロ・バッツァンティ&フィリオ Galleria Pietro Bazzanti & Figlio.	1822	Flewnze	ギャラリー
チェラミカ・チェッケット Ceramica Cecchetto	1828	Nove	焼き物

出所：イタリア老舗ユニオンによる。

第6章　イタリアの老舗企業とファミリー　169

2018年3月の総会の参加者

ていることである。販売だけの会社は入会を認められていないが、銀行については入会が認められている。現在の会長はサンタ・マリア・ノヴェッラ薬局のオーナー社長であるエウジェニオ・アルファンデリーで、ユニオンの事務所はフィレンツェにある。

　ホームページによると、2018年6月現在の会員企業は、表6-4のように49社となっている。同会の歴史もあって、地域的にはフィレンツェが最も多く14社である。業種は、宝飾品製造、ワイン製造、菓子製造、銀行、手書き本・版画、金箔・銀箔など様々である。アルファンデリー会長によると、イタリア全土で100社ほどが会員候補となっているが、革新性を重視しているということであった。

イタリア老舗ユニオン会長で、サンタ・マリア・ノヴェッラ薬局社長のエウジェニオ・アルファンデリー

3 イタリア老舗ユニオン企業の事例

(1) サンタ・マリア・ノヴェッラ薬局[9]

　イタリア老舗ユニオンの会長であるエウジェニオ・アルファンデリーが経営しているのがサンタ・マリア・ノヴェッラ薬局である。薬局というが医薬品ではなく、化粧品、香水、薬用酒、チョコレート、キャンドルなどの製造販売を行っている。

　同社の原点は大変古く、1221年である。当時は、ドミニコ会の修道院、サンタ・マリア・フラ・レ・ヴィニェの修道僧による薬草栽培、薬剤調合が行われていたが、まだ一般向けの薬局としての営業は行われていなかった。1612年に、アンジェロ・マルキッシ修道士によって一般市民に薬局が公開され、その年を正式の創業年としている。その後、1869年にチェザーレ・アウグスト・ステファーニ（Cesare Augusto Stefani）が教会から薬局を引き継ぎ、そこから民間の薬局となった。

　1989年になって、現在の社長エウジェニオ・アルファンデリーが経営を担うことになった。当時は年商30万ユーロ（1ユーロ＝130円として、3,900万円）、従業員4人という小規模店であった。幼少時から祖母に連れられてサンタ・マリア・ノヴェッラ薬局に行っていたアルファンデリーは、同薬局の歴史や文化的価値を貴重なものであると考え、その復活を目指して経営を担うようになった。そして、2010年に同氏がオーナー兼社長となって現在に至っている。2017年現在で、アルファンデリーは52％の株を所有している。

　現在の年商は約2,800万ユーロ（約36億4,000万円）、従業員はアメリカの直営店を含めて約170名ということであった。直営店舗は、イタリア国内ではフィレンツェの本店の他、工場に併設された店、フォルテ・デイ・マルミ（Forte dei Marmi）[10]、ミラノの4店がある。アメリカにもニューヨーク、ワシントンDC、ロサンジェルス、マイアミ（2店）の5店舗あるほか、フランチャイズで世界各国に60店を展開しており、東京では新丸ビルなどに店舗がある。日本

以外のアジアでは、香港、上海、バンコク、シンガポールに店があるという。

　同社の経営の特徴は、伝統や文化を非常に重視している点にある。フィレンツェの本店は、天井にフレスコ画が施されており、まるで博物館のようである。そんな環境のなかでゆっくりと買い物ができるよう、カウンターの店員は商品の概要やストーリーの説明のみを担当し、商品を客に直接渡すことはない。

　店に入ると客は、カードを受け取り、買いたいものの種類や量はこのカードに記憶されていく。商品の種類ごとにカウンターが分かれているので、客は商品毎に説明を聞き、購入したいと思うものをカードに記憶してもらう。そして、買い物が終わると、店の奥に商品受け取りカウンターがあり、そこで自分のカードをかざすと、購入した商品が渡されるという仕組みとなっている。

　経営の基本方針は、会社の歴史や文化を尊重するというところにある。前述のように店舗が博物館のようになっているのも、その基本方針に沿ったものである。一方、製造についても伝統が大変重視されている。同社独自の商品は、すべて社内で製造されている[11]。まったく機械を使わない手作りがすべてというわけではないが、基本的には伝統的な製法が守られている。特に重視されているのが品質管理で、最終的な商品チェックを兼ねて、包装はすべて手作業で行われていた[12]。一般的に、キャンドルなどは外注する所が多いのだが、同社はすべて社内で生産しており、その製造はまさに手作りで行われていた。

　現在の工場は1997年に開設され、3,700平方メートルの広さをもっているが、手狭になったため5,700平方メートルに拡張する予定ということであった。また、事業の拡張として、近年、ミネラル・ウォーターの産地サン・カルロの権利を買い取ったともいう。

---

(9) 同社のオーナー社長であるアルファンデリー氏へのインタビューは2017年10月17日に同社工場で行った。
(10) フォルテ・デイ・マルミは、フィレンツェと同じトスカーナ州の地中海沿いにある保養地である。
(11) 店頭で販売されているもののなかには、同社以外の製品もある。例えば、京都の松栄堂の薫香も販売されている。
(12) 品質管理の担当者は日本人であった。この人を含め、社内で3人の日本人が働いているとのことであった。

（2）マルケージ・アンティノーリ社[13]

「マルケージ・アンティノーリ社」[14]は、1385年に創業したワインメーカーである。年商約2億2,000万ユーロ（約286億円）、従業員（正社員のみ）450人、季節労働者は数千人という大規模なワインメーカーである。ワイナリーも、フィレンツェが属するトスカーナ州だけでなく、カリフォルニアやルーマニアにももっている。

実は、アニティノーリ家の歴史はもっと古く、12世紀にはカステッロ・ディ・コンビアーテ（Castello di Combiate）の周辺領地を所有し、ワインを製造していたという。13世紀に入ると、フィレンツェには様々なギルドが組織され、そのなかで「ワイン・ギルド」も結成された。このワイン・ギルドにアンティノーリ家（当時の当主はジョヴァンニ・ディ・ピエロ・アンティノーリ［Giovanni di Piero Antinori］）が参加したのが1385年で、この年を創業年としている。フィレンツェを治めていたメディチ家の大使となるなど、メディチ家とも深い関係をもってきた。

品質の高いワインとして高い評価を得てきたが、今日のワインメーカーとしての地位を築いたのは、22代目のニッコロ（Niccolo, 1817～1882）とその息子ピエロ（Piero）とロドヴィコ（Lodovico）、そして義理の息子グエッリーニ（GuglielmoGuerrini）だと言われている[15]。

24代目のニッコロ（Niccolo, 1898～1991）は、トスカーナのキャンティ・ワインをフランス・ボルドーのワインとブレンドするという衝撃的な革新を起こした。第2次世界大戦が終わり、ワイン農地の制度に大きな変革が起きた。それまでは、小作制のもと、小作人は収益の半分を地主に渡さなければいけないという封建的な制度であった。

小作制度のもとでは、農民にやる気をもたせることが難しく、ワインの品質にも影響した。また、工業の発展に伴い、農民が都市の工場労働者となり、ワイン農業の人手不足が深刻になった。そこで、ワイン産業の再生を図り、小作制度の廃止、ワイン畑の合併などのリストラを進めたのが25代目のピエロ（1938～現在）である。

第6章　イタリアの老舗企業とファミリー　173

アレグラと筆者（アンティノーリ宮にて）

アンティノーリ宮

　ピエロはワイン研究家のジャコモ・タキス（Giacomo Tachis）の助けを借りて、ぶどうと他の作物との混栽を止める、温度管理した醸造、新しいブレンド、新しいぶどう種の導入などの革新を進め、アンティノーリ・ワインの評価を一層高めた。

　ワインには、厳しい産地規制がある。イタリアの場合には、「DOC:Denominazione di Origine Controllata」などの規制がある。そのような規制を超えて作られたのが「スーパー・タスカン」と呼ばれるワインで、それを生み出したワイナリーの一つがアンティノーリなのである。

　1983年、ピエロは会社の株の49％をイギリスのビール会社に売却し、その資金でワイン畑の拡張や生産設備の近代化を図った。現在、同社のワイナリーは、環境を配慮してタンクなど大部分を地上から見えないように地下に設置してい

---

⑬　2018年3月23日に同社のアンティノーリ宮を訪問し、アレグラ・アンティノーリ氏にインタビューを行った。

⑭　「マルケーザ」とは侯爵を意味している。アンティノーリ家は18世紀半ばに侯爵の爵位を得、現在の当主（名誉社長）ピエロ・アンティノーリ氏が侯爵を受け継いで「Marquis Piero」となっている。

⑮　O'Hara（2004）, p.37.

る(16)。このような設備近代化の資金の一部となったわけだが、その後、売却された株は買い戻されている。

ピエロには3人の娘がおり、現在の経営は長女のアルビエラ（Albiera, 1966～）が担っており、当主ピエロは名誉社長となっている。対外的な活動は次女のアレグラ（Allegra, 1969～）が行っている(17)。そして三女のアレッシア（Alessia）は、大学でワイン醸造を学んでいるという。ファミリーのメンバー以外では、同社で40年以上にわたって働いているレンツォ・コッタレッラ（Renzo Cottarella）が経営陣に加わっているが、いわゆるプロの経営者を雇うことはしていない。

2014年、ファミリーが拡大していくことによる経営権の拡散を防止するために信託を組成し、受託人の一人にはフェラガモ家が入っている。次世代への継承については、長女アルビエラの長男がいるが、1993年生まれとまだ若く、今後については未定であるという。

（3）トッリーニ社(18)

トッリーニ社は、1369年に創業した金細工、宝飾品の製造・販売の会社である。販売については小売も卸も行っている。従業員は時期によって変動するが5～8人で、年間の売上高は小売で90万ユーロ（約1億1,700万円）、卸やサービスで50万ユーロ（約6,500万円）である。

歴史は大変古く、ルーツをたどると1300年まで遡ることができる。公式には、鎧メーカーとして商標が登録された1369年を創業年としており、先のイタリア老舗ユニオン会員の一覧でも分かるように、同ユニオンでバローネ・リカーソリ社に次ぐ2番目に古い会社である。1369年当時はシエナにあったが、その後、ペスト流行のためシエナを離れ、1700年にフィレンツェのベッキオ橋に出店した。第2次世界大戦ですべてを失った後、1945年に現社長の祖父・父・伯父によって再建された。

現社長のファブリツィオ・トッリーニ（Fabrizio Torrini・2017年時点で56歳）で24代目となるが、2011年、49歳のときに社長となったという。先代のフラン

コ・トッリーニは、冒頭でも述べたように、イタリア老舗ユニオンの呼びかけ人であった。また同社は、以前エノキアン協会の会員でもあったが、現在は退会している。

　事業の現況としては、この5年で売上高は10％以上減少しているが、利益や従業員数に変化はないという。売上高減少の背景には、近年の金価格高騰がある。顧客が拡散し、ネットを通じての販売が増えるなど市場の変化もあるという。

　これらに対応して、同社は様々な変革に取り組んでいる。まず、家訓や経営哲学を、「われわれは世界一古い会社である」というものから

トッリーニ社社長のファブリツィオ・トッリーニ

「消費者が必要とするものやサービスを提供する」と改めた。事業分野でも新しいマーケットを開拓するために、小さくて価値のある新製品を投入するなどの変革を目指しているという。

　製造工程についても、従来は伝統的な手作業による製造方法を守ってきたが、1990年代の初めからロストワックス鋳造やプレスなど一部機械化をしているほか、さらに近年には3Dプリンターも導入している。事実、工場には様々な機械が並んでいた。しかし、最終的な仕上げは手作業で行っている。生産と経営の間にギャップがあり、それを埋めるために専門学校から採用するなど対策を行ったという。

⒃　筆者は、2015年6月に同社のバルジーノにあるワイナリー（Via Cassia per Siena, 133 Località Bargino 50026 Firenze）を見学する機会をもった。
⒄　筆者のインタビューを受けてくれたのもアレグラであった。
⒅　2017年10月16日に同社の本社・工場を訪問して、インタビューを行った。

次世代への承継については、ファブリツィオ・トッリーニには娘がいるが、その娘に継がせることは考えていないということで、具体的な承継についてはまだ考えていないということであった。

（4）アントニオ・マッテイ社[19]

アントニオ・マッテイ（Antonio Mattei Biscottificio）社は、フィレンツェと同じトスカーナ州のプラート（Prato）にある、プラート伝統のアーモンド・ビスケット「Biscotti di Prato」を生み出した会社である。1858年に、会社名と同じアントニオ・マッテイが創業したプラート最古の老舗である。

同社のビスケット「Biscotti di Prato」は、イタリアでは知らない人がいないと言われるほど有名で、食料品店に行くと必ずと言ってもいいほどあちこちで見ることができる。イタリアのビスケット業界では、「Biscotti Savoiardi」（ビスコッティ・サボイアルディ）と並ぶ人気商品であるという。年商は約256万ユーロ（約3億3,500万円）で、この5年で10％未満の増加となっている。従業員は19名で、同じくこの5年で1割以上増えている。

同社の創業者は、前述したように、会社名にも残っているアントニオ・マッテイ（Antonio Mattei）である。20世紀初めの1904年、エジスト・チャンポリーニ（Egisto Ciampolini）が経営を担い、所有権はチャンポリーニ家に移った。同じ年、現在のオーナーであるパンドルフィニ家のエルネスト・パンドルフィーニ（Ernesto Pandolfini）（現経営者の祖父）が、12歳のときから同店で働きはじめている。そして、1920年にエルネスト・パンドルフィーニが同店の所有権を取得した。その後、エルネストの息子であるパオロ・パンドルフィーニ（Paolo Pandolfini）を経て、現経営陣につながっている。

アントニオ・マッテイ社の店舗

フランチェスコ・パンドルフィー

ニ（2017年時点で57歳）はパオロ・パンドルフィーニの長男で、現在の経営はフランチェスコと、エリザベッタ（Elizabetta）、マルチェラ（Marcella）、そしてレティツィア（Letizia）という妹たちとの共同経営となっている。

フランチェスコ・パンドルフィーニ氏が経営に携わるようになったのは26年前、30歳のときであったが、

フランチェスコ・パンドルフィーニ

妹たちは成長するにつれて経営に加わるようになった。特定の誰かが代表とはなっておらず、持ち株比率も25％ずつと均等になっている。

フランチェスコがビスケットの生産、原材料の購買、設備投資や開発を担当しており、妹たちはそれぞれ販売や経理、店の運営などの役割をもっている。経営の意思決定は、兄妹での話し合いで行われており、概ね常識的な線にそって合意が得られているという。どうしても合意ができない場合、外部のアドバイスを仰ぐこともあるという。

同社では、150年間にわたって伝統のアーモンド・ビスケットのみを作ってきたが、最近の５年で新製品も開発している。2013年にチョコレートチップの入ったビスケットを開発したのを皮切りに、ピスタチオとアーモンドのビスケット、そして砂糖なしとオールブランという２種類のクリスピー・トーストという、４種類の新製品を開発している。一方、包装にもこだわっており、伝統的な袋を緑の紐で縛っている。伝統のアーモンド・ビスケットは青袋、チョコレートチップ・ビスケットは赤袋、ピスタチオとアーモンドのビスケットは緑袋と、区別をしている。

これらのビスケットやクリスピー・トーストは、他の小売店にも卸している。それに加えて、本店の店頭ではパンやケーキなども販売しているが、賞味期限

---

(19) 2017年10月17日、同社のフランチェスコ・パンドルフィニ（Francesco Pandolfini）氏（取材時56歳）に話をうかがった。

の制約で他店には卸していない。これら新製品を開発するのもフランチェスコの担当で、新製品のアイデアはいい原材料が見つかったときに湧き出てくるということであった。

おわりに

京都とイタリアの老舗の共通点と相違点

　イタリアの老舗の概要と、イタリア老舗ユニオン会員企業である4社を概観した。この4社のうち、アンティノーリ社とトッリーニ社、そしてここでは触れなかった「フェラガモ社（Salvatore Ferragamo）」はSharma（2004）において、事業面もファミリー面も成功している企業の例として挙げられている[20]。

　概観した結果、京都の老舗との共通点と相違点も見いだせる。

　共通点としては、伝統を守るとともに、新しいことに挑戦しているということである。伝統を活かして販売店を改装し、新しい販売方法を導入したサンタ・マリア・ノヴェッラ薬局、他地域のワインとのブレンドなど新しいワインを開発してきたアンティノーリ社、新技術を積極的に導入しているトッリーニ社、そして近年、新製品を次々と開発したアントニオ・マッテイ社、どの老舗企業も新製品などのイノベーションに熱心であり、これは京都の多くの老舗にもみられる特徴である。

　100年以上にわたって事業を継続するためには、伝統を守るだけでなく変革も重要であるということはよく言われることだが、イタリアでも同じであることが分かった。ここでも、第3章で行った老舗の類型化に当てはめてみよう。

　アンティノーリは、企業規模や革新への姿勢から「名門企業型」としていいだろう。サンタ・マリア・ノヴェッラ薬局は、現在のオーナー／経営者となってから新商品や新サービスの開発に積極的に取り組んでいることから「革新企業成長型」と言っていいだろう。兄弟・姉妹で経営しているが、新製品開発に熱心なアントニオ・マッテイ社は「家業革新型」に位置づけられるし、トッリーニ社は代々伝わってきた暖簾（のれん）をもっており、手堅いビジネスをしている。Sharma（2004）でも紹介されているように、以前は「家業安泰型」であった

と言えるが、金価格の上昇という外的要因や後継者問題もあって厳しい経営状況下にあるが、積極的に新技術を導入するなどの工夫を図っている。

一方、京都の老舗との相違点としては、ファミリービジネスとしてのイタリアの老舗をみた場合、家族観に相違があるように思われる。

京都の場合は、家と事業を先祖から引き継いだものと考え、それを次の世代に引き継いでいくことが非常に重視されている。それを駅伝のタスキや、リレーのバトンにたとえる経営者も少なくない。イタリアの老舗でも、トッリーニ社やアンティノーリ社のように20数代にわたって継続してきている企業では、こうした代々の引き継ぎは重視されてきていると思われるが、その一方で、現経営者の家族は創業家ではないという老舗企業もあった。

サンタ・マリア・ノヴェッラ薬局は、1221年、ドミニコ会修道院の修道僧によって開かれ、薬草による薬剤調合をする場であった。その後、1612年に一般市民に公開されている。1869年に民間人のステーファニ家に経営が移され、1989年よりアルファンデリー氏が経営を担うことになり、2010年に同氏の所有となった。また、アントニオ・マッテイ社も、現在の経営者ファミリーは創業家からすると三つ目のファミリーとなる。

同じ世代の兄弟や姉妹についても、京都（あるいは日本）とイタリアの間では違いがあるように思われる。京都（日本）では、長男だけが家の事業に携わり、長男以外は他の事業に従事することも少なくない。いわゆる「一子相伝」とか「一人一業」などと言われ、兄弟・姉妹のなかで一人だけが継承するという習慣である。これには、兄弟・姉妹間のトラブルを未然に防ぐとか、技術の漏出を防止するなどの理由があると考えられる。

一方、イタリアでは、同じ世代の兄弟・姉妹が共同で経営するという形がみられた。アンティノーリ社では、現在、長女が社長になっているとはいえ、3姉妹が共同で経営している。アントニオ・マッテイ社でも4人の兄姉妹が対等の立場で経営している。創業100年以上の老舗には入らないが、2018年で創業91年目という靴などの高級ブランドで知られるサルヴァトーレ・フェラガモ社

---

[20] Sharma（2004）p.7。2004年当時は事業もファミリーも順調だったトッリーニ社は、その後、金価格上昇などで厳しい経営環境に直面している。

でも兄弟・姉妹が経営陣に参画している。

　ガーシック他［1997］では、スリー・サークル・モデルに時間の要素を入れた3次元の発展型モデルを提唱し、ファミリービジネスの所有構造が、単独所有から兄弟姉妹共同所有、そして従兄弟集団所有へと発展していくと述べられている[21]。

　アントニオ・マッテイ社の場合は兄弟・姉妹4人の平等所有であり、このモデルが当てはまる。ガーシック他［1997］では、所有やファミリーに関する変化がビジネスにも影響する可能性について言及している[22]。その点で、イタリアの兄弟・姉妹経営は順当な流れと言えるかもしれない。

　しかし、アンティノーリ社のように14世紀からという長い歴史をもつ企業で、なぜ今日になって姉妹経営に至ったのかという疑問も浮かんでくる。もちろん、京都（あるいは日本全国）でも兄弟姉妹が経営に参加している老舗は少なからず存在しているが、決して一般的ではない。京都あるいは日本の老舗は、なぜ兄弟・姉妹共同経営へと発展していないのか、さらに今後兄弟・姉妹共同所有に移行していくのかという点も検討していかなければならない。

　家族には、先祖から代々引き継いだものを子孫にさらに引き継いでいくという側面と、同世代の家族という側面の二つの側面があるのではないだろうか。前者はいわば「縦のファミリー」で、後者は「横のファミリー」と言っていいのではないだろうか。このような二つの側面を考えると、イタリアの老舗では横のファミリーが重視されているのに対して、京都の老舗では縦のファミリーが重視されていると言える。

　イタリアの老舗に関する調査事例は少なく、結論を出すのはまだ早いだろう。ファミリービジネスにおける日欧間にあるファミリー観の差の研究は、今後さらなる検討を重ねていかなければならない。

---

[21] Gersick et al（1997）訳書、第1章。
[22] Gersick et al（1997）訳書、196ページ。

参考文献一覧

- 堺　憲一 [2014]「1990年代におけるイタリア経済の特質」『東京経大学会誌』第281号199〜231ページ。
- 帝国データバンク [2017]「長寿企業28,972社を分析」WWW.tdb-nuse.jp/lecture/2017/04/28972.html
- 前川洋一郎 [2015]『なぜあの会社は100年も繁盛しているのか、老舗に学ぶ永続経営の極意20』PHP研究所。
- 松岡憲司 [2018]「イタリアの老舗企業とファミリー」『龍谷大学社会科学研究年報』第48号139〜146ページ。

- Antinori, P. 他（2007）, *Futuro Antico, The History of Antinori Family and Their Palace*, Alinari.
- Gersick, Kelin E., Davis, John, Hampton, Marion McCollom, Ivan Landsberg,（1997）, *Generation to Generation, Life Cycles of the Family Business*.（岡田康司（監訳）犬飼みずほ（訳）『オーナー経営の存続と継承』流通科学大学出版、1999年）
- O'Hara, William T.（2004）, *Centuries of Success, Lessons from the World's Most Enduring Family Business*, Adam Media.
- Sharma, P.（2004）, "An Overview of the Field of Family Business Studies: Current Status and Direction for the Future", *Family Business Review*, 17(1). pp1-36

第7章

中国老舗企業における事業承継と革新
―李錦記集団を例にして―

　第5章においては、古い歴史をもつ国としてイタリアの老舗について紹介したが、中国は夏（BC1900年頃～）や殷（BC1600年頃～）といった王朝から数えると、イタリアよりも長い数千年という歴史を有している。古い歴史をもつ地域には、多くの老舗が存在しているはずである。もちろん、中国にも古い時代に創業した企業が数多くあったのではないかと考えられる。

　一方、数千年の歴史のなかでは、王朝の交代にともなう戦乱、三国時代のような群雄割拠、さらには近年の革命などがあったため、企業の存続には困難な時代や場面もあったのではないかと推察される。

　中小企業にしろ、大企業にしろ、企業は生物と同じように「生、老、病、死」というライフサイクルに直面している。組織および経営上の非効率、外部環境変化への対応の欠如、そして間違った経営戦略の実施などが発生した場合は市場から淘汰される可能性がある。特に、各種の経営資源が乏しい中小企業の場合は、事業を長く存続させるために、社会と競争環境の変化に対応しながら、組織や製品などにおいて革新を続けていかなければならない。

　また、ファミリーを単位として経営することが、多くの中小企業にみられる特徴でもある。世界の老舗企業をみても、ファミリービジネスとして展開して企業が多い。このため、老舗にとって「ファミリー」という要素は大変重要である。すなわち、企業経営とファミリーとの間には深い関係があり、ファミリー構成員間の人間関係や価値観、所有構造などが直接的、間接的に企業のパフ

ォーマンスに大きな影響を与えている。

　特に所有構造は、平常時の企業管理においても、企業の経営者交代が行われる際においても、ファミリービジネスに大きな影響を及ぼすと考えられる。老舗企業は、伝統とともに革新に挑み、そしてファミリーとの関係をうまく処理することによって、100年を超えて企業経営を維持してきたと言える。

　本章では、中国における老舗の概要について述べた後、香港の「李錦記集団」を事例に挙げて詳細に分析する。この企業が、いかに事業承継を繰り返し、100年以上にわたって企業成長を維持してきたか、いかに事業承継候補者を育成して有能な後継者を確保してきたか、そして、いかに伝統を守りながら革新を行ってきたかを考察する。特に、「ファミリー」の側面に注目し、中国老舗企業がいかに「ファミリー」と「ビジネス」の間でバランスを保っているかをみていくことにする。

1 中国老舗企業の概要

　中国には、明時代（1368年〜1644年）や清時代（1636年〜1912年）に創業して、伝統産業に従事する老舗企業が多く存在している。中華人民共和国の建国初期（1949年）、飲食、医薬、食品、小売、たばこ、酒造、服装などの分野の老舗企業は16,000社あり、そのすべてが中国民族資本であった。

　しかし、その後、民営企業としての老舗企業は計画経済体制に相容れず、国有化されたり、行政からの強い干渉を受けたりした。また、その後の「改革開放」後の厳しい市場競争により淘汰されたりして、その数は著しく減少した。

　1991年、国内貿易部（現在の商務部）が再調査した結果、老舗企業は約1,600社と、建国当初の10分の1にまで減少していた。一方、この1,600社が老舗（中国語で「中華老字号」）として認定された背景には、国有企業から再び民営化したことによって経営が危機的状態に陥った多くの老舗企業を再生させ、市場経済化を推進するといった政策的な意図がある。

　また、中国政府は、外国製品と対抗できる中国ブランドの育成や、観光振興

や文化保存においても重要な意味があるため、その後、老舗企業に対する保護と支援を強化してきた。2006年、商務部は老舗企業に対する再認定事業を実施し、中華老字号振興発展委員会が430社を中華老舗として認定している。そして、2010年7月、第2次認定を実施して345社が認定されている[1]。

1991年に「老舗」として認定された企業は、創業以来の年数が長いだけではなく、独自の商標と特色のある商品で民族の伝統と文化を引き継ぐものと定義されている。また、2006年に再認定を実施した際には、以下の七つを認定要件として定めている。

❶商標の所有権や使用権を有すること。
❷1956年以前に創業したこと。
❸独特な製品・サービスあるいはその製造技術を有すること。
❹中華民族の伝統の継承にかかわる企業文化を有すること。
❺地域固有の文化、歴史的文化的価値を有すること。
❻社会的に好評・信頼され、広く社会的認可を得ていること。
❼国内および香港・マカオ・台湾地域の資本で支配され、経営状況が良好、持続的に発展する能力を有すること。

このように、中国政府に認定された老舗企業は合計2,000社を超えるが、2018年6月5日現在、1,128社が経営を存続している。これら企業の創業後の平均年数は145年となる。

業種の分布をみると、「食」関連の企業が710社と最も多く、全体の63％を占めており、主に飲食、食品加工、茶の葉、酒造、調味料に分布している。また、生産と生活用品は全体の12％を占める131社、医薬品製造・販売、医療サービスの提供は同11％の124社、百貨店や卸売・小売などの流通業は同6％の72社、繊維、アパレル関連は同6％の65社、宿泊と美容理容などのサービス業は同2％の26社となっている。その他、各地方政府によって認定された老舗企業も約5,000社ある[2]。

---

(1) 孔［2012］142～147ページ。

表7-1　中国老舗企業の地域分布

(社)

地域	老舗数	地域	老舗数	地域	老舗数	地域	老舗数	地域	老舗数
北京市	117	安徽省	25	福建省	34	甘粛省	14	広東省	57
広西チアン族自治区	9	貴州省	9	海南省	1	河北省	27	河南省	22
黒竜江省	32	湖北省	26	湖南省	20	吉林省	20	江蘇省	96
江西省	22	遼寧省	34	内蒙古自治区	7	寧夏回族自治区	2	青海省	1
山東省	66	山西省	27	陝西省	27	上海市	180	四川省	48
天津市	66	新疆ウィグル自治区	3	雲南省	26	浙江省	91	重慶市	19

出所：中華老字号信息管理ホームページ（http://zhlzh.mofcom.gov.cn/searchEntps.do?method=andiqudownload　2018年11月7日アクセス）による作成。

　地域別にみると、各省と直轄市の中華老字号認定で現在も存続している企業数は表7－1のようになっている。表をみれば分かるように、首都の北京市、経済的に発達した上海市やその周辺の江蘇省、浙江省に多い一方、青海省や寧夏回族自治区、新疆ウィグル自治区のような内陸部には老舗企業があまりない。このなかから、上海の180社について創業年を調べたのが表7－2である。

　上海で最も古いのは「上海周虎臣曹素功笔墨有限公司墨廠」で、1667年の創業である。同社は伝統的な書道用の墨のメーカーであり、安徽省で創業したのち、1864年に上海に移転した。

　中山大学中国家族企業研究センターでは、2017年にこれら老字号から選んだ200社にアンケート調査を実施し、156社より回答を得たという[3]。それによると、最も古い企業の創業年は1327年となっている。なお、業種は表7－3のようになっており、約半数が製造業に従事していることが分かる。

　従業員数でみた企業規模の分布は示されていないが、平均人数は491人となっており、日本の老舗よりかなり大きいと言える。

　これらの中国老舗企業は、1950年代の国有化政策によって同族経営を維持することができなくなり、2000年代以降の政策支援を受けて国有企業の傘下に収まっている企業が多い。中山大学が実施した調査に対する回答企業のうち、

表7-2　上海の老舗企業の創立年の分布

創業年代	会社数（社）
1600年代	2
1700年代	5
1800年代	30
1900年代（1956年以前）	91
1957年以降	10
不明	42

出所：中華老字号信息管理ホームページ（http://zhlzh.mofcom.gov.cn/index.jsp　2018年11月7日アクセス）により作成。

表7-3　中国老舗企業の業種分布

業種	製造業	卸小売	文化体育娯楽業	ホテル飲食	農林牧畜漁業	賃貸商業サービス	衛生社会サービス	その他
会社数	76	18	10	22	10	6	7	7
比率（％）	48.72	11.54	6.41	14.10	6.41	3.85	4.49	4.449

出所：中山大学中国家族企業研究センター［2018］より転載。

7.69％にあたる12社が国有企業だったという。

　もちろん、これらはファミリービジネスではない。しかし、1950年代までは基本的に同族経営を維持していた企業が多く、社会的信用の獲得、ブランドの構築、経営者の世代交代と経営者育成計画などにおいては現代企業にとっても参考になる点が多い。また、社会制度や政治体制が異なる香港、マカオ、台湾

---

(2)　「中華老字号調査：現存1128家、平均年齢140多歳」『新華網』2018年6月5日記事（http://www.xinhuanet.com/fortune/2018-06/05/c_1122936264.htm　2018年10月9日アクセス）、「伝承中創新、以資本促復興：中華老字号系列報告」『創頭条』2018年9月12日記事（http://www.ctoutiao.com/986157.html　2018年10月9日アクセス）。

(3)　2018年1月の京都老舗の会総会で配布された報告書（中山大学中国家族企業研究センター［2018］）による。

には、同族経営を続けてきた老舗企業が少なくない。これらの地域に位置する企業を考察することで、同様な示唆を得ることができる。それが、香港の「李錦記集団」を取り上げる理由である。

2 中小企業の事業承継問題と「ファミリー」の影響

（1）日本中小企業の事業承継と老舗企業の示唆

　戦後に創立し、高度経済成長を支える原動力になり、世界屈指の経済大国を達成することに大きく貢献した多くの日本中小企業は、現在、経営者の多くが高齢化しており、事業承継問題が喫緊の経営課題となっている。

　この事業承継問題について経済産業省は、「中小経営者で最も多い年齢層は2015年時点で65～69歳であり、平均引退年齢は70歳だ。2025年時点でこの引退適齢期を迎える中小経営者が約245万人と、全中小の6割以上にのぼる。そのうち、約半数にあたる127万人が後継者未定だった。60歳以上の個人事業主の7割は自分の代で事業をやめる」という調査結果を公開している[4]。

　また、同省の試算によれば、「黒字廃業を放置すれば、2025年までの累計で約650万人の雇用と約22兆円にのぼる国内総生産（GDP）が失われる恐れがある」と指摘している。すなわち、後継者不足は中小企業にとって存続にかかわる大きな問題となっており、この問題が解決されなければ日本経済に深刻な影響を与える恐れがあるということだ。非効率な経営で淘汰すべき赤字企業ではなく、黒字経営の中小企業が後継者不在によって廃業することは、極力避けるべきである。

　後継者不在の背後には、少子高齢化という社会的な変化が考えられる。つまり、少子化に伴う後継候補者数の不足が最も大きな問題であり、長男継承、同族内の男子継承といったことが難しい時代に入ったといっても過言ではない。また、承継者育成の遅れ、候補者の承継意欲不足も事業承継問題を発生させる要因と考えられ、同族メンバー間のトラブルも事業承継に支障を来す可能性が

あると考えられる。

　このような事情をふまえると、長い歴史のなかで多くの経営ノウハウを蓄積し、外部環境の変化に対応しながら企業内部の様々な経営課題も乗り越えて事業を維持してきた老舗企業は、今日の中小企業に対して多くの示唆を与えるものと思われる。

（2）ファミリービジネスにおける「家」と「企業」

　日本における多くの中小企業は、家族単位で企業を経営し、所有と経営の明確な分離が行われていない。そのため、ファミリービジネスは「家業」とか「同族企業」とも呼ばれ、企業とそれを所有・経営する家族の関係は極めて緊密なものとなっている。さらに言えば、家族間の関係が企業経営に大きな影響を与えているほか、逆に企業経営のパフォーマンスが家族に及ぼす影響も大きい。

　例えば、企業を所有する家族のメンバー（株主）で何らかのトラブルで企業所有権に関する争いが起きた場合、直ちに企業経営に悪影響が生じるだけでなく、場合によっては倒産の危機までつながることもある。一方、良好な経営パフォーマンスが、家族メンバーの幸福度を向上させるといった可能性もある。このように、ファミリービジネスにおけるメンバー間の関係が、企業経営の成否を左右する大きな要素となっている。

　ファミリービジネスにおいては、ファミリーをどのように位置づければいいのだろうか。生物学的にみれば、ファミリーは血縁関係のない男女の婚姻関係によって作り上げられた生物的社会組織であり、同居に基づいた親族の生活共同体である。一方、社会学的にみれば、ファミリーは婚姻あるいは血縁関係を基にした社会的な基本組織であり、人類の様々な社会関係の構成主体でもある[5]。

　いずれにしても、国や地域、さらに文化や慣習をもつコミュニティごとにファミリーの範囲が異なり、主に血縁関係で結びついて、私有財産の蓄積と分配

---

(4) 「大廃業時代の足音、中小"後継者未定"127万社」『日本経済新聞』2017年10月6日1面記事。
(5) 徐・李［2009］29〜31ページ。

表7－4　新律綱領の五等親

一等親	父母、養父母、夫、子、養子
二等親	祖父母、嫡母、継母、伯叔父姑（ヲヂヲバ）、兄弟姉妹、夫ノ父母、妻妾、姪（アニオトウトノコ）、孫、子ノ婦
三等親	曾祖父母、伯叔ノ婦、夫ノ姪、従兄弟姉妹（イトコ）、異父兄弟姉妹、夫ノ祖父母、夫ノ伯叔父姑、庶子、姪ノ婦、継父
四等親	高祖父母、従祖祖父姑（オホヲヂオホヲバ）、従祖伯叔父姑（イトコチガヒ）、夫ノ兄弟姉妹、兄弟ノ妻、再従兄弟姉妹（マタイトコ）、外祖父母、舅姨（ハハカタノヲヂヲバ）、前夫ノ子、兄弟ノ孫、従父兄弟ノ子、外甥（アネイモウトノコ）、曾孫（ヒヒコ）、孫ノ婦
五等親	妻ノ父母、姑（ヲバ）ノ子、舅姨ノ子（ハハカタノイトコ）、玄孫（ヤシハゴ）、外孫、女婿（ムコ）

出所：広井多鶴子［2002］92ページ表3を引用。

に関連することだと捉えられている。

　例えば、**表7－4**で示したように、日本政府が1870（明治3）年に公布した「新律綱領」の「五等親図」は、親族の等級、基準と範囲を規定したものである。この「五等親」で構成した親族関係制度は、基本的に中国の「五服制」の影響を受けたものと言われている。

　現在の民法725条では、親族の範囲を「六親等内の血族、配偶者、三親等内の姻族」と定義している[6]。

（3）ファミリービジネスの重要性と優位性

　ある企業は、ファミリービジネスであるかどうかを判断するには、所有権の割合、企業の意思決定に与える影響、企業マネジメントへの参与度、複数の世代で経営への参加、などの要素が使われる。

　一般的に、個人あるいは一族が企業株式の50％以上を所有し、企業の意思決定に影響力を及ぼすことが広義のファミリービジネスの基準となっている。それに対して、所有と意思決定に加えて、創業者とその一族が企業経営に参加している状況を狭義のファミリービジネスの基準としている。この狭義のファミリービジネスの概念に、複数の世代で経営に参加すること、すなわち同族によ

る事業承継が行われたことを加えると、より厳密的にファミリービジネスを定義することができる。

　2010年時点、中国の民営企業をこの広義の定義でみると、85.4％の民営企業がファミリービジネスであった。一方、狭義の定義を使うと、55.5％の民営企業がファミリービジネスであった[7]。

　ファミリービジネスに関する定義が異なるが、欧米では、今でも非上場企業のほとんど、上場企業の4割から6割がファミリービジネスだと指摘されている。日本では、非上場企業の95％、上場企業の約40％がファミリービジネスに該当する[8]。

　ファミリービジネスの場合、ファミリーのメンバーが所有権をもち、閉鎖性・拘束性などといったマイナス面が特徴として考えられるが、企業活動が長く維持された背後には多くの経済的な利点もある。その利点について、周・趙・周・金［2012］は以下のようにまとめている。

　第一に、創業段階では、ファミリービジネスが他のタイプの企業よりも成功しやすい要素を大いに有している点である。

　ほとんどのファミリービジネスが、創業時、銀行などの金融機関から資金を調達することができず、ファミリーのネットワークを通じて、友人や親戚から創業の原資を調達するという単一的な融資ルートに依存せざるを得ない。ファミリーによる資金提供は、ベンチャー企業創業時のベンチャーキャピタルに類似するものの、低金利・無金利という低コストでの調達が一般的であって、資金調達コストの安さが利点となっている。

　また、創業時の従業員はファミリーのメンバーを主としており、モチベーションが高いこと、共通の目標と行動をもつこと、利害関係が一致することで、各種のマネジメントコストが低いことも利点となる。さらに、ファミリーという特性のもとで情報伝達が迅速であり、従業員間の高度な信頼関係が存在し、

---

(6)　「民法」『法庫』の条文については、電子政府窓口「e-Gov（イーガブ）」（elaws.e-gov.go.jp）を参照されたい。
(7)　中国民（私）営経済研究会家族企業研究課題組［2011］42〜44ページ。
(8)　倉科［2009］32〜43ページ。

企業内部の協調やモニタリングなどのコストを低く抑えると同時に、最大の収益を実現する利点がある。

ほかに、ファミリーと企業が利害共同体となり、勤勉や倹約などコストと収益に直接関連する要素が効率よく動き、ファミリービジネスの成長面においてプラスの方向に導くケースが多い。

第二に、ファミリービジネスがマーケットの変化に対応する意識が高く、ビジネス機会を迅速につかむことができるという点である。

ファミリービジネスは、通常の場合、小規模なニッチ市場からビジネスをはじめ、市場変化に対する察知のスピードが速い。また、安定的な顧客群を確保するために、消費者のニーズの変化に素早く対応することが経営を長期的に継続する理由である。さらに、細分化された市場で利益を安定的に確保することが容易であり、利益が出ない業務分野から撤退するという利潤最大化の行動が比較的支障なく行われることも経営を長期的に継続する理由となる。

第三に、効率的な内部管理ができる点である。

多くのファミリービジネスは所有と経営が分離しておらず、迅速的な意思決定と効率的な企業管理、柔軟な協調メカニズムが実現できる。また、コーポレート・ガバナンスの面においては、ファミリー的要素が企業経営に入るため、所有者と経営者（プリンシパルとエージェント）の利害の不一致問題と情報の非対称性問題がある程度解消され、法律順守、企業の不正行為の防止、競争力と収益力の向上といった長期的な企業価値の増大に向けた企業経営の仕組みが構築されやすい。

さらに、ファミリービジネスにおいては、従業員間の信頼関係や血縁・家族関係は管理コストの低下につながり、社会的信用や品質を重視することも企業経営を長期的に継続させるだけの要因となる。

第四に、革新を重視する点である。ファミリービジネスは、ファミリー全体の利益を最優先にするため、資金調達、製品の生産と組織管理、ビジネスモデルなどの面において革新を行いやすい。

第五に、長期利益を重視する点である。ファミリービジネスは家族全体の福祉を図るため、永続的企業経営を目指すというのが一般的である。そのため、

短期的な利益よりも長期的な収益と企業成長を重視しているほか、ファミリー的な感情を従業員管理に取り入れて、長期的な人材育成と活用といった面で利点がある。

　第六に、承継者に関する育成メカニズムが存在する点である。多くのファミリービジネスは、事業を長期的に継続するために早い段階で事業承継計画を立てて、承継者を育成するというメカニズムが存在している。計画的な承継者の選抜と育成、教育と実践などを通じて、経営者交代に伴う様々なリスクを最小限に抑え、スムーズな事業承継が行われる。

　日本の老舗ファミリービジネスの場合には、非金銭的なインセンティブが働き、短期的な収益性より持続性を重視し、経営者がオーナーであるゆえに高いモチベーションというプラスの面が多い。また、家訓などによって、経営者を含めて規律づけができること、意思決定が迅速であること、経営者の任期が長くなるので長期的な意思決定ができること、そして、同族が株式の保有をしているほか、支配することで株主と経営者の利害不一致を解消し、エージェンシーコストを軽減させることができると指摘されている[9]。

　このように、ファミリービジネスは一種の経済主体として様々な利点を有している。しかし、前述したように、ファミリーと企業の関係をうまく処理できなければ、このような様々な利点が弊害に変わり、企業経営と成長に支障を来す危険性もはらんでいると言える。

3　香港李錦記集団の事業承継と経営革新

（1）李錦記集団の歴史

　香港李錦記集団（以下、李錦記と略す）[10]は1888年に創業した、130年の歴史

---

[9]　柳川［2013］を参照されたい。

を有する中国老舗企業である。1970年代から、伝統を守りながら経営革新を図り、中華調味料の分野における一大企業として成長してきた。「中国人がいる処に、必ず李錦記の製品がある」と言われるように、同社は約220種類の中華調味料を生産し、世界180カ国や地域で販売している。

図7-1で示したように、同社は今、3代目と4代目による共同経営の段階に入っている。多くの老舗企業と同様、李錦記の企業発展と事業承継は必ずしも順風満帆ではない。そのため、同社はユニークな所有権管理、後継者育成法を採用しており、それは日本企業にとっても有益な示唆を与えてくれる。

李錦記の創業者である李錦裳は、元々広州で小さな飲食店を経営する貧しい人であった。牡蠣を煮て、それを販売して生計を立てていた。偶然のミスで牡蠣が焦げて、濃厚なソースができたため、1888年に李錦裳が自分の名前を使って李錦記という暖簾（のれん）を掲げて、牡蠣醬油（オイスターソース）という中華調味料の製造と販売をはじめた。そのソースは濃厚という特別な味で人気を集め、大勢の人や料理店がそれを使うようになった。

しかし、1902年、突然の火災で店舗が全焼した。これを契機に、マカオで新たな店舗を開くことになった。もちろん、マカオの店でもオイスターソースを主に扱っていた。

1920年、李錦裳は店の所有権を三等分し、三人の息子（長男の李兆栄、次男の李兆登、三男の李兆南）に経営権を譲渡した。長男の李兆栄は、経営にほとんど参与しなかった。次男の李兆登は販売に従事、三男の李兆南は生産と原材料仕入に従事した。

1932年、三男の李兆南は香港に販売拠点を設立し、その後、生産拠点も香港に移した。そして1946年、李兆南によって李錦記の本社をマカオから香港に移し、同時期に東南アジア市場の開拓をはじめている。しかしその後、兄弟間で所有権と経営管理権の争いが発生し、家族も企業も崩壊寸前となった。結局、三男の李兆南は、個人の全財産を使って李錦記の全株式を取得し、所有権を自らの一族に集中させることにした。

1972年、李錦記における経営者の世代交代が行われ、3代目経営者として李文達（2代目の長男）が社長に就任した。同社長は先代までと異なり、非常に

図7－1　李錦記集団の事業承継の系譜

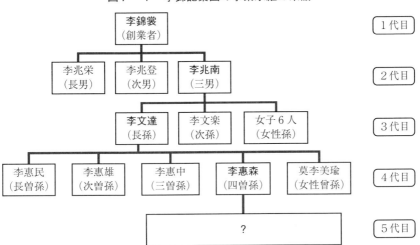

注：太字は事業を承継した者を示す。
出所：『百度百科、李錦記』、「李錦記」ホームページおよび各種資料による筆者作成。

優れたビジネス感覚と開拓精神をもつ経営者で、積極的に新製品開発と市場開拓を行った。
「思利及人（利益を稼ぐと同時に他人の利益を配慮する）」という経営理念を導入し、経営方針や拡張戦略を制定した。また、アメリカ市場をはじめとして、1980年代から日本や欧州市場を開拓し、新製品のごま油や各種の調味料を開発することにも努めた。その一方で、子どもをアメリカに留学させるなど、後継者の育成にも積極的であった。

しかし、1980年の前半、李文達と李文楽（2代目の次男）の間で所有権に関する争いが発生し、同社が再び経営危機に瀕した。6年後の1986年、李文達は8,000万香港ドル（約11.6億円。2018年11月10日のレート）で弟が所有する株式

---

(10) 「李錦記」に関する記述は、鄧［2007］、盧［2010］、烏尼［2011］、「李錦記集団」ホームページ（http://china.lkk.com/zh-CN）、無限極（中国）有限公司（元南方李錦記有限公司）ホームページ（http://www.infinitus.com.cn/）を使って作成したものである。特別な説明がなかった場合、ホームページを参照されたい。

表7-5 李錦記集団4代目企業管理者の役割分担

続柄	卒業先と専攻	入社時期	役職	担当業務
李恵民（長男）	カリフォルニア大学、食品科学と技術	1980年	李錦記調味料集団前会長	父の李文達集団会長の補佐役を担当。主に中華調味料の開発と市場開拓に従事。
李恵雄（次男）	南カリフォルニア大学、工商管理とマーケティング	1982年	李錦記調味料集団現会長、李錦記（アメリカ）前会長。	アメリカ市場の開発とロサンゼルス工場の設立に携わった。その他、李錦記集団の不動産事業を担当。
李恵中（三男）	南カリフォルニア大学、化学工業	1985年	李錦記調味料集団（中国）前会長。	李錦記集団の物流と生産、中国大陸市場の開拓と子会社管理を担当。
李恵森（末男）	南カリフォルニア大学、財務マネジメント	1986年	李錦記集団健康製品会長兼最高経営責任者（CEO）	かつては李錦記集団の人的資源管理と財務管理を担当。1992年、南方李錦記（無限極中国有限公司）を創立し、同社の健康製品事業を担当。
莫李美瑜（長女）	カリフォルニア大学、食品学	1982年	李錦記集団食品安全技術最高責任者	製品品質管理、食品の開発と研究を担当。

注：続柄のカッコには、3代目経営者の李文達から見た関係を示したものである。役職と担当業務は2008年現在のものである。
出所：鄭・周［2013］171ページより加筆・修正。

を取得し、この経営危機を乗り越えている。

　表7-5で示したように、1980年以降、李文達の子ども（男子4人、女子1人）はアメリカでの学業を終えて相次いで香港に戻り、企業経営に参加するようになっている。5人の子どもはそれぞれ違う部門を管理しているが、給与は同額であるという。

　その後、1992年、中国大陸市場を開拓するために「南方李錦記有限公司」（2009年、社名を無限極中国有限公司に変更）を設立し、創業地の広州で業務を開始した。この企業は3代目の四男である李恵森が管理し、健康食品を主要製品として中国市場を開拓している。漢方薬品を素材に、香港科技大学、清華大学や南方医科大学と共同で栄養ドリンクなどの健康飲料、化粧品、栄養食品を開発しており、2012年現在、中国大陸に35カ所の子会社、28カ所のサービス

センター、4,000カ所の専売店をもつに至っている。

　四男以外の兄弟たちの担当を述べておこう。長男は李錦記全体の市場管理、次男は「アメリカ李錦記」の企業管理、三男は中国市場の生産、流通、市場開拓の管理、娘は製品の品質管理や新製品開発を行っている。いずれにしろ、3代目と4代目が共同で企業を管理していることが分かる。

（2）所有権紛争を教訓とした「家族委員会」「家族憲法」の誕生とその役割

　前述したように、李錦記は創業以来、財産権をめぐって2回の争いが発生し、家族関係と企業経営の両面に大きな打撃を与えた。その教訓を受けて、3代目の経営者である李文達は、いかに家業と企業を両立させるか、いかに企業の所有権を分割させないかなどを検討し、徹底した経営革新を行った。具体的に言うと、「家族委員会」と「企業董事会（取締役会）」の並存、「家族憲法」の制定、後継者選抜基準の設定であった。このようなユニークな管理制度を2003年から実施している。これは、中国のファミリービジネスが企業発展と家族関係の調和を図ろうとする実践的な試みと言える。

　まず、ファミリービジネスの経営を維持することによって家族全員の幸せと調和を図ることが最重要課題であるため、それを管理する組織として「家族委員会」が創設された。構成メンバーはすべて家族内の血縁関係者に限定し、2010年現在の委員会は、3代目の李文達夫婦とその子ども5人の中核メンバーを含めて合計26人で構成されている。3カ月ごとに委員全員出席の会議を開催し、各家庭の状況報告や家族関係に対する管理意見、子どもの教育、企業経営の状況報告や意見交換などが論題の中心となっている。

　この委員会は、一個人とか一家庭という意識を薄めて家族全体の意識を強化すること、「思利及人」の経営理念を徹底すること、大局的に物事を考えることを目的とした、企業の最高意思決定機関である。

　家族委員会と並行して設けられた「企業董事会」は、3代目の経営者と4人の男性の子ども、外部から招いた2人の「外部董事」によって構成されており、実際の企業運営を決定する機関となっている。

図7-2 李錦記一族の家族統治構造

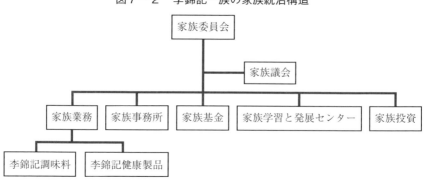

出所：李錦記集団ホームページより作成。

「家族委員会」と「企業董事会」はお互いに独立している組織であるが、企業経営の独立性を図りながら、家族全員とのつながりも配慮されている。しかも、経営者の自由放任的な経営行動を抑制する効果もある。

次に、企業の所有権管理と後継者育成に関して、「家族委員会」の指導方針として「家族憲法」が作られた。字面通り、「家族憲法」は家族を管理する指針であり、所有株の配分、若い家族メンバーへの教育と訓練などが規定されている。例えば、「家族憲法」には以下のようなことが書かれている。

❶企業の株をもつ条件を血縁関係者に限定すること。
❷「董事会主席（代表取締役）」は2年ごとの選挙で選ばなければならず、任期満了後の再任が可能であること。
❸離婚や不貞行為（不倫など）を禁止すること。
❹若い家族メンバーの入社条件として、必ず学部以上の学歴、外部で3年から5年の仕事経験が必要であること。
❺一般従業員からはじめ、能力が足りないと判断した場合は直ちに解任すること。
❻就学年齢の家族メンバーは、必ず定期的に清華大学で中国の歴史や文化や経済を学習すること。

この「家族憲法」を改正する場合は投票によることが明記されており、75％以上の賛成票が必要とする。「家族憲法」は、家族メンバー間のルールを書面で規定し、契約の形式で家族関係を意識的に強化するものとなっている。
　李錦記の後継者に関する選抜基準は、ユニークな特徴をもっており、ある程度、後継者において発生しうる諸問題を解決できるものと思われる。また、若い家族メンバーの後継候補者に対する能力の育成方法は特筆すべきであろう。「家族憲法」に書かれているように、子どもに対する教育が非常に重要視されている。3代目の経営者である李文達は、子ども5人をすべてアメリカの有名大学に送り、企業経営に欠かせないビジネス知識や製品管理、そして開発技術を習得させた。これら4代目の候補者が、各自の才能を発揮し、各分野の重要ポストを担当して企業規模の拡大に貢献してきた。また、将来の後継者（5代目以降）に対しても積極的な教育投資を行い、中国の最高学府や海外の有名大学に進学させ、次世代人材の育成に努めている。
　一方、経営者選抜も厳しい基準で行われている。家族メンバーが企業に入社する条件として、大学の学部卒業を最低限の条件としているうえに、外部で3～5年の経験が必要であるとしている。入社の際、希望の職種に配属されるようになっているが、特別扱いはなく、新入社員と同様の待遇を受け、責任者になっても能力がなければ解任される。これによって、後継者の各種の能力が確保できると判断している。
　また、企業所有権の配分と譲渡に対しても規則が設けられている。株式の所有が血縁関係の家族メンバーに留まり、外部への譲渡が禁止され、離婚や不貞行為などの場合に所有権が回収されるため、所有権の分散やそれに関する紛争は避けられる。
　このような「家族重視」の理念は、企業内にも反映している。有能な社内人材を重要ポストに登用することができ、株式を所有することができないが、家族メンバーのように企業董事会（取締役会）に加わって企業経営に参加することができるという。現在、李錦記のグローバル経営最高責任者（CEO）である蘇盈福は外部から登用された人物である。
　また、一般管理層からの昇進者のための重要ポストも用意されており、企業

内部・外部から登用された人物は数多いと言われている。ちなみに、一般の従業員の待遇も欧米系の企業と同レベルであり、文化や娯楽面においても多額の費用が投入されている。

おわりに

李錦記が日本企業に与える示唆

　本章では、中国老舗の概要と、中国系老舗の事例として香港李錦記の企業経営と事業承継を考察してきた。李錦記にとっては、絶えずに経営革新を行うことが企業成長の原動力だったと言える。

　例えば、初代の創業者はオイスターソースを発明し、そこを出発点として、単一製品から複数の調味料生産を展開した。そして、2代目の経営者は販路の拡大と海外市場の開拓に着目し、企業の成長に貢献した。3代目が破綻寸前の企業を救い、「企業中興の祖」として、国際化、同業他社との差別化を次々に遂行し、経営理念と企業文化の形成などの面において経営革新を推進してきた。さらに4代目もイノベーターであり、経営の多角化に成功したほか、健康製品事業を一大根幹分野に育てた。このような持続的な革新が、李錦記における事業継続の要因であると言えよう。

　最近、李錦記は事業承継のモデル企業として、中国の企業界や学界で注目されている。すなわち、李錦記は欧米の契約方式を導入し、「企業」と「家業」のバランスをいかにして保つかを試みたわけである。「家族委員会」と「家族憲法」のような明確な措置で、企業所有権の集中と後継者の確保も図ってきた。このような「家族重視」「契約方式」「企業文化」「経営革新」「人材（後継者）育成」などは、すでに多くの中国企業に導入されており、日本企業にも有益な示唆を示している。

　所有権確保において日本企業はすでに昔から配慮しており、長男承継や婿養子などといった有効な方法が存在している。しかし、少子高齢化という人口構造が変化する現在、経営革新とイノベーターの確保が重要になってきているため、所有構造を維持しながら外部人材の登用が必要になると思われる。それゆ

え、李錦記の「契約方式」は、日本の中小企業にとっても持続的経営を維持するためのヒントとなる。また、李錦記の事例をみれば、後継者の教育と選抜において日本企業に参考するべき点が存在すると言える。

李錦記の事例では、「契約方式」家族管理が家族の安定と企業の管理において有効な方法であると思われるが、将来、5代目や6代目にも拘束力を有することができるのか、また事業承継問題を根本的に解決できるのかについては疑問が残る。

参考文献一覧

日本語文献（五十音順）

・井上考二［2008］「小企業における事業承継の現状と課題」『政策公庫論集』2008年第1号、1～24ページ。
・倉科敏材［2009］「ファミリービジネス成功術第1回：進化するファミリービジネス」『Future SIGHT』第43号、32～35ページ。
・孔麗［2012］「中国における老舗企業の認定とその経営戦略：創業180年の瀋陽老辺餃子館を事例に」北海学園大学『経営論集』第10巻第3号、139～164ページ。
・呉瑩［2014］「中国老舗企業の経営革新――菓子老舗企業の事例を中心として」龍谷大学大学院経営学研究科修士論文（『龍谷ビジネスレビュー』第16号に要約掲載）。
・中山大学中国家族企業研究センター［2018］「日中百年老舗企業サンプル調査比較分析（暫定版）」京都老舗の会総会2018年1月30日配付資料。
・帝国データバンク［2009］『百年続く企業の条件――老舗は変化を恐れない』朝日新書194、朝日新聞出版。
・中井透［2009］「「第二創業」としての事業承継――創業企業とのパフォーマンス比較と「第二創業」を生み出す要因の分析」『年報財務管理研究』第20号、15～27ページ。
・広井多鶴子［2002］「家族の範囲（前）：明治前期の家族と親族」『高崎健康福祉大学紀要』第1号、85～100ページ。。
・松岡憲司・村西一男・姜紅祥［2012］「京都の老舗企業における事業承継と経営革新」龍谷大学社会科学研究所『社会科学年報』第42号、39～52ページ。
・松岡憲司［2013］『事業承継と地域産業の発展――京都老舗企業の伝統と革新』新評論、185～213ページ。

- 安田武彦［2005］「中小企業の事業承継と承継後のパフォーマンスの決定要因：中小企業経営者は事業承継に当たり何に留意するべきか」『中小企業綜合研究』創刊号、62〜85ページ。
- 柳川範之［2013］「同族企業の利点に注目」『日本経済新聞』2013年3月18日19版記事。

英語文献（アルファペット順）

- European Commission's Directorate-General for Enterprise and Industry (2009) *Family-Business-Relevant Issues: Research, Networks, Policy Measures and Existing Studies,* November 2009.
- Churchill, Neil C., Kenneth J. Hatten (1997) "Non-Market-Based Transfers of Wealth and Power: A Research Framework for Family Business," *Family Business Review*, vol. 10, No.1, Spring, pp.53-67.
- Randel S. Carlock and John L. Ward (2010) When Family Bissness are Best（謝芳・高皓訳『家族企業最佳実践：家族和諧与企業成功的双層規劃流程』東方出版社、2012年）。

中国語文献（ピンイン順）

- 『百度百科』（http://baike.baidu.com/　2012年10月1日アクセス）。
- 『百度百科－李錦記』（http://baike.baidu.com/view/555756.htm　2012年10月1日アクセス）。
- 鄧婷［2007］「南方李錦記：思利及人的企業文化」『人力資源』2007年第2期、35〜38ページ。
- 盧曦［2010］「李錦記用西方式契約管理家族」『中国経営報』2010年8月16日付記事。
- 李錦記集団ホームページ（http://china.lkk.com/zh-CN　2017年10月1日アクセス）。
- 烏尼莎莎［2011］「家族企業継任者研究：以李錦記企業的代際問題為例」『人材資源開発』2011年第7期、91〜93ページ。
- 徐泰玲・李立峰［2009］『中国家族企業発展透視』人民出版社。
- 中国民営経済研究会家族企業委員会［2015］『中国家族企業伝承報告』中信出版社。
- 中国民（私）営経済研究会家族企業研究課題組［2011］『中国家族企業発展報告2011』中信出版社。
- 鄭宏泰・周文港［2013］『家族企業治理：華人家族企業伝承研究』東方出版社。
- 周錫氷・趙麗蓉・周斌・金易［2012］『家族企業長盛不衰的秘訣』中国経済出版社。
- 周錫氷［2017］『家族企業如何久而不倒』上海大学出版社。
- 朱沆・李煒文・黄婷［2013］『従人治到法治：粤商家族企業的治理』社会科学文献出版社。

第8章

東京・金沢の老舗
―東都のれん会・金澤老舗百年會を中心に―

　全国には、創業100年以上の老舗企業数が3万以上存在している[1]。それらの企業をすべて検討することは不可能である。そこで、老舗が集積し、老舗のアイデンティティを誇りとして活動を続けている地域を取り上げ、その地にある老舗企業が集う会を探ってみることにした。

　100年以上にわたって経済活動を続ける老舗企業が集う会というのは、どのような目的をもって、どのような形で設立・運営され活動しているのだろうか。

　インターネットで「老舗」と「会」、「しにせ」と「会」、「百年会」、「のれん会」などの用語で検索してみると、東都のれん会（東京）、京都老舗の会、兵庫老舗の会、高岡老舗会、金澤老舗百年會、横浜のれん会などの団体が数多くみられた。

　そのうち「のれん会」と名付けられた会は、①百貨店の物産販売、②歴史ある名店を観光協会が運営するサイトで紹介、③民間事業者でサイトを立ち上げ、名店を紹介するといったケースの多いことが分かった。

　それらのなかで、老舗であることを意識して掲げ、趣旨・規約・会則などをもち、一定期間活動を継続している老舗の団体をまとめたものが**表8－1**である。設立の契機・主体・運営は、以下の三つに分類される。

---

[1] 東京商工リサーチ『全国「老舗企業」調査』2016年12月2日公開による。2017年には、全国で33,069社となる。地区別では、東京都を含む「関東」が10,023社（構成比30.3％）と多いが、老舗率（企業数に占める老舗企業の比率）は北陸が最も高くなっている。

表8-1　全国の主な老舗団体

会名	エリア	会員数	会員資格	発起・運営	設立	契機
東都のれん会	東京15区*	55	3代・100年以上	民間事業者	1951年	戦後復興
京都老舗の会	京都府	1,944	100年以上	京都府・民間事業者	2012年	京都府知事の呼びかけ
大阪「NOREN」百年会	大阪市	84	100年以上	大阪市・民間事業者	1990年	市制100周年記念事業
高岡老舗会	高岡市	37	100年以上	商工会議所・民間事業者	2007年	商工会議所100周年
金澤老舗百年會	金沢市	60	100年以上	商工会議所・民間事業者	1980年	商工会議所100周年
長崎しにせ会	長崎市	39	100年以上	商工会議所・民間事業者	1959年	市制70周年記念事業
会津復古会	旧会津	14	老舗の仲間組織	民間事業者	1971年	鈴木利兵衛の呼びかけ

注）各会の HP により作成。2018年1月10日・6月8日・8月1日、2019年2月11日アクセス。
＊東京15区とは、1877（明治11）年から1932（昭和7）年までの「東京市」のエリア。

①民間事業者のみで発起・設立・運営。
②行政（府・市）が呼びかけて民間事業者が設立し、行政が運営を助成。
③商工会議所が呼びかけて民間事業者が設立し、商工会議所が運営を助成[2]。

　本書の前段では、上記のケース②にあたる老舗団体で、京都府知事が呼びかけ民間老舗事業者が世話人となって設立した「京都老舗の会」（**コラム**参照）に対するアンケート調査分析を行っている。そこで本章では、①の代表として「東都のれん会」、③の代表として「金澤老舗百年會」を取り上げることとした。地域的にみてもこの2団体は、先端都市・東京と歴史都市・金沢という地域間比較研究上、意味のある対象をなしていると言える。
　東都のれん会は、日本で最も古い老舗の会である。激変する日本経済を牽引する大企業が多数存在する首都において、東京の老舗がどのような意識で活動しているのか、非常に興味深い。

表8－2　ヒアリング対応者一覧

東京調査（2018年2月13・14日）	金沢調査（2018年3月12～14日）
【東都のれん会】 会長：細田安兵衛（株式会社榮太樓総本舗 　　　相談役・6代目） 常任世話人（事業委員長）：山本泰人（株式 　　　会社山本海苔店副社長） 事務局：小菅章（株式会社山本海苔店内）	【金澤老舗百年會】 会長：中島秀雄（株式会社中島商店社長・ 　　　金沢商工会議所副会頭） 金沢商工会議所理事／会員・事業部長林重 毅 金沢商工会議所総務企画部木本慶勇
【株式会社吉德】 代表取締役社長　山田德兵衞（12代目）	【株式会社俵屋】 代表取締役社長　俵秀昭（6代目）
【株式会社竺仙】 代表取締役社長　小川文男（5代目）	【株式会社目細八郎兵衛商店】 代表取締役社長　目細勇治（20代目）

　一方、加賀百万石の城下町として栄えた金沢市は、1985年に設置された「全国京都会議」（いわゆる「小京都の会」）にかつて属していたが、公家文化（京都）と武家文化（金沢）の相違から2008年に離脱している[3]。また、2015年3月には北陸新幹線の長野－金沢間が開業し、観光地として注目が集まる渦中で金沢の老舗の変化を探るという意味も含めて金澤老舗百年會に着目した。

　本章の記述は、この二つの老舗団体、および所属企業にヒアリング調査した結果をベースに置いているため、主に調査時点の内容になっている。**表8－2**はヒアリングに対応して下さった方々をまとめたものであるが、本文中も含め敬称は省略させていただいた。両団体とも、どのような意図で結成され、今日まで継続しているのだろうか。そして、今回の調査により、「老舗を継承する」ということを改めて考えさせられた企業を両団体から2社ずつ取り上げて紹介していきたい。この4社は、「人形」「浴衣・江戸小紋」「飴」「針」という伝統的な産業だが、様々な革新を積み重ねてきた老舗企業の事例である。

---

[2] 他にも日光老舗名店会（17店、3代以上、観光協会・民間業者で運営）、信州善光寺門前会（7店、信州・長野らしいもの、民間事業者で運営）、兵庫老舗会（参加数不明、兵庫県で50年以上、民間事業者で運営）などもあるが、不明な点が多いため今回は省いた。

[3] 「前田家の城下町で京都の公家文化とは違い、市民感情では『小京都』と言われると腹立たしい」という理由から、現在は高山市・白川村・松本市・南砺市とともに「北陸・飛騨・信州3つ星街道」という地域ブランドを結成している（『朝日新聞Be』2018年7月21日）。

1 東都のれん会(東京)

(1) 概要

　東都のれん会は1951年2月に設立されている。入会資格は「3代、100年、同業で継続し、現在も盛業」となっている。会員数は、一応50店を目安にしているとのことであったが、現在は**表8-3**のように、55社(グルメ14・食の名品26・暮らしの逸品15)が加入している[4]。

　会員の創業年をみると、室町・安土桃山時代の1500年代が3社、江戸時代の1600年代が8社、1700年代が10社、1800～1867年が25社、明治時代が9社で、84%が江戸時代以前に創業している。創業年に関して言えば、入会資格である

図8-1　東京15区(太線で囲ったエリア)

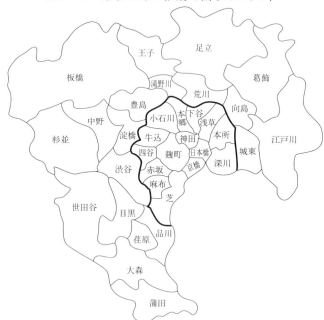

出所：東京都公文書館ホームページ「大東京35区物語～15区から23区へ～東京23区の歴史」
　　　(www.soumu.metro.tokyo.jp)より転載。

「3代、100年」よりさらに古い歴史をもつ企業が多いことが分かる。

　会員の所在地を区別にみると、中央区26社、台東区12社、千代田区6社、港区5社、墨田区3社、江東区2社、荒川区1社となっており、現在の東京23区の中心部にあたる。その理由は、1878年から1932年まで東京市だった東京15区を範囲としていることにある。会員の多い中央区は、東京市時代には日本橋区と京橋区に分かれていた[5]。特に、日本橋区には現在18社が所在しており、全体の32.7％を占めている。

　なお、表8-3の「＊」欄に○印を入れた企業は、同会発足50年を迎えた2000年段階で所属していた会員で、空欄は2000年以降に会員となった企業（10社）である。そのなかでも、「暮らしの逸品」に属する企業の3分の1が新入企業となっている。一方、この間に消えた企業は5社（履物・餅・天ぷら・眼鏡・あんみつ汁粉）で、うち閉店したのは3社となっている[6]。

　ところで、東京都の老舗企業については、東京商工会議所が作成した『長寿企業の訓え』という報告書が最も詳しい。同書には、その特徴として、日本の近代化は首都東京を中心に進展したため明治以降の近代産業分野の大企業が多く、株式公開企業は全国の社歴100年超企業641社のうち東京が219社と34.2％を占めている、とある。

　また、その一方で、江戸時代から江戸で活躍した企業と明治以降に京都などから流入してきた伝統産業分野の企業も少なくなく、企業規模は多様である。東都のれん会の会員が所在する七つの区だけでも、社歴100年超の企業は、中央区543、千代田区320、台東区304、港区248、墨田区89、江東区65、荒川区30の計1,599に上る[7]。東都のれん会の会員は、そのうちの3.4％余りを占めていることになる。

---

(4)　東都のれん会ホームページによる。（www.norenkai.net/　2018年8月1日アクセス）
(5)　東京都公文書館ホームページ「大東京35区物語～15区から23区へ～東京23区の歴史」による。15区は、現在の千代田区、中央区、港区、新宿区（一部）、文京区、台東区、墨田区（一部）、江東区（一部）の範囲。（www.soumu.metro.tokyo.jp　2018年8月1日アクセス。なお、東都のれん会の会員のうち、「羽二重団子」のみが荒川区東日暮里だが、15区に隣接した地域である。
(6)　東都のれん会［2000］。
(7)　東京商工会議所［2015］。

表8-3　東都のれん会会員（55）の内訳

領域・店数	*	店名	創業年	西暦・年代	区	町	主力事業・商品
グルメ14店		室町砂場	明治2	1869	中央区	日本橋室町	そば
	○	いせ源	天保元	1830	千代田区	神田須田町	あんこう鍋・日本料理
	○	上野精養軒	明治5	1872	台東区	上野公園	西洋料理・フレンチ
	○	両国橋鳥安	明治5	1872	中央区	東日本橋	あひ鴨料理
	○	蓮玉庵	安政6	1859	台東区	上野	そば
		明神下神田川本店	文化2	1805	千代田区	外神田	御蒲焼
	○	中清	明治3	1870	台東区	浅草	天ぷら
		ちんや	明治13	1880	台東区	浅草	すき焼き
	○	竹葉亭	江戸末期	1860年代	中央区	銀座	うなぎ蒲焼き
	○	総本家更科堀井	寛政元	1789	港区	元麻布	そば
	○	笹乃雪	元禄4	1691	台東区	根岸	豆富料理
	○	駒形前川	文化文政	1804〜	台東区	駒形	うなぎ蒲焼き
	○	駒形どぜう	享和元	1801	台東区	駒形	どぜう汁
	○	かんだやぶそば	明治13	1880	千代田区	神田淡路町	そば
食の名物26店	○	天野屋	弘化3	1846	千代田区	外神田	甘酒・スイーツ・喫茶
	○	梅園	安政元	1854	台東区	浅草	栗ぜんざい・スイーツ・喫茶
	○	榮太樓總本鋪	安政4	1857	中央区	日本橋	梅ぼ志飴・スイーツ・喫茶
	○	木村屋總本店	明治2	1869	中央区	銀座	パン・スイーツ・東京土産
	○	銀座松崎煎餅	文化元	1804	中央区	銀座	煎餅・スイーツ・東京土産
	○	秋色庵大坂家	元禄年間	1688〜	港区	三田	秋色最中・スイーツ・東京土産
		千疋屋総本店	天保5	1834	中央区	日本橋室町	フルーツ・スイーツ・喫茶
	○	長命寺桜もち	享保2	1716	墨田区	向島	桜餅・スイーツ・喫茶
	○	亀戸船橋屋	文化2	1805	江東区	亀戸	くず餅・スイーツ・喫茶
	○	言問団子	江戸末期	1800年代	墨田区	向島	だんご・スイーツ・喫茶
	○	山本山ふじゑ茶房	元禄3	1690	中央区	日本橋	銘茶・海苔・東京土産・食品
	○	山本海苔店	嘉永2	1849	中央区	日本橋室町	海苔・東京土産・食品
	○	やげん堀中島	寛永2	1625	台東区	浅草	七味唐辛子・東京土産・食品
	○	にんべん	元禄12	1699	中央区	日本橋室町	鰹節・東京土産・食品
	○	人形町志乃多寿司總本店	明治10	1877	中央区	日本橋人形町	寿司・東京土産・食品
	○	日本橋弁松総本店	嘉永3年	1850	中央区	日本橋室町	折詰料理・東京土産・食品
	○	日本橋鮒佐	文久2	1862	中央区	日本橋室町	佃煮・東京土産・食品
	○	豊島屋本店	慶長元	1596	千代田区	神田猿楽町	清酒金婚・白酒・東京土産・日本酒

第 8 章　東京・金沢の老舗　209

領域・店数	＊	店名	創業年	西暦・年代	区	町	主力事業・商品
食の名物26店		ちくま味噌	元禄元	1688	江東区	佐賀	味噌・東京土産・食品
	○	新橋玉木屋	天明2	1782	港区	新橋	佃煮・東京土産・食品
	○	神茂	元禄元	1688	中央区	日本橋室町	はんぺん・蒲鉾・東京土産・食品
		海老屋総本舗	明治2	1869	墨田区	吾妻橋	江戸前佃煮・東京土産・食品
		豆源	慶応元	1865	港区	麻布十番	豆菓子・スイーツ・東京土産
	○	羽二重団子	文政2	1819	荒川区	東日暮里	だんご・スイーツ・喫茶
	○	梅花亭	嘉永3	1850	中央区	新川	御菓子匠・スイーツ・東京土産
	○	とらや	室町後期	1500年代	港区	赤坂	御菓子匠・スイーツ・喫茶
暮らしの逸品15店		ホテル龍名館お茶の水本店	江戸末期	1800年代	千代田区	神田駿河台	旅館・ホテル・レストラン
	○	吉徳	正徳元	1711	台東区	浅草橋	人形・雛人形・日本人形
		安田松慶堂	寛政4	1792	中央区	銀座	仏壇・仏具
		宮本卯之助商店	文久元	1861	台東区	浅草	神輿・太鼓・祭り用品・和楽器
		榛原	文化3	1806	中央区	日本橋	和紙・のし袋
	○	竺仙	天保13	1842	中央区	日本橋小舟町	呉服・着物・てぬぐい
		白木屋傳兵衛	天保元	1830	中央区	京橋	江戸ほうき・東京土産・雑貨
		日本橋さるや	宝永元	1704	中央区	日本橋室町	楊枝・東京土産・雑貨・キッチン用品
	○	黒江屋	元禄2	1689	中央区	日本橋	漆器・食器・工芸品
	○	銀座越後屋	宝暦5	1755	中央区	銀座	特選呉服・和装・着物
	○	菊寿堂いせ辰	文久4	1864	台東区	谷中	江戸千代紙・東京土産・雑貨
	○	大野屋總本店	安永元	1772	中央区	新富	足袋・和装雑貨・手ぬぐい・和装小物
		江戸屋	享保3	1718	中央区	日本橋大伝馬町	はけ・ブラシ・雑貨・キッチン用品
	○	うぶけや	天明3	1783	中央区	日本橋人形町	刃物・キッチン用品
	○	伊場仙	天正18	1590	中央区	日本橋小舟町	扇子・うちわ・東京土産・雑貨

出所：東都のれん会ホームページをもとに、不足情報は各店のホームページで確認し、補足した。東都のれん会と各店で創業年が異なる場合は、各店のホームページを優先した。
　　　西暦については、○○年間はその初年のみを表示し、幕末・江戸末期は1800年代とした。
注：＊＝○印は『東都のれん会五十年史』2000年収録の「会員名簿」（会員数50）に名前がある会員

（2）あゆみ（歴史）

発足の経緯・名称・意図

　1950年頃、「駒形どぜう」に文化人の田辺柏葉が来て、東京の老舗の話をしているうちに会の構想が登場し、同店と「日本橋鮒佐」「蓮玉庵」の3店を中心に、1年くらいの時間をかけて老舗の会結成を呼びかけていく。発起会には14人が集まり、会名を「東都のれん会」と決めて発足した。名称を決めた経緯は、江戸では古く、東京でもいけないということで「東都」となり、それに店の精神的支柱である「のれん」を付けて会の名称とした[8]。

　この頃には、戦後に失われた日本の伝統や文化を見直そうという動きが起こり、デパートが自店や駅ビルのなかに「のれん街」を設けはじめ、自分たちも何かできないかとの思いだったという。

　現在の会員は食品・飲食関係が多いが、最初は金工芸や着物、和装小物など、匠や職人といった会員の意向も強く、伝統文化、匠の技を復活させ、維持していこうといった運動を展開していく意図もあったようだ。

東都のれん会のパンフレット表紙

初期の活動

　初期の対外活動は、百貨店で「東都のれん会　老舗の会」として催事販売を行った。現在、各百貨店で行われている物産展のようなものであったが、当時は珍しく、集客が多かった。特に、日本橋三越本店の7階にある催場では、「東都のれん会　老舗の会」を1965年から40年間行ってきた。

　百貨店側からの巾広い商品を揃えたいという意向もあり、現在は百貨店が企画する「味と技展」という催事に東都のれん会として協力している。このような催事は地方で行うと人気があるので、東都のれん会の調整役が百貨店と打ち合わせて、年間日程を決めたうえ全国を回っている。

（3）現在の活動

目的・組織・入会条件

　東都のれん会の細田安兵衛会長に会の目的について尋ねたところ、以下のように述べられた。
「創設以来、お互いに勉強しあい、江戸の文化を学ぶことを目的にしており、直接的なビジネス・メリット追求は会の運営目的ではない」
　また、山本泰人常任世話人は、「戦災により、戦後に江戸の歴史から老舗企業が埋没する危機感から結成された、江戸の文化性・歴史性から勇気と力をもらう会だと認識している」と話された。
　組織構成は、日本橋・室町・銀座・浅草・赤坂・神田など七つのブロックがあり、各ブロックから年次幹事を選出している。また、活動を担う事業委員会・広報委員会などは10数人ずつで構成されているほか、次世代を担う人たち

細田安兵衛会長（左）と山本泰人常任世話人（右）

---

(8)　東都のれん会［2000］参照。

の「東若会」も活発な活動を展開している。

　入会条件は冒頭で述べたように「3代、100年、同業で継続し、現在も盛業」となっているが、会員からの推薦を受け、全会員一致での承認が必要となっており、入会する人の人柄を重視して決めているという。

　また、退会する場合は自主的なもので、今までに強制的に辞めてもらった例はなく、最近、残念なことだが、皇室や著名な政治家・文化人たちの眼鏡をつくっていた「村田眼鏡舗」が閉店のために自主退会されたという。なお、会費は会社の規模とは関係なく一律となっている。

活動内容

　主な活動としては、会員の感性を磨くことを目的として、江戸や暖簾(のれん)に関係がある文化・歴史・芸術・舞台などの見聞や、様々なジャンルにおいて一流とされる人の講演会を開催して教養・知識の向上に努めている。また、定期的に開催している食事会での交流のほか、年に1回旅行会を行い、京都や金沢をはじめ、老舗が多数残る地域を訪れて各地の老舗とも交流してきた。

　顧客への還元活動として「東都のれん会　老舗の会」は日本橋三越本店で、1970年から35年間「神田ばやし」と「東都名妓舞踊の会」も行った。後者は、六つの一流花街（赤坂・新橋・浅草・神楽坂・芳町・柳橋、ただし柳橋は1999年に閉鎖）の芸妓に仮設舞台で舞ってもらうというもので、毎回、大変な人気を呼んだ[9]。

（4）江戸っ子の気概——地域とともに継承する「江戸」

　1945年に大空襲で焼かれた東京は、戦後、地価が高騰していくにつれて職住分離が進み、作業場が郊外へ移転したほか、所有しているビルの賃貸化も著しい。それでも会員は、店舗のある地元での様々な活動において中心的な役割を担っている。

　日本橋では、細田会長・山本常任世話人が名橋「日本橋」保存会、日本橋川に空を取り戻す会、日本橋地域ルネッサンス100年計画委員会などの活動を続

けている。こうした活動もあって、日本橋の上に架かっている首都高速道の地下化が2017年に決まり、整備ルートも具体化してきた[(10)]。

　また、山本副社長は、「日本橋北詰商店会」（約95店舗・企業）の会長をはじめ、中央通りを季節の花々で彩る「NPO法人　はな街道」の理事長を務めるなど、多数の地域・文化活動の中心人物でもある。さらに、神田明神の氏子総代も務めている（前掲写真参照）。

　1869（明治2）年、明治天皇が京都へ還幸される際、その土産として「山本海苔店」が味付け海苔を開発したことは有名な話だが、そんな名門の老舗が自社の利益だけでなく、地域活動において中心を担っている。これが、日本橋、東都のれん会の矜持であろう。東都のれん会の事務局も同社内に置かれている。

　東都のれん会の会員が多い日本橋は、2004年から三井不動産による再開発が進められ、コレド日本橋やコレド室町などの商業ビルが開業している。都道府県のアンテナショップも多く立地し、高級ブランド店や外国人観光客で騒然とする銀座とは対照的に、江戸の風情を醸し出す落ち着いた大人の街づくりで再興を図っている。その背景には、江戸の文化や歴史を継承する東都のれん会の活動はもとより、個々の会員が中心となり、様々な地域活動が根底を支えていることが大きい。それこそが江戸文化を継承する江戸っ子の気概と言える。

2　東都のれん会
革新企業の事例研究

（1）株式会社吉徳（人形）——革新を続ける300年の老舗企業

吉徳について——創業からのあゆみ

　東京で最古の人形店である。元禄の頃、初代治郎兵衞が知多半島（愛知県）

---

(9)　細田［2009］。
(10)　2017年7月21日、国土交通省と東京都が首都高地下化の本格的検討をはじめたことを表明し（『日経コントラクション』同年8月14日号、16〜17ページ）、2018年5月22日に、同省・都と首都高速道路会社は日本橋区間約1キロを地下化する具体的な整備ルートを決定した（『日本経済新聞』同年5月23日付朝刊）。

から江戸へ出て、「よしずや」を開店した。創業地である浅草橋は、浅草寺への参詣客が多く、水運の便のよさから問屋が多い土地柄であった。

土産物として人形・雑貨・玩具などを扱う店が多くあり、吉徳も最初から人形一本ではなかった。なお、創業年は、6代将軍徳川家宣（1662～1712）より「吉野屋」の名を拝領した1711（正徳元）年としている[11]。

その後、吉野屋から暖簾（のれん）分けをした店と区別するため、店主の徳兵衛（6代目から名乗り、代々襲名）と吉野屋を縮めて「吉徳」と呼ばれるようになった。ちなみに、暖簾分けした店の一つである吉野屋久兵衛の店は「吉久」となり、現在は「久月」となっている。なお、吉徳では代々の当主の呼び方を「〇世」としているが、本書では、統一表記にあわせて「〇代目」と記述していることをお断りしておく。

1873（明治6）年、8代目は明治新政府の五節句廃止令に対し、節句品販売の存続を陳情して許可を得、業界を救った。明治後期より正式に「吉徳」を社名とし、三越をはじめとして百貨店との取引を開始したが、1923年には関東大震災で店舗を焼失している。

この苦難を乗り越えた10代目は、玩具部門を廃止して人形専門店とし、1927年、日米親善のためにアメリカから贈られた「青い目の人形」の答礼人形58体（アメリカの州数）を、国際親善協会の渋沢栄一（1840～1931）から人形組合の代表として一任された。さらに10代目は、日本初となる人形の学術書『日本人形史』を刊行し、収集した資料は「吉徳これくしょん」（総数2,000点余）と

展示室（本社ビル内）

「吉徳これくしょん」と10代目

して保管され、研究に寄与している[12]。

　吉徳は、再び東京大空襲で店舗を焼失するが立ち上がり、家風として代々が受け継がれてきた「勝たずとも負けるな」（決して負けないとの自負をもって）、「共存共栄」（小さな業界なので、業界にも目を配らなければいけない）を経営理念とし、現在においても業界を牽引している。

事業概要——業態・売上高・商品

　業態は、前述したように人形の製造・卸・小売である。資本金1億円、売上高は約50億円となっている。扱っている商品は、節句人形を主とする日本人形が75～80％で、ぬいぐるみが20％を占めている。売上高は少しずつ増加しているというが、利益はここ5年間では横ばい状態である。現在、日本人形のうち、節句品には吉徳独自のデザインを施しているが、その他は主に仕入れによる卸し、小売となっており、一部、ケースものについてはメーカーに製造委託をしている。

　一方、ぬいぐるみは、メーカーとして中国・東南アジアの外注先で製造しており、吉徳独自の製品のほかテーマパークや野球場向けとして、スヌーピー、ピーターラビット、アンパンマンなどといったキャラクターものが多くなっている。

従業員・役員

　全従業員数は120人（2018年1月1日現在）で、うち正社員が100人となっている。正社員の平均年齢は37.3歳、平均勤続年数は約13年、最近5年をみると横ばい状態で推移している。ただ、季節商売ということもあり、繁忙期となる

---

[11] 株式会社吉徳提供資料『本社ビル竣工の御案内』の「吉徳のあゆみ」、同社資料室長（現顧問）小林すみ江「浅草橋界隈と吉徳」（『かんてい・TOKYO　79号』2011年9月掲載。2015年3月修正）。

[12] 注（11）および、10世山田徳兵衛の業績は「私の履歴書」（『日本経済新聞』1982年3月5日～31日朝刊連載）を参照。なお、『日本人形史』は、冨山房より1942年に出版されたのち、1961年に『新編　日本人形史』として角川書店より出版され、1984年には講談社学術文庫に所収されている。

吉徳・12代山田徳兵衞社長

11月から4月まで以外の時期は本店以外の店を閉めることが多い。そのため、繁忙期には季節的な従業員200人ぐらいをマネキンクラブと契約して雇用している。

役員は現在7人（うち相談役2人）となっている。そのうち、親族は、社長の母が監査役を務めているだけである。

現在の経営者

現社長は、1968年に先代の長男として生まれ、現在49歳となる。2010年4月に12代山田徳兵衞を襲名した。母方の祖父（漆器問屋を経営）からプレッシャーをかけられていたこと、妹が生まれたとき、もし男の子なら自分が継がなくてもよいかと思ったことなどを振り返ると、10歳頃から事業継承を意識していたとのことである。

大学卒業後、自ら希望して株式会社サンリオへ入社した。吉徳として当時から付き合いがあったが、人形業界と玩具業界はほぼ一体なので、サンリオ勤務は現在の仕事に役立っているという。特に、エリア営業で地域の専門店、量販店、小売店を回った経験は大きく、現在に生きているともいう。現在でもサンリオの同期の人たちとの交流があり、キティちゃん雛人形などのコラボも行っている。

1994年に吉徳へ入社し、2002年から専務取締役を5年間務めたのち、2007年、38歳のときに代表取締役社長に就任した[13]。なお、事業継承は先代（2017年逝去）が68歳のときに行われている。

吉徳の革新——直販事業の拡大と新商品の創出

1980年代の売上は、ぬいぐるみのほうが雛人形・節句人形より多く、売上のピークは1985年のプラザ合意前で、80億円ほどであった。当時は、国内生産の

ぬいぐるみを仕入れて輸出していた。プラザ合意による円高によって輸出が厳しくなる一方、UFOキャッチャーの登場によって問屋抜きで直接製造を依頼するという動きが強まり、ぬいぐるみの流通そのものが変わっていった。

そのため、現社長が専務時代の2000年代に入った頃から、各支店で抱えていたぬいぐるみの在庫を集約し、卸売をやめて直販店販売に切り替え、テーマパークへの製造直販を開始して利益が出るようになった。

また、雛人形や節句人形を中心に直販店を3店舗から12店舗へ拡大している。これら店舗は通年営業ではなく、節句人形の季節だけショッピングモールの空きスペースを借りる季節テナントであるため、出店費用は比較的安く、大きな資金調達をすることなく多店舗展開ができた。この時期に利益改善を果たし、前述したように、事業継承を行った。

大きな成果を収めた新商品は、専務時代の2006年に企画会議で提案し、翌年に発売を開始した「スター・ウォーズ」である。現在では、吉徳のシンボルとしてその広報価値も高い。

この開発は、外部委託せずに社内の意見を聞いて行われている。顔立ちや色合いによって感性に訴える部分のある雛人形に対して、鎧甲は顔がなく、色も単純で、材質や作りなどのスペックにしか訴えるものがないという従業員の感覚や、きれいなものが欲しいという意見を取り入れて、20〜30代の父親がカッコいいと思う「ダース・ベイダー」ができ上がった。

キャラクターとのコラボは以前から行っていたので抵抗は少なかったが、「お祝い物に悪役はどうか……」という懸念はあったという。当時の代理店（小学館プロダクション）を通して権利許諾を取ったが、6月の発売となったため当初はスターウォーズファンが購入している。もちろん、翌年の節句には五月人形としても売れた。なお、新商品開発の具体的なコンセプト作成は社内だが、デザインは代理店から紹介されたフィギュア造形作家の竹谷隆之に依頼している。

海の物か山の物か分からないという新規の取り組みは、社長の一存か、役員

---

(13) 株式会社吉徳提供資料「山田徳兵衛」プロフィール。

会までの少人数で議論するほうが望ましいという。実際、ラグビー日本代表のスヌーピーぬいぐるみの企画（ソニー・クリエーティブプロダクツと日本ラグビー協会のコラボ）は、社長と常務だけで決めたということであった。

今後の課題として社長は、人材確保と育成を挙げている。新たな取り組みに貢献できる人材を必要としているため2009年より積極的に採用を続けているが、この２、３年、特に人材確保が難しくなっているという。また、特に節句品は、１年に１回しか商機がないため、なかなか人材が育たないというのも課題となっている。

人材育成に関しては、新人研修や管理職研修に外部研修（民間）を活用している。さらに、まだまだ若い現社長だが、高校一年生になる長男に事業継承を考えている。一応、本人も自覚をしているという。

東京で最古となる人形の老舗「吉徳」、筆者は革新とは対極にある伝統を守る企業と思っていたが、実際は反対であった。現経営者は積極的にビジネスモデルを転換し、新商品を創出している。さらに、同社のホームページでは「よくある質問」とともに、高価な雛人形や五月人形の参考価格についても情報公開をしている[14]。

ご存知だろうか、1965年、ひな人形のテレビCM「人形は顔がいのち」に初めて女優（京塚昌子）を起用したのも吉徳である。同社が、常に業界をリードしてきたのは、代々の経営者が時代を見据え、革新を続けてきたためにほかならない。

（２）株式会社竺仙（ちくせん）（浴衣・江戸小紋）——求められる「江戸の粋」を追求

竺仙のあゆみ[15]

竺仙は、1823（文政６）年、江戸木挽町（現銀座）に生まれた初代仙之助が、1842（天保13）年、浅草で創業したのがはじまりである。若くして俳句で名を成す傍ら、古代模様や裂地を蒐集し、呉服商となると、次々に新しい染模様を打ち出した。そして、江戸の粋な文人・歌舞伎役者などとの交流によって、さらに新しいデザインを生んでいった。

屋号の「竺仙」は初代の俳号である。背が低かったために「ちび仙」とか「ちんちくりんの仙之助」と呼ばれていたことから縮めて「ちくせん」となり、店名となったという。

　創業当初は、客のもとに出向いて注文を受け、それを持ち帰って図案を起こし、染めるといった染物屋であった。やがて店を開き、職人に作らせたものを店頭に並べ、染物屋から製造・販売を一体化した事業を展開し、今日まで続いている。竺仙の浴衣は、江戸・東京に来た人が、店頭で江戸土産、東京土産として買い求めて広がっていった。

　明治期に刊行された『東京名物志』には「竺仙は実に所謂志ぶい物の總本家本元」とあり、斬新な竺仙の染め物を着たことのない者は、「通(つう)」を名乗ってはいけないとある[16]。これほどまでに知名度を上げた竺仙は、大正の関東大震災（1923年）や昭和の大空襲（1945年）で店が火事に遭うたびに、蓄積した型紙を背負って避難したという。

　これらの危機を乗り越え、戦後の高度経済成長期に創業地の浅草から日本橋小舟町に移転した。三越、髙島屋、伊勢丹といった百貨店への卸売が増加したことで取引が増え、日本橋を中心とした顧客から強い要望もあって、小売中心から卸に乗り出し業容を拡大していった。　社訓ではないが、「粋」を表現し続けてきた竺仙では、先々代（3代目）から「竺仙の染は粋ひとがら」を標榜している。

浴衣市場の動向と竺仙の浴衣

　浴衣は、1980年頃にコシノ・ジュンコやイッセイ・ミヤケといった洋服デザイナーが作りはじめたことが契機となり、大きなブームがあった。このデザイナーズブランドの参入によって、浴衣市場は底上げされたとも言える。

　デザイナーズブランドの浴衣と伝統的な浴衣が併存する関係は15年ほど続い

---

(14)　吉徳ホームページ www.yoshitoku.co.jp/ の広報室 NEWS「吉徳の五月人形商戦・プレスリリース」「吉徳の雛人形商戦・プレスリリース」、2018年8月1日アクセス。
(15)　本項は、ヒアリングに加え、宮下政宏［2011］、ならびに松本道別『改訂増補　東京名物志』（公益社、1901年、第3編15〜16ページ）等を参考に記述した。
(16)　注（15）の松本に同じ。

たが、その後、本物の浴衣（伝統的な浴衣）が志向されるようになった。当然、デザイナーズブランドの浴衣が登場したときも、竺仙は決してぶれることなく、伝統的なデザインで勝負をしていた。

とはいえ、現在の浴衣市場は、拡大していく1955～1965年頃の200～300万反よりも縮小している。かつては、盆踊りなどで着用する揃いの浴衣といった購入が圧倒的に多かったが、現在は激減している。また、歌舞伎役者などからの依頼に応えることもあるがごく稀で、ほぼ100％、個人向けとして販売している。

現状──企業概要・業態・業績・モノづくり

1956年に株式会社化し、現在の企業概要は、資本金3,500万円、売上高約4億円、従業員20人（営業が大半）、業態は製造・卸・小売で、全工程を手掛けている。そのため、業界別の会合に行くと居心地が悪く、呉服業界のくくりからすると異端児となる。

竺仙の商品は、百貨店でも、竺仙本店でも同一価格で販売されており、値引きなど廉価販売は行っていない。この値付けを見直したことで、利益は上がる傾向にあるという。実は、デザイナーズブランドの浴衣が登場したとき、ライセンス料の上乗せがない竺仙の浴衣は「安すぎる」と言われたため、少し価格をアップして、その分を職人に還元してきた。

以前は、非専属職人も含めて染職人を抱え、社内で染めていたというが、今は外注となっている。同業者が減り、今では竺仙だけになってしまったため、職人は自然と竺仙の専属状態となっている。なお、生地の生産および仕立ても外注している。

染職人はかつてこの界隈に集積していたが、現在では、きれいな水を求めて茨城や栃木といった関東一円に移動した。神田川から江戸川、茨城県の水海道、さらには霞ケ浦、福島県といった地域に外注先が広がっている。現在、取引のある染の外注先は30軒程度で、それぞれ何代にもわたっての付き合いがある。若い職人を抱え、跡取りがいるところが多い。例えば、注染の染工場が小松川（江戸川区）にあるが、そこでは20代の若い職人が多数働いている[17]。

竺仙の当主――現在の経営者

竺仙の5代目当主、小川文男代表取締役は1947年生まれで、現在71歳となる。大学を卒業後、大手百貨店勤務を経て、1973年に竺仙に入社した。1981年に専務取締役となり、1993年に代表取締役に就任している。

百貨店での勤務時代は外商を担当していた。東京では好事家、通人らに留まっていた竺仙の浴衣を関西で

竺仙・小川文男社長

も知っている顧客が多かったことから、竺仙の浴衣が江戸土産であったことを実感したという。

竺仙では、創業時からデザインや色を考えられる人（プロデューサー兼デザイナー）が当主だった。浴衣のデザインは、江戸時代から大事にしてきた図案を今風にデフォルメしている。新しいデザインは合議制で起こすものではなく、デザインはすべて社長が判断している。そのため当主には、顧客から話を聞き、提案する力が求められてきた。こういうものが欲しいという顧客の感覚的なニーズを、デザインや染めで表現してきた[18]。

竺仙の革新――デザインの活用

型紙を掘るための下絵に、当代一流の絵描きが修行中に描いたというものもある。この下絵をもとに職人が忠実に型を彫っているので、無駄のない優れたデザインが多数残っている。これらを含めて、これまでに開発・蓄積してきたデザインを和装のみならず、現在のライフスタイルに活用を広げるため、5代目は1992年に「竺仙デザイン研究所」を創設した。竺仙のデザインを使いたいというニーズが強いので、フィー（料金）を決めて外部提供している。

---

(17) 竺仙ホームページ www.chikusen.co.jp/ の「竺仙商品について」には、生地や染技法の情報が掲載されている。2018年8月10日アクセス。
(18) 注（15）に同じ。

すでに和装分野では、ユナイテッドアローズをはじめとして、マンダリンオリエンタル東京の浴衣、京都の老舗履物店・伊と忠の下駄の鼻緒地などに提供している。また、異分野では、iPhoneのケースなど数多くのデザイナーや企業とのコラボレーションが生まれている。この他にも、手ぬぐい、風呂敷、一筆箋など、身近に竺仙のデザインが楽しめる小物も自社で販売している[19]。

最近は、マンダリンオリエンタルなどのラグジュアリーホテルが日本橋界隈に立地していることもあり、海外から来る観光客などが増えている。発信の仕方次第では、日本のデザインが世界で使われることにもなろう。デザインの活用といった面でも、これからの竺仙の成長が期待される。

竺仙の革新——商い方法の変革とブランド化

初代から現在までの竺仙の商いをまとめると、以下のように革新を続けていることが分かる。

- ・初代から2代目——誂え染めによる好事性や趣味性の色濃い商い
- ・3代目——店頭での小売りと卸売を平行した文化的な商い
- ・4代目——卸売を中心にしながら手作りを堅持した商い
- ・5代目——蓄積してきたデザインを和の文化コンテンツとして再編集し、発信するプロデュース的な商い

ご覧になると分かるが、竺仙の反物の口型には「竺仙鑑製」という文字が染め抜かれている。「鑑」には、「手本になる」とか「かがみとなる」という意味がある。竺仙は「鑑製」という言葉を使うことで、人さまの鑑となるようなものを作るという厳しい戒めを自らに課している[20]。

この「竺仙鑑製」の文字を染めることは、今日で言うところのブランド化にあたろう。ブランド（brand）の語源は家畜に押した焼印とされるが、16世紀ヨーロッパで品質を保証する商標を陶器の底やウイスキーの樽や蓋に付けたことが、近代的な商業活動につながっていった[21]。

ぶれない粋ひとがらの継承

　さて、今後、鍵となるのが事業承継である。5代目は先代の長男だが、2006年に甥が入社し、現在、竺仙の常務取締役として働いている。

　文京区に住む5代目だが、日本橋小舟町町会の副会長をしている。同町は、かつて鰹節問屋が軒を連ねる裕福な地域で、八雲神社と神田明神の氏子地域である。八雲神社は神田明神の境内にあるが、神田祭とは別に、4年に1度「天王祭」が行われ、神輿を担いで町内を回っている。神輿の維持費や担ぎ手に関しては、小舟町に立地するゼリア新薬工業やみずほ銀行小舟町支店などといった大企業も貢献していると聞く。住人だけでなく、拠点を置く企業も地域とのつながりを大切にしていることが分かる。

　前述したように、竺仙が「竺仙デザイン研究所」を設立したのは、老舗の呉服製造卸企業である「千總」（京都市中京区）が、保有する豊富なデザインを活用すべく「あーとにしむら」を起こした1994年よりも2年早い。この一事を以ても、竺仙がもつデザインの力、江戸時代からのぶれない「粋ひとがら」の継承を考えたいち早い対応がうかがえる。

3　金澤老舗百年會

（1）金沢市の産業概要

　金澤老舗百年會の話に入る前に、金沢市の概要をみておこう。まず、金沢市の人口は465,309人（男225,682人・女239,627人）となっており、人口では兵庫県尼崎市（約45万人）、広島県福山市（約46万人）、岡山県倉敷市（約47万人）などに近い都市で[22]、全国に54市ある中核市のうち、1996年、初回に指定され

---

(19)　柴田光栄「江戸ののれんに学ぶ　事業承継と人づくり　第10回竺仙小川文男社長」（『商業界』2012年7月）。
(20)　注（15）に同じ。
(21)　小川孔輔『ブランド戦略の実際』日本経済新聞社1994年、13～15ページ。

図8-2　金沢市域図

た12市の一市である。中核市のなかにおいて、行政水準では経済基盤、観光・交流、保育・教育などの項目で高い水準を示している。このことは、家計データで確認ができる[23]。

金沢市の産業構造は、事業所数・従業者数において、第２次産業が２割弱、第３次産業が約８割を占めている[24]。第２次産業の上位には、事業所数・従業者数ともに、食料品、生産用機械器具、金属製品、印刷・同関連、繊維が並ぶ[25]。「金沢は学校と軍隊で大きくなってきた町、紙と印刷関係の業者が多い」[26]と言われるように、印刷関連業が多い。

また、江戸時代は加賀絹、近代は羽二重など高度な絹織物を製織、戦後は化学繊維にシフトし、近年は東レが合繊クラスターを北陸３県で形成していることなどから繊維産業も一定量を維持しており、産業構造に歴史的な特徴がみられる。

表8－4　金沢経済同友会の主な役員の出身企業

代表幹事	福光屋（酒造）・北国銀行・北国新聞
副代表幹事	米沢電気工事・三谷産業（化学・情報等）・加賀建設
理事	箔一・のと共栄信金・加賀屋（旅館）・北陸放送・紫舟小出（和菓子）・アルプ（薬局等）・金沢工大・シンクラン（自販機運営）・中島商店（紙製品卸）・小松マテーレ・キスモ（レンタカー）・松原光工業（土木建築）・加賀味噌食品工業協業組合・シーピーユー（ソフトウエア）・橋本確文堂（印刷）・日本銀行金沢支店・石川トヨペットなど。

＊（　）内は業種、□□□は「金澤老舗百年會」に所属している企業。

　さらに比重の高い第3次産業では、事業所数・従業者数ともに卸売・小売業がトップだが、宿泊・飲食サービス業が2位にあり、事業所数では5位に不動産業・物品賃貸業が入ってきていることからして、観光業が隆盛を示していることが分かる[27]。

　この金沢の経済現状を反映していると考えられる金沢経済同友会の主な役員の出身企業構成をみると、**表8－4**のようになっている[28]。

　金沢経済同友会は「歴史と文化を大切にした地域づくり」の重要性を柱とし、21世紀の都市のあり方を探求する国際会議「金沢創造都市会議」や「金沢学会」を開催してきた[29]。このような経済同友会の代表幹事と理事を、金澤老舗百年會に所属している企業が務めている。

---

[22]　「金沢市統計データ集」（金沢市ホームページ www4.city.kanazawa.lg.jp/）人口は2018年8月1日現在、中核市は2018年4月1日現在の数値。2018年9月1日アクセス。
[23]　金沢市都市政策局企画調整課調査統計室『金沢市の行政水準』2013年。家計データとは、1世帯当たりの家計の年間消費金額の都道府県庁所在市47市区部との比較をしたもの。
[24]　「平成29年度　金沢市統計書」2018年5月発行、数値は「経済センサス基礎調査平成26年度」による。
[25]　注（22）に同じ、産業（中分類）別（「工業統計調査」平成26年）による。
[26]　中島秀雄（株式会社中島商店社長）金澤老舗百年會会長のヒアリングによる。
[27]　注（24）に同じ。なお、3位は生活関連サービス・娯楽、4位はその他サービス業である。
[28]　一般社団法人金沢経済同友会ホームページ www.kanazawa-doyukai.or.jp/。2018年9月1日アクセス。
[29]　注（28）および、佐々木雅幸［2012］115〜156ページ参照。

歴史都市・金沢で育まれた企業風土のもとに設立された「金澤老舗百年會」、まずはその概要から説明していきたい。

(2) 金澤老舗百年會の概要

設立・憲章

　1980年、金沢商工会議所の創設100周年の記念事業として、100年を超える企業124社を顕彰したことを発端とし、1984年、そのうちの有志54社によって「金澤老舗百年會」は設立された。これまで、文化に寄与する、企業が続いた秘訣を学ぶ、後継者の育成（つないでいく）を目的に、活動を続けてきた。

　金澤老舗百年會では、1999年、設立15周年の折に、それぞれの経営空間を都市の文化空間の一つとしてとらえ、さらなる発展を期して「人はのれんをつくり、のれんが人を育む」という憲章を作成している[30]。

会員・役員・特別顧問

　表8－4は、会員60社の創業期・業務内容、および設立10周年（1994年）のときにも所属していたかなどをまとめものである。業種別企業数では食品関連（【味：13】【楽：4】）が最も多く、伝統工芸系（【志：13】）、旅館・料亭（【集：7】）が続く。小売業・その他（【彩：23】）には、印刷関連業者の5が最も多く、漁業水産関連4、建設関係3などが入り、他にも書籍・生花・薬・雑貨・紙（卸）・種子・時計など多くの業者がみられる[31]。

　会員企業の創業時期は、安土桃山時代の1500年代が2社、江戸時代の1600年代が4社、1700年代が5社、1800年代（明治は除く）が21社と、明治以前が32社、明治以降が28社（うち2社が大正）となっている。江戸時代あるいはそれ以前に創業した企業が53.3％を占めているが、明治に創業した会員も多い。なお、最も歴史が古いのは1575（天正3）年創業の「目細八郎兵衛商店」である（236～239ページで詳述）。

　金沢商工会議所の老舗企業顕彰企業数は、初回の124社の顕彰以降、新たに92社を加えて累計216社となっている。現在、金澤老舗百年會に加入している

企業数は60社で、金沢老舗企業の27.7％が加入している。入会金（20万円）で提灯と会員証、入会企業社屋の姿を「店頭絵」として作成し、会員に還元している。なお、会費は月1万円になっている。

　先に掲げた**表8－4**の〇印は、設立10周年時からの会員企業（45社）で、〇印のない企業が15社である。この間、新たな老舗企業が誕生あるいは加入していることがうかがえる[32]。

　ところで、10周年時には会員が58社だったので、これまでに退会した会員が少なくとも13社ある。退会会員を追跡調査すると、営業継続を確認できた企業があり、そのなかには、1995年の和議申請を経て再建した「森八」（和菓子・1625年創業）のようなケースがある一方、金沢から京都へ本社を移し、現在は東京・福岡・香港などで展開している老舗茶屋「京はやしや」（金沢「林屋」は1794年創業）のような事例もみられた[33]。

　金澤老舗百年會への出席は、社長以外の妻やいわゆる番頭のところもある。会員の年齢は60歳前後が多く、最も若い人で40代半ばすぎである。会員の夫人の会とも言える女性部会がある。

　主な役員として会長（1名）・副会長（3名）がおり、初代会長は中島徳太郎（中島商店）、2代が中村栄一郎（中村酒造）、現在は3代目で中島秀雄（中島商店）が務め、約10年ごとに交代している。2度の会長を務める中島商店は、幕末に加賀藩の紙を透く郊外から金沢に出て商売をはじめ、2代目が紙問屋の基盤を築き、1890年に北陸で初めて洋紙を扱って飛躍した。戦後は各種の紙から取扱品を広げ、現在は日本海側の紙製品卸業界では最大規模の業容を有している。

　また、金澤老舗百年會では、2000年から前田家18代当主である前田利祐氏に特別顧問を委嘱している。

---

(30)　金澤老舗百年會提供資料「金澤老舗百年會憲章」。
(31)　金澤老舗百年會ホームページ www.kanazawa-cci.or.jp/shinise/ より作成。www.kanazawa-doyukai.or.jp/。2018年8月1日アクセス。
(32)　金澤老舗百年會記念誌委員会［1996］。
(33)　株式会社森八および株式会社京はやしや（1967年設立）のホームページから確認した。2018年8月2日アクセス。

表8-5　金澤老舗百年會会員（60）の内訳

	*	会員名	創業	西暦	住所	内訳
【志∴13】伝統工芸・仏壇・仏具	○	池田大佛堂	嘉永3	1850	安江町	仏壇・仏具製造販売
	○	石田漆器店	明治2	1869	片町	漆器製造販売
		大樋長左衛門窯	寛文6	1666	羽場町	大樋焼(焼物)製造
		カタニ産業	明治32	1899	下新町	金箔・貴金属蒸着箔製造
	○	鏑木・九谷焼鏑木商舗	文政5	1822	長町	九谷焼販売
		木倉や	天正7	1579	尾張町	加賀友禅・小物販売
	○	澤田佛壇店	文化年間	1804頃	安江町	仏壇・仏具販売
	○	高橋北山堂	明治14	1881	広坂	九谷焼販売
		戸出惣次郎商店	明治2	1869	堀川	箔製造
	○	能作	安永9	1780	広坂	漆器製造販売
		目細八郎兵衛商店	天正3	1575	安江町	針の製造販売
	○	九谷焼諸江屋	文久2	1862	片町	九谷焼・和食器販売
		山田仏具店	慶応年間	1865	安江町	仏壇仏具製造販売
【彩∴23】各種卸小売・他		網善商店	明治16	1883	笠市町	漁業用資材販売
	○	うつのみや	明治12	1879	香林坊	書籍販売
		大村印刷	明治12	1879	湊	印刷
		沖彌一郎商店	嘉永6	1853	金石西	船用品漁具ロープ販売
		笠間製本印刷	明治8	1875	白山市	印刷
		金子生花店	安永10	1781	橋場町	生花販売
		紙安	享保2	1717	西念	水産物仲卸
		小西新薬堂	明治39	1905	新堅町	薬販売
		大松水産	明治13	1880	上近江町	魚専門販売
		高桑美術印刷	大正元	1912	泉本町	酒ラベル・パッケージ印刷
	○	辰巳工務店	明治9	1876	湊	住宅・ビル施工・改修工事
		辻さく	明治28	1895	増泉	水道・住宅・土木用資材
		辻鉄	明治25	1892	湊	各種建築資材販売・施工
	○	土谷九兵衛商店	文化11	1814	片町	ぬいぐるみ雑貨・環境緑化製品販売
	○	塔島	天保13	1843	問屋町	毛糸手芸和洋裁用品メーカー代理店
	○	中島商店	文久3	1863	十間町	紙製品卸
		能登印刷	大正2	1913	武蔵町	印刷出版事業
	○	観広堂廣瀬印房	明治7	1874	兼六元町	印鑑製造販売
	○	堀部芳花園	明治4	1871	小将町	生花販売

第 8 章　東京・金沢の老舗　229

	*	会員名	創業	西暦	住所	内訳
各種卸小売・他【彩∴23】	○	松下種苗店	文久元	1861	弥生	野菜草花種子販売
	○	山田時計店	明治5	1872	尾張町	時計販売、修理
		ヨシダ印刷	明治39	1906	御影町	印刷物、デジタルコンテンツ製作
	○	吉村包装	安政3	1856	片町	食品容器包装材の企画製作と機器販売
料亭・旅館【集∴7】	○	浅田屋	萬治元	1659	十間町	料亭旅館
	○	いしや飲料部	慶応2	1866	彦三町	加賀料理
	○	大友楼	天保元	1830	尾山町	料亭・駅弁
	○	北間楼	文久2	1862	片町	料亭
	○	金城樓	明治23	1890	橋場町	料亭・宿泊・婚礼・法要
	○	つば甚	宝暦2	1752	寺町	料亭・婚礼・法要
		元湯石屋	寛政元	1789	深谷町	旅館
酒造・豆腐・佃煮・麩・醤油・麺類【味∴13】		油谷	明治31	1898	増泉	そば・うどんの販売
		加賀豆腐大鋸本店	天保元	1830	石引	豆腐製造販売
		金沢豆冨	明治45	1912	専光寺町	豆腐製造販売
	○	酒見銘茶店	慶応3	1867	野町	茶販売
	○	四十萬谷本舗	明治8	1875	弥生	漬物製造販売
		天狗中田本店	明治41	1908	新堅町	肉専門店
	○	直源醤油	文政8	1825	大野町	醤油醸造
	○	中村酒造	文政年間	1818頃	長土塀	清酒醸造
	○	福光屋	寛永2	1625	石引	清酒醸造
	○	加賀麩不室屋	慶応元	1865	尾張町	麩製造販売
	○	加賀麩司宮田	明治8	1875	東山	麩製造販売
	○	やちや酒造	寛永5	1692	大樋町	清酒醸造
	○	米沢茶店	明治8	1875	東山	茶・茶道具販売
和菓子【楽∴4】		加賀種食品工業	明治10	1877	春日町	菓子種（最中皮等）専門メーカー
	○	越山商店	明治21	1888	武蔵町	和菓子製造販売
	○	俵屋	天保元	1830	小橋町	あめ製造販売
	○	落雁諸江屋	嘉永2	1849	野町	和菓子製造販売

出所）パンフレット「金澤の老舗」金澤老舗百年會提供資料、および同会HPより作成。
注）＊＝○印は設立10周年誌、金澤老舗百年會記念誌委員会企画発行『金澤老舗繁盛記・金澤老舗百年會のあゆみ』2006年の会員情報でも確認できた会員（45）。

主な活動

　総会を含め年3回の例会、研修旅行（国内・海外）を実施し、情報交換を行っている。主な活動は、所蔵品の展示、広報・宣伝事業、各地老舗団体との交流、5年ごとの周年事業、毎年開催している市民向け食談「金澤老舗よもやま話」などである[34]。

　以下で、その活動について少し詳しく説明をしておこう。

①**国内研修・他の老舗会との交流・海外研修**——国内研修では主に加賀藩ゆかりの地や、老舗が多い京都・横浜・長崎・伊勢・栃木・長野などを訪問してきた。1986年には京都老舗会（京名物百味会）、1990年と翌年には長崎しにせ会との交流を図り、1994年の10周年記念会には、これらの老舗会と東都のれん会を招いている[35]。また近年は、高岡老舗会の訪問を受けている。

　さらに、周年事業の年には海外研修旅行を行い、古い町並みの残る都市を視察している。中部イタリアへの訪問ではフィレンツェ商工会議所会頭と会っているほか、金沢の姉妹都市であるゲント市（ベルギー）、ギリシア、トルコなども訪問している。

②**周年事業**——5年ごとの周年事業が活動の大きな柱で、会員向けに、創立から5年ごとの周年式典・物故者法要・祝賀会と海外研修旅行、一般市民向けに金澤老舗百年展・金澤老舗大学などを実施してきている。

　2015年の創立30周年記念事業では、初めて金沢21世紀美術館で「金澤老舗百年展」を開催し、地域社会とつながりを図ろうと老舗料亭での食事・講話・工房見学などを盛り込んだ「金澤老舗めぐり（会員店舗バスツアー）」を開催した。

　金澤老舗大学の参加者はシルバー世代が中心（女性は1割程度）で、当初見込み30人程度に対して70人ほどの応募があった[36]。受講者には修了証を出し、アンケートも好評な意見が多かったが、受け入れる環境の整備が必要になっている。

老舗記念館の外観

老舗記念館の内部

③**金沢市老舗記念館**——金沢市老舗記念館は、会員各社のお宝を通年展示し、市民に老舗の存在を理解してもらう場所となっている。建物は金沢市の所有・管理で、展示は金沢市から依託されて金澤老舗百年會が行っている。そのため、老舗記念館は金沢市観光文化施設となっている。

この老舗記念館の建物は、元は加賀藩御用薬舗を務めた「中屋」が所有していた。1980年頃に売却希望があったが、1878年の明治天皇行幸の際、御在所とともに建築された建物でもあり、金沢市が購入した。なお、金沢老舗記念館への入場者数は、2017年は36,527人だが、4万人に近い年もあり、特に2015年の北陸新幹線が開通してからは外国人客が多くなっているとのことである[37]。

---

(34) 金澤老舗百年會提供資料「金澤老舗百年會の活動について」。ちなみに、食談とは、会員企業の経営者などを講師に招いて食事を楽しむことである。
(35) 注(32)に同じ。
(36) 金澤老舗百年會提供資料「創立30周年(H27)記念事業報告」。定員15名で7コース、1コースで3軒を回る伝統の技にふれるツアー。会費は4,000〜5,000円、3軒のうち1軒は会員の老舗料亭での昼食、バス代は金澤老舗百年會が負担した。参加者は県内の人が多かった。
(37) 島津健一館長より館内の案内ならびに説明を受け、それを参考とした。入場者数は館長による。2018年3月13日訪問。

4 金澤老舗百年會

革新企業の事例研究

（1）株式会社俵屋（飴）——小売業への進出と働き方改革

創業期——雑穀商から飴屋へ

　俵屋の初代次右衛門は、富山県小矢部から金沢に出て雑穀商を営み、1830（天保元）年、米と麦と水のみで飴を作りはじめた。砂糖がとても貴重で入手が困難な時代であり、庶民の甘味料となり、天保飢饉の際は母乳が出にくい女性や子どもの栄養として需要が高かったという。これが、「雑穀商から飴屋への事業転換の理由だった」と社長は語る。

　飴作りには、麦芽酵素の糖化作用を利用する。米を半分に割って、米のでんぷん質を糖化させやすくして麦芽糖を作っている。時代を読み、本業で扱う安い雑穀を付加価値の高い飴に変えて事業転換を図った俵屋の経営手腕が光る。

　当時、雑穀商は商売のランクが低く、木綿地に店名を入れただけの質素な暖簾(のれん)をかけていた。創業当時の「俵屋　あめ」という木綿の暖簾が掛かる本店は、ぐり石（土台となる礎石）の上に柱を乗せた創業時からの建物で、金沢市指定保存建造物にもなっている。江戸時代には、店前の道路先には馬場、店向いの浅野川には荷積み場があり、河北潟、日本海へと通じていた場所だった。

俵屋の外観

俵屋のあめ

　大麦（ビール用）、米、水のみを原料とし、創業時から作る水飴「じろあめ」は、黄金色でさっぱりとした甘さになっている。一般に販売されている透明な水飴はコンスターチから作られたもので、見た目や甘さが「じろあめ」とまったく違う。また、固形状の固い飴「おこしあめ」

は、割って料理・佃煮・薬などの甘味料として使うものである。それ以外にも、現在は店頭に様々な味の飴が並んでいる。

かつて、飴作りに井戸水を使用していたが、近年は検査が大変厳しく、現在は衛生面からも水質のよい水道水を使用している。また米は、石川県の米は地元では食用で人気が高く入手しにくいため、飴に適した米を探すなかで滋賀県や岐阜県などから仕入れているという。飴の糖度は70％台だと黴やすいが、俵屋の飴は糖度83％もあるうえ、一切添加物を使用していない。

業態・取引先・販路

かつては、製品の90～95％を料理・佃煮・薬などの甘味料として卸していた。戦後、キャンディのようになめる飴が増えて、現在は卸（原料用）と小売が半分ずつとなっている。取引先・販路の主なところは金沢7軒（食品会社・菓子屋）で、東京・山梨にも1軒ずつあるが、本店の売上が圧倒的に多くなっている。また、JR金沢駅構内の「金沢百番街」へは支店という位置づけで出店しているほか、ホームページでも1日5～6件の注文を受けている。

2015年に北陸新幹線が開業したときは大きく売上が伸びたが、それから3年が過ぎて新幹線効果は落ち着いてきた。しかし、以前に比べるとステージが一段上がったと言える。もちろん、外国人観光客の来店も増えている。外国人の味覚には、「じろあめ」の柔らかい甘さは今ひとつらしく、もっと甘いものが好まれている。

1970年代の「ディスカバー・ジャパン」（後述）のときもそうであったが、観光客が増えすぎて、地元の人の足が少し遠のいている傾向がみられるという。

従業員数・社員構成

従業員数は製造と販売を合わせて20人、男性7人が主に製造に従事し、女性は13人となっている。女性の内訳は、本店4人と金沢百番街やデパートの販売員が9人である。

製造従事者の年代は30～50代で、高卒・短大・大卒者である。飴作りが一人前にできるようになるには最低3年ほどかかるが、全員がどの工程もできるよ

うに製造部門での社員育成にも力を入れている。一方、販売従事者は、高卒と大卒が半数ずつとなっている。

俵屋の革新——5代目（先代）

　商売の変動をカバーしたのが小売進出で、先代が今から半世紀近く前にはじめ、駅やデパートに出店した。その頃、1970年からはじまる個人旅行の増大を目的とした国鉄（現 JR）のキャンペーン「ディスカバー・ジャパン」で金沢市も観光客が増加し、観光客を対象とした売上が増えていった。「俵屋　あめ」の暖簾（のれん）が掛かる本店の写真がキャンペーンのポスターになり、この時期に創刊された『an・an』や『non・no』などといった若い女性向けの雑誌でも取り上げられ、全国的に俵屋が知られるようになっていった。なお、先代の時代の1975年に、個人経営から株式会社へと改めている。

俵屋の革新——6代目（現社長）

　現社長は1946年の生まれで、サラリーマンをしていた27歳のときに俵屋へ婿養子に入り、45歳で印鑑を受け継いで社長に就任した。外から入って一番驚いたのが、飴屋の働き方であった。

　義理の祖母から、「その日に作ったものは、その日のうちに売り切らないといけないので、あめ屋・とうふ屋・もやし屋は早朝から働くのは当たり前」といつも言われていたという。

　飴作りは、現在でも以下の工程を辿って作られている。

❶米を洗って浸しておく。

❷米を蒸して大麦を混ぜ、お湯と一緒に仕込む。

❸仕込んだ材料を蒸発釜に送って水分を蒸発させ、仕上げの釜に移して練る。

❹練ったものを一晩寝かせて飴の完成[38]。

俵屋・俵秀昭社長

仕込みから店頭に並ぶまで4日間かかるため、夜9時に寝て、朝4時に起きるという生活で、当時3人いた職人とともに、朝のひと作業後に朝食を食べ、昼食も職人と一緒にとり、夕方6時頃まで作業が続いていた。

これでは、今後、若い人が働きに来てくれないと思い、まだ30代だったとき、先代が工場を建て直す際に「混ぜる・練る」という熟練の技が必要とされる工程は手作業を残しつつ、米を運ぶ・洗う・炊くなどの準備作業の機械化を進言し、工程を改善した。これにより、作業時間は朝7時半～夕方5時半となり、残業は1時間までに短縮された。

外から入ってきたからこそできた改革であったと言えよう。

俵屋が守るものと変えるもの

家訓・社訓というような決まったものはないが、先代から伝えられているのは以下の通りで、家業と企業が一体になっている。
・株ダメ、賭け事ダメ、家業で儲けること（ただし、不動産の購入は可）。
・屏風は広げすぎたら倒れる、拡大しすぎないこと。
・家が続き、飴が続くことで、家を守り、飴を守る。

後継者として、現在、社長の息子2人が専務と常務として働いている。それぞれの性格に合わせて、製造は長男、営業を次男が担当している。確かに、同社のホームページには「一子相伝」ではなく「一家相伝」を掲げている。なお、以前は親戚が社内にいたが、今はいない。

伝統をいかに切らさず維持するか、伝統と新しいもの、どちらに重点を置くべきか。これらは老舗に共通した課題だが、社長は「じろあめの作り方は変えるな、加工品はOK」と息子や社員たちに言っている。新商品の開発は、社長と社員が話し合い、パッケージの工夫は社長が箱屋と交渉しながら行っている。

先代が卸業から小売業に進出して経営を安定させ、工場を新築した際には準備作業の機械化によって働き方改革を進めたが、重要な工程は今でも手作りに

---

(38) 俵屋ホームページ www.ame-tawaraya.co.jp/ には詳細な製造工程が掲載されている。

こだわっている。本店は江戸時代から残る古い町家を維持し、工場では機械化を図りながら肝心な部分は手作りの熟練を活かし、時短と衛生問題をクリアしている。

　このように、伝統を守るものと変えるもの、革新していくものを見極めながら、後継者も育成している俵屋、金沢という地が育んだ老舗の歴史は今後も続いていくであろう。

（付記：2018年10月、俵秀昭社長は会長となり、長男の秀樹氏が社長に就任している。）

（2）株式会社目細八郎兵衛商店（針）――新商品の創出を継続

創業からのあゆみ[39]

　創業は1575（天正3）年、前田家が加賀に入る以前から針の製造を行い、現在440年余の歴史をもっている。初代八郎兵衛は、京都系統の縫い針に独自の工夫を加え、丸かった針孔を成形が難しい細長い針孔に変え、糸の通りのよい縫い針を生み出した。これにより、加賀藩主から「めぼそ（目細）」という名前をもらっている。

　目細の縫い針は、加賀藩の御細工所へも納められていた。明治になると、江戸時代には武士にしか許されなかった鮎の川釣りが庶民に解禁されて広がり、毛針職人、竿職人も増え、加賀毛針を製造販売するようになった。

　17代八郎兵衛は、加賀毛針を1890年に開催された第3回内国勧業博覧会に出品し、褒賞を受賞した。店内に、その賞状が飾られている。なお、目細商店では、一般的な「けばり＝毛鉤」の字ではなく、祖業の「針」の字を使用し、「毛針」としている。

加賀毛針の特徴[40]

　加賀百万石と言われる前田家は外様大名のため、江戸幕府から厳しい監視の目が向けられていた。武芸を積極的に奨励すれば謀反の嫌疑を受けかねないため、足腰の鍛錬のために、猟魚という形で鮎釣りがはじめられたという。また、

友禅、蒔絵などの優れた工芸品製造を奨励し、漆塗り・金箔・螺鈿などを施した加賀竿は工芸品ともなっている。もちろん、加賀毛針も用と美を備えた、様々な工夫が凝らされている。

加賀毛針は、カゲロウや水中に棲む川虫に似せて、キジ・ヤマドリ・クジャクの羽毛、漆・金箔・蛇皮などを用い、鮎の毛針釣り全体を「粋と美」のレベルへ高めており、1989年に石川県伝統工芸品として指定されている。

現状——当主・業態・製造販売方法・集客状況

20代当主である目細勇治社長は1968年に生まれ、今年で50歳となる。社長になってから20年が過ぎている。先代の次男だが、長男が別の仕事に就き、家業を継がなかったことから25年前に自社へ戻った。元々釣りは好きだったが、兄がいたために家業継承を特に意識したことはなく、異業種に就職していたが、継ぐと決めてからは仙台の釣り具企業へ転職し、勉強を重ねた。

今から25年ほど前、加賀毛針の技術を応用したブローチを製作しはじめた。これは先代の時代からはじまったもので、現社長はそれをフェザーアクセサリーへと進化させるとともに、祖業の縫い針を使った裁縫セットや裁縫小物なども展開している。

業態は製造・卸・小売で、従業員数6名、製造は女性、営業は男性（社長）が担当している。外部デザイナーはいない。デザインを専攻した入社4年目となる20代半ばの女性が主にデザインをしている。

縫い針は外注先（1軒）、裁縫道具や小物も外注（内職）で製造している。加賀毛針とアクセサリーは自

目細八郎兵衛商店・目細勇治社長

---

(39) 目細八郎兵衛商店ホームページ www.meboso.co.jp/ および「嵐山光三郎　ぶらり旅　加賀毛針」『北國新聞』2011年5月18日付朝刊）を参考にした。
(40) 注（39）に同じ。

社と外注（内職）で製造し、要望が多い釣り具も店舗で扱っている。店舗は金沢本店の1店だが、縫い針を応用した商品を全国展開する「中川政七商店」とコラボレーションしてつくり、同店でも販売している。

　店舗の位置は東西本願寺の金沢別院の門前町で、江戸時代には人通りが多い場所であった。明治・大正時代、店先の通りには縫い針を売る店が数軒あり、「目細通り」と呼ばれていた。店舗は、約3年前に古い店舗をコンクリート造りに建て替え、目細通りと金沢駅から近江町市場へ向かう幹線道路の両方から出入りできるようにした。

　建て替え前に北陸新幹線が金沢まで開通し、雑誌や観光ガイドブックで金沢が取り上げられ、宣伝費を払うことなく向こうから取材があり、記事を書いてくれるようになった。それらを見て来店する人が増えているとのことである。

目細八郎兵衛商店の革新――時代ごとの新商品

　目細八郎兵衛商店が440年という長い歴史を築いてきたのは、まさに時代ごとに新しい商品の創出によって経営革新を行ってきたからである。その歴史を簡単に整理してみた。

新しい縫い針の創出（戦国～江戸時代）――成形が難しい細長い針孔の縫い針を工夫し、糸の通りをよくした新商品を創出した。これが「めぼそ針」のブランドにつながっている。

加賀毛針の製造販売（明治時代～）――加賀藩では、武士にしか許されなかった鮎の川釣りが、明治以降、庶民にもできるようになると、加賀毛針の需要が増えることに着眼し、博覧会に毛針を出品し受賞。現在も毛針は、年間600種くらい新しいデザインを考案し、ラメやヘビの革など、新しい素材も取り入れた新商品を開発している。

毛針と祖業「針」の応用・展開（戦後）――先代が25年ほど前から、加賀毛針の技術を応用したブローチの製作をはじめ、現社長が、さらにフェザーアクセサリーへ展開を進めている。また、新店舗となった3年前からフェザークラフト教室も開始している。教室参加者の8割を観光客が占めている。

祖業である縫い針に関連して考案した小物「小さな裁縫セット」は、2012年に石川ブランド製品の認定を受け、今では年間1,500個を売り上げるヒット商品に成長している。

革新の可能性を読む

　家訓ではないが、「細々とやる」ということが先代より伝えられている。伝統とはつないでいくことで、石川県伝統工芸品に指定されている「加賀毛針」を店舗でやっているのは目細商店のみで、これを絶やさないためにも2人の息子につないでいくことを考えている。伝統を受け継ぐという意味で、先代（19代目）が襲名をする手続きを現在裁判所に申請している。社長（20代目）も、将来は襲名を考えている。金澤老舗百年會へは、地元の方々へのつながりとアピールになると思い、3年前に入会している。

　目細八郎兵衛商店は、時代ごとに革新的な新商品を登場させ440年余も継続してきた。県指定品の加賀毛針は、現在では目細商店しか作っていないため残存者利益が獲得できている。また、伝統工芸に関心をもつイッセイ・ミヤケと2009年に女性向け、2010年に男性向けアクセサリーでコラボレーション作品を制作している。

　現在の売上は、社長がすすめてきたアクセサリーと祖業の縫い針を応用した自社製品が伸びつつある。経営判断については、コンサルタント、コーディネーター、アドバイザーなどに経営方針を尋ねるケースも多いが、最後に決断するのは社長である。こんな社長が、自ら革新の可能性を追求し続けている。

おわりに

ぶれない伝統の継承

　東都のれん会は、戦後の復興期に古きよき江戸を復活する動きのなかで誕生した。その経緯は、江戸の文化を継承している、正統だという心意気を感じさせる。会員を50社程度に絞り、入会承認は全員一致を貫いている。東都のれん会の会員であることは「老舗中の老舗」である、と言っても過言でない。東京

の老舗は、京都や金沢と違って、震災・空襲での壊滅的な被害を乗り越えて、激動のなか老舗のバトンをつないできているという点は精神的に大きい。

　本章で紹介した「吉徳」と「竺仙」は、伝統的な分野の人形と浴衣・江戸小紋、それぞれの世界で、江戸時代から今日まで商いとモノづくりの両面から業界をリードする改革を続けている。東京の伝統産業は京都や金沢に引けを取らず、伝統を守りつつ現代生活にマッチした商品開発や海外進出などに尽力している[41]。なお、東京都は経済産業省が指定する伝統的工芸品17品目を有し、指定品目数で京都府とトップに並んでいる[42]。

　一方、金沢の老舗は、金澤老舗百年會も、紹介した企業も、加賀百万石と謳われた加賀藩の誇りと文化、そしてつながりを重視しているのが一つの特徴と言えそうである。冒頭で述べたように、小京都からの離脱はその象徴である。

　本書では「革新」に重点を置くため紹介していない会員企業に、1629（寛永5）年創業の「やちや酒造株式会社」がある。創始者が尾張から前田利家とともに加賀へ移り、「やちや」の屋号と「加賀鶴」の酒銘を拝領している。

　神谷昌利代表取締役は、「3年後には事業承継を予定しており、自分の代で中途半端に改革するよりも次世代が望む改革を」と語る。社長の母で、前社長の神谷ますみ会長は、前田家の現在の当主や宗室とつながりがあり、日本経済団体連合会審議員も務めている。やちや酒造を訪問したとき、ヒアリングの前に会長から前田家拝領の雛人形について説明を受け、加賀流とのことでお茶を頂戴した[43]。金沢における人脈形成の底流には、継承されてきた加賀文化が大きいと思われる。

　歴史・文化・伝統を重視する金沢市は、市制100周年記念事業の一つとして、1989年、金沢卯辰山工芸工房を創設し、3年間、月10万円の支給と工房を提供し、若手を育成している。訪問中、金沢21世紀美術館で開催されていた工房出身者の展覧会を見学すると、全国の有名美術・芸術大学の出身者らが金沢に集まり、着実に成果を上げていることが分かった。このような政策を市が採れたのも、財界人が文化への理解があったからであろう[44]。

　ここで、本章で紹介した4社を第3章の「京都老舗の分類」に当てはめてみ

よう。

　東京の「吉徳」は、常に各時代で業界に先駆けた革新を継続してトップを走り、従業員数や売上高などからみても成功裏に企業規模を拡大している「名門企業型」に入ろう。次に「竺仙」は、粋ひとがらを軸に伝統を守り続ける点を重視すると「伝統企業安定型」だが、実際は現在の人々に受け入れられるようにアレンジするデザイン力をもっている。そのデザインの可能性は高く、縮小する浴衣市場以外への展開が進めば「革新企業成長型」への移行が考えられる。

　一方、金沢の「俵屋」は、一家相伝での飴作りを重視する点では「家業安泰型」と言えるが、先代での小売業進出、現社長の働き方改革と革新を続ける点を評価すれば「家業革新型」に分類してもいいだろう。そして、「目細八郎兵衛商店」は440年にわたり、時代ごとに新商品を開発し、現在は伝統工芸の毛針をアクセサリーへ広げるという典型的な「家業革新型」と言える。

　この４社に共通していることが、革新を起こすのは社長であり、その方向性を自ら決断していること、そして、表向きには伝統を掲げ、老舗のイメージを押し出しながら、実はその内側では次々と改革を図っていたことである。

　最後に、京都の老舗の会について検討しておこう。表８－１にも挙げた「京都老舗の会」（**コラム**参照）は、京都府知事が呼びかけて創設した。100年を超える企業はその創業年を証明できる資料とともに申請すれば「京の老舗表彰」を受け、会員になれる。東京や金沢のように、自主的に会費を払って会員になるというものではない。

　京都は歴史も古いが、明治維新の東京奠都（都を定めること）以降、東京のような篩、すなわち大きな自然災害や戦災も少なかったため、京都老舗の会の

⑷1　東京商工会議所［2016］
⑷2　経済産業省ホームページ「日用品・伝統的工芸品」（www.meti.go.jp/、2018年９月20日アクセス）によると、伝統的工芸品とは、「伝統的工芸品産業の振興に関する法律」（昭和49年法律第57号、以下「伝産法」という）に基づく経済産業大臣の指定を受けた工芸品のことを指す。2017年11月30日現在で230品目が指定されている。
⑷3　2018年３月13日に訪問。神谷昌利代表取締役、神谷ますみ会長に対応いただいた。
⑷4　秋元［2017］、山出［2014］［2018］に、近年の金沢の動きが詳しく書かれている。

会員は1,944（平成30年度まで）に上る。その設立趣意書には、「京都の産学公が連携して、京の老舗の『情報発信』、『相互交流』、『学術研究』を行い、老舗企業の事業継続の秘訣を普及させ、京都企業の事業活動を側面から支援することにより、次世代を担う若手経営者を育て、受け継ぐため」とあり、東京や金沢のように地域文化を守るというような内容はない[45]。

実は京都では、東都のれん会が自らと双璧をなすという「洛趣会」に名門老舗企業が集まっているという。その同人、「本家尾張屋」（蕎麦）は、2018年の洛趣会について以下のように述べている。

> 「洛趣会」は、昭和3年（1928）の開始から今年で86回を数える歴史ある展示会です。京都の老舗中の老舗30軒が、毎年文化の日の11月3日とその翌日、4日に主に大きいお寺を会場として自慢の品を展示する園遊会です。「売り申さず、お賞（ほ）め下され」の考えのもと、京都の老舗がお得意様をご招待して商品をご覧いただきます。（略）入場の際には茶席券と食事券が手渡され、お客様は尾張屋の蕎麦をお召し上がりになったり、表千家様と裏千家様が1日ずつ点てられる一保堂様の抹茶を飲まれ、とらやの菓子をお楽しみいただきながら、ゆっくりと展示をご覧になられています[46]。

現在は、この年1回の顧客を招待する展示会が「洛趣会」と呼ばれている。京都老舗の会も、洛趣会も、表立って「京都文化の継承」を唱えてはいない。わざわざ言わずとも、京都の老舗にとって文化の継承は当たり前なのだろう。

また、京都には美術・芸術系大学も多く、伝統産業も多数残っており、どこに重点を置くのかが難しいのかもしれない。ただ、東都のれん会と金澤老舗百年會に共通していたのは、商売繁盛というより「地域の文化を継承する」というぶれない姿勢だった。その軸が、東京日本橋と金沢の街づくりにも生きてい

---

[45] 京都老舗の会ホームページ kyoto-shinisenokai.com/ による。2018年9月20日アクセス。
[46] 「第86回洛趣会展」2018年、本家尾張屋ホームページ https://honke-owariya.co.jp/1059/、2019年1月29日アクセス。

る。観光客で騒然とする近年の京都では、まさに上質な京都の街づくりが求められている。今後、地域文化の継承者としての老舗の役割はますます重要になってこよう。

参考文献一覧

- 秋元雄史［2017］『おどろきの金沢』講談社。
- 金澤老舗百年會記念誌委員会企画発行［1996］『金澤老舗繁盛記・金澤老舗百年會のあゆみ』。
- 佐々木雅幸［2012］『創造都市への挑戦』岩波書店。
- 写像工房編集・制作［2000］『東都のれん会五十年史』東都のれん会。
- 東京商工会議所［2015］『長寿企業の訓え――長寿企業における変革・革新（イノベーション）活動』同会議所。
- 東京商工会議所［2016］『伝統工芸産業の「不易流行」』同会議所中小企業相談センター。
- 細田安兵衛［2009］『江戸っ子菓子屋のおつまみ噺』慶應義塾大学出版会。
- 宮下政宏［2011］『竺仙のゆかた江戸の粋――「粋ひとがら」を発信し続ける老舗ブランドの生き方』繊研新聞社。
- 山出保［2014］『金沢を歩く』岩波新書。
- 山出保［2018］『まちづくり都市　金沢』岩波新書。

コ・ラ・ム

老舗スピリットへの共感をもつ企業が組織している「Spirit of Shinise 協会」

　2008年のリーマンショックは、日本経済に非常に大きな影響を与えた。当時、モノづくりの中小企業を訪ねると、週休3日とか4日と言って、ほとんど仕事がなくなっていた。リーマンショックの原因は、前年から燻っていたサブプライムローンによるバブルの崩壊と言われている。サブプライムローンは、返済能力のない人にお金を貸して、金融技術を使ってリスクを見えないようにした仕組みであった。同じ頃、日本では「もの言う株主」という言葉が飛び交い、新興投資家による株の買い占めと、その後の高値買取要求というニュースが話題を呼んでいた。

　このような目先の利益を目指したマネーゲームは、「強欲な資本主義」とも呼ばれた。こうしたマネーゲームに疑問を感じ、その対極にある考え方として「老舗」に注目した人たちがいた。健全な企業社会を作るためには、長年続いている老舗の背景にある考え方や精神を勉強する会を作ろうとして設立されたのが「Spirit of Shinise 協会」である。同会は、2009年8月に12人の発起人のもとに発足した。会長は、三菱地所顧問の福澤武氏、代表理事理事長は矢内裕幸氏である。発起人には、永谷園、ディスコ、プロネクサス、オークネットなどの代表が集った。

　同会は老舗の会ではなく、冒頭に述べたように、「老舗スピリットへの共感」をもつ企業の集まりである。目的は、「老舗精神が老舗をつくる」という哲学を明らかにして、実践することにあるとされている。会員は50社で、月に1回程度の会合や見学会、旅行などをしている。2018年10月にはイタリア・フィレンツェを訪問し、イタリア老舗ユニオンとの会合をもっている。
https://www.uisitalia.org/news/（2018年12月1日参照）

参考文献：福澤武「今こそ老舗精神に戻れ」『文藝春秋』2016年10月号
調査：2018年2月14日、矢内裕幸代表理事理事長を訪問。
　　　2018年3月15日、福澤武会長を訪問。

終章

老舗企業の地域間比較

　第1部では、京都の老舗の特徴や革新をもたらす要因などについて詳しくみてきた。第2部では、各地の老舗の老舗の特徴を展望してきた。京都以外の地域については、老舗団体や個々の老舗企業への聞き取りに基づいているため、京都の老舗ほど詳細な状況については分からないが、最後に可能な範囲で各地域の老舗の特徴を比較してみよう。

　京都については、京都老舗の会の会員を対象に実施したアンケート調査を京都老舗の会の特徴とみなすことにした。東京は東京商工会議所の調査と東都のれん会、金沢は金澤老舗百年會、イタリアはイタリア老舗ユニオンの会員、および商工会議所連合会の老舗登録、中国・上海は中国政府の商務部中華老字号信息管理のホームページ、および中山大学グループによる調査報告書に基づいて比べることとする。

1　創業時期

　老舗が老舗たるゆえんは、その長寿さにあると言っていいだろう。そこでまず、寿命の出発点となる創業時期を比べてみよう。

　国内の3地域の老舗団体間で創業年を時代別に比較すると、**表終－1**のようになった。目立つのは東都のれん会で、江戸時代創業の老舗が8割近いことで

246　第2部　老舗の地域間比較

表　終－1　創業の時代

	京都老舗の会		東都のれん会		金澤老舗百年會	
	企業数	比率（％）	企業数	比率（％）	企業数	比率（％）
江戸時代以前	14	4.18	3	5.45	2	3.33
江戸時代	151	45.07	43	78.18	30	50.00
明治時代	156	46.57	9	16.36	26	45.0
大正時代	14	4.18	0	0.00	2	1.67
合計	335	100.00	55	100.00	60	100.00

創業年不明の企業は除いている

表　終－2　創業の年代（西暦）

	京都老舗の会		東都のれん会		金澤老舗百年會		イタリア老舗ユニオン		イタリア登録老舗		中国・上海の老字号	
	企業数	比率(%)	企業数	比率(%)	企業数	比率(%)	企業数	比率(%)	企業数	比率(%)	企業数	比率(%)
1500年代以前	11	3.26	3	5.45	2	3.33	5	10.42	39	1.62	0	0.00
1600年代	27	8.01	8	14.54	4	6.66	2	4.17	27	1.12	2	3.45
1700年代	29	8.61	10	18.18	5	8.33	2	4.17	98	4.06	5	8.62
1800年代	213	63.20	34	61.82	43	71.67	33	68.75	1419	58.81	30	51.72
1900年代	57	16.91	0	0.00	6	10.00	6	12.5	830	34.40	21	36.21
計	337		55		60		48		2413		58	

中国の1900年代には1956年までが含まれている。またすべて不明は除いている

ある。一方、京都老舗の会と金澤老舗百年會の江戸時代、明治時代創業の比率はそれほど大きな違いはない。これは東京の老舗全体の傾向というよりも、江戸の文化を学ぶこと、継承することを会の目的としている東都のれん会の性格のためであると思われる。例えば、東京商工会議所の調査では、江戸時代創業は13.4％となっており、明治時代42.0％、大正の創業は29.7％である。このように東京に江戸時代創業の老舗がきわだって多いわけではない。ただし、東京商工会議所の調査は、概ね創業100年の企業としており、調査時点で100年未満

の企業が93社あることを留意しておかなければならない[1]。このように、国内の３地域間で老舗創業年の分布に大きな差はない。

　イタリアや中国・上海との比較のために西暦でみてみよう。中国について、第７章の**表７－２**では、資料にあった記述をそのまま書いている。中国の老舗登録では1956年以前創業が基準になっているため、創業後100年に満たない企業も含まれている。ここでは、比較のために100年前、すなわち1918年以前の創業企業のみで分布をみた。

　まず、東都のれん会で江戸時代にあたる1600年代、1700年代の創業が多いことが目立つ。また、東都のれん会には1900年代に創業した企業はない。これは、日本の時代区分でみたときに述べたように、会の性格のためである。

　一方、1800年代創業の企業が多いのは、京都老舗の会も、東都のれん会も、金澤老舗百年會も、またイタリアや中国・上海でも同じである。創業100年という基準のため、1900年代の年数は1918年頃までに限られていることも影響していると思われる。イタリア老舗登録と中国・上海では、1900年代創業の企業が他のグループよりも多くなっている。イタリア老舗登録の場合、全体の企業数が他よりも多いことが影響しているのかもしれない。

　世界の老舗は、1800年代に創業された企業が最も多く、それ以前やそれ以後の企業数は地域や団体によって異なっているとまとめられる。

2　業種

　各地の老舗は、どのような業種で営業しているのだろうか。一般的に老舗が多い業種は、清酒製造や酒小売、呉服・服地小売、旅館・ホテルなどとされている[2]。

　地域や老舗団体ごとに比較しようとすると、団体ごとに業種分類が異なっており、地域間比較には限界がある。また、団体の性格にもより、必ずしも地域

---

[1]　東京商工会議所［2015］86ページ、図７－５。
[2]　帝国データバンク［2009］56ページ、表４。

表 終-3 各地域の業種構成

京都老舗		東京商工会議所		東都のれん会		金澤百年會		イタリア老舗登録		イタリア老舗ユニオン		中国老舗企業	
業種	比率(%)	業種	比率(%)	業種	比率(%)	業種	比率(%)	業種	比率(%)	業種	比率(%)	業種	比率(%)
織物	15.8	建設	12.4	飲食	25.5	工芸	21.7	農業	9.4	ワインなど酒	20.8	農林牧畜水産	6.4
工芸	20.3	製造	26.0	工芸	25.5	製造	28.3	工芸	12.8	食品	20.8	卸小売	11.5
工事	6.8	卸	24.5	スイーツなど	47.3	小売	38.3	工業	26.0	銀行	10.4	文化体育娯楽	6.4
製造	18.3	小売	14.5	旅館	1.8	サービス(旅館・料亭)	11.7	商業	32.6	製造	27.1	製造業	48.7
卸	4.2	サービス	17.8					サービス	19.2	出版	12.5	ホテル飲食	14.1
小売	21.4	その他	2.8							彫刻	6.3	賃貸商業サービス	3.8
サービス	13.0	無回答	1.9							運輸	2.1	衛生社会サービス	4.5
												その他	4.5

の特徴とは言えない点にも気を付けなければならない。

　京都老舗についてのわれわれの2016年調査では、業種を製造業、卸、小売から複数選択可で選んでもらった。そのため、細かい業種の中身は分からない。そこで、老舗の会の名簿に記された業種によって分類した。京都府の分類基準は、京都の産業構造に合わせた独自の基準である。

　例えば、織物関連では織物製造・卸・小売業という分類項目があり、製造と卸・小売を兼業している老舗が多いことに対応している。しかし、それから製

造業、卸業、小売業といった分類をすることはできないので、織物としてまとめた。他地域の場合も、製造と卸や小売をしている老舗も少なくないと思われるが、東京、金沢、イタリアについてはそれぞれの団体が公表している業種を用いたため、製造と卸・小売を兼業している老舗がどのくらいあるかは分からない。

　四つの地域に共通するのは、工芸が多いことである。老舗は、伝統的な技術を代々引き継いでいることが多いことによるものと思われる。

　地域ごとに特徴をみると、まず東都のれん会は飲食関係が多い。これも、会の基本方針によるものであろうと思われる。京都では織物と工芸が多いが、それだけでなく全体的に様々な業種に散らばっているのが特徴である。金沢では伝統工芸が多いのは言うまでもないが、第8章でもみたように印刷業が多い。金澤百年會60社のうちで5社がなんらかの印刷に携わっている。

　イタリア老舗登録において、他の地域や団体にはない農業が9.42%となっている。これは、ワインメーカー（ワイナリー）が含まれているためである。ヨーロッパのワイナリーは葡萄を自社の畑で栽培していることが多い。酒造りは日本の老舗でも代表的な業種であるが、日本酒の酒造メーカーで米を自家栽培しているところは非常に少ない。

3 革新

　第2章で述べたように、先代経営者と現経営者をそれぞれ革新に積極的な消極的で二分した場合、東京では変革活動継続型（積極／積極）が伝統重視型（消極／消極）よりも多かったのに対して、京都では逆に伝統重視型が変革活動継続型よりも多かった。また、革新をもたらす要因についての分析から、「社風」が大きく影響していることが明らかになった。

　このように全体的には、東京に対して京都は伝統を重視している、あるいは革新に対して保守的であることが示されたが、企業経営の個別の項目における革新について、われわれのアンケート結果と東京商工会議所の調査結果につい

250 第2部 老舗の地域間比較

て比べてみよう。

　われわれの質問項目は、東京商工会議所調査と比較できるように質問項目の一部を利用させていただいた。その結果は、先代までの経営者が「変えたこと」と「変えなかったこと」は、東京も京都もほぼ同じであった。組織編成や取引先は変えている一方、家訓・社是や本業重視、信用第一などは変えていない。

　先代までの経営者の革新に対する姿勢について平均値を求め、京都と東京で比較すると**図終－1**のようになった。この図からも、東京と京都の間で、革新に対する姿勢に大きな違いがないことが分かる。

　それに対して、現経営者によって変えたことについては、京都では価格体系、販売先、販売網を変えた企業（「変えた」と「少し変えた」の合計）が多いのに対して、東京では同じ項目について変えている企業（「完全に変わっている」と「かなり変わっている」の合計）の割合はそれほど高くなかった。また、東京で変えた企業が多かった組織編成については、京都ではそれほど高くなかっ

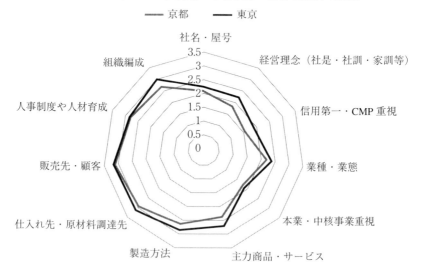

図終－1　先代までの経営者の革新姿勢—京都と東京の比較

注：「全く変わっていない：1」「殆ど変わっていない：2」「少し変わった：3」「かなり変わった：4」「完全に変わった：5」を、各項目について回答を平均したもの。

た。そして、インターネットや情報技術活用については、東京も京都もどちらも変えている老舗が多かった。

表2−5と表2−6が示すように、先代までの経営者との関係において東京が京都より革新に積極的であったという背景には地域の事情もあると思われる。東京の場合には、関東大震災、第2次世界大戦による空襲によって経営戦略を変えざるを得なかったという面があるのではないだろうか。それに対して京都では、大きな震災や空襲がなかったため、そうした外的要因によって変えざるを得ないという事情が少なかったと考えられる。

インタビューを通じた調査では、調査対象となった企業の範囲でみる限り、東京や金沢の場合も、一見伝統重視のように見える老舗でも、製品や製法においてなんらかの工夫や革新に取り組んでおり、頑なに伝統を守っているところはなかった。

イタリアでも、伝統を守るとともに、新しいことに挑戦していた。伝統を活かして販売店を改装し、新しい販売方法を導入したサンタ・マリア・ノヴェッラ薬局、他地域のワインとのブレンドなど新しいワインを開発してきたアンティノーリ、新技術を積極的に導入しているトッリーニ社、近年新製品を次々と開発したアントニオ・マッテイ社、どの老舗企業も新製品などのイノベーションに熱心であり、これは京都の多くの老舗にも見られる特徴である。

100年以上にわたって事業を継続するためには、伝統を守るだけでなく、変革も重要であるということはよく言われることであるが、イタリアでも同じであることが分かった。

4 経営者とファミリー

最後に検討しなければならないのは、経営者とファミリーとの関係、およびファミリーによる支配である。金沢やイタリアについては、経営者の特性についての全般的なデータは入手できなかったため、インタビューを通じて考えてみる。

京都では、現経営者が創業者の親族である割合は約9割であった。東京では、80.1％が創業者の親族である[3]。若干京都のほうが高いが、創業家から代々継承してきたという老舗の特徴は、東京でも京都でも変わらないことが示されている。

　所有構造について、京都では帝国データバンクのデータによると、現経営者の親族による株式所有比率は平均52.49％であった。また、過半数を所有している企業の割合は52.81％であった。そして、100％保有は全89社中14社で、15.73％であった。ただ、株主リストで同じ苗字の場合を親族としたので、苗字の違う親族を入れるともっと高くなるかもしれない。

　東京商工会議所の調査では、「貴社は創業家が所有していますか」という質問に、「完全所有」と答えた企業が64.0％、「過半数所有」と答えた企業が20.9％と非常に高かった。京都と大きく違うが、調査方法や元データの性格が異なるので、そのまま比較するのは難しい。

　ここで考えなければいけないのが、創業家とかファミリーという概念である。一口にファミリーと言っても、国・地域や時代によってその概念は大きく違うのではないだろうか。例えば、わが国の老舗を含むファミリー・ビジネスでは経営者の長男が継ぐケースが非常に多い。われわれの研究グループが実施した京都の老舗企業に関する調査では、63.7％が先代経営者の長男であった。長男以外を含めると74.6％、つまり4分の3が先代経営者の男子であった。

　このような事業承継パターンについてエノキアン協会のエイーヘン前会長に質問すると、ヨーロッパでもかつては同じような傾向があったが、現在ではあまり一般的ではなくなったという。日本でも少子化という傾向のもと、こうした長子継承、男子継承という継承の仕方が変わってくるかもしれない。

おわりに

残された課題

　われわれの老舗研究はまだ10年に満たない。100年以上という老舗の歴史には比べるべくもないが、まだまだ多くの課題が残っている。

まず革新について、最近の革新に関する研究では、「デザイン・ドリブン・イノベーション」[4]とか「意味的価値」[5]による革新に注目が集まっている。意味的価値とは「顧客が商品に対して主観的に意味づけすることによって生まれる価値」で、それをもたらすのがデザインでるとされる。今回の老舗の革新に関する調査・研究では、機能的価値とは異なる意味的価値における革新について十分に掘り下げることができなかった

第6章で提示した「縦のファミリー」と「横のファミリー」という概念と、日本では縦のファミリーを、イタリアでは横のファミリーをそれぞれ重視しているのではないかという仮説の検証も残された重要な課題となる。

老舗、特にファミリー・ビジネスではガバナンスが重要な課題である。ガバナンスが十分に機能していない場合、会社と私的生活の公私混同というファミリー・ビジネスによく指摘される問題が発生しやすくなる。今回のわれわれの調査では、こうしたガバナンスについては十分検討できておらず、これも今後の検討していかなければならない課題である。

最後に、地域の比較と言っても本書で取り上げたのは、国内3カ所、海外2カ所にとどまっている。国内外のより多くの老舗を調べ、より幅広い比較研究を進めていかなければならない。

参考文献一覧

・帝国データバンク史料館・産業調査部編［2009］『百年続く企業の条件——老舗は変化を恐れない』朝日新書。
・東京商工会議所［2015］『長寿企業の訓え——長寿企業における変革・革新（イノベーション）活動』。
・延岡健太郎［2011］『価値づくり経営の論理——日本製造業の生きる道』日本経済

---

(3) 東京商工会議所［2015］88ページ、図7−10。
(4) Verganti（2009）。
(5) 延岡［2011］

新聞出版社。
・Verganti, Roberto（2009）, *Design-Driven Innovation*, Harvard Business School Publishing.（佐藤典司監訳［2011］『デザイン・ドリブン・イノベーション』同友館、2011年）

補遺

史料紹介
――石田老舗資料(「明治四十四年九月再調　得意人名簿」、「明治四十四年拾月調　京都菓盛会　会員名簿」、「明治卅五年一月吉日　原料買入帳」)について――

　小稿は、松岡編著『事業承継と地域産業の発展――京都老舗企業の伝統と革新』(2013年)で紹介した石田老舗(京都市伏見区中書外山町110)[1]での史料調査で発掘された、同社の私家文書である3点の明治期の古文書(名簿2点、帳簿1点、いずれも石田宏次家文書)について、その内容紹介を行うものである。

　この他にも3点の判取帳(「昭和十四年十月吉日　判取帳」・「判取」・「判取」)が現存するが、いずれも昭和期のもので、同時代の名簿類など関連資料が見当たらないなかで検討することは難しく、ここでは立ち入らない[2]。

　なお[3]、石田老舗は、1871(明治4)年創業の石田商会(初代石田利太郎、のちに石田商店)をルーツとする焼菓子製造卸の京都老舗企業であり、「そばぼうろ・衛生ボーロ」の創始者として知られる。1999年には、主力の焼菓子製造卸業のかたわら、小売事業としてシュークリーム専門店を同社発祥の地(京都市烏丸竹屋町表通り)に開業し、近年では売上高の1割までを占めるに至っている。

　さて、小稿で紹介する明治期の古文書3点(名簿2点、帳簿1点)のタイト

---

(1) 松岡憲司編著［2013］56〜58ページ。
(2) 「昭和十四年十月吉日　判取帳」の中身は、帳簿のタイトルとは異なり、1959(昭和34)年1月18日から1961(昭和36)年8月14日までの戦後の記録であり、2点の「判取」は1937(昭和12)年から1941(昭和16)年にかけての準戦時期の帳簿である。
(3) この段落の叙述は、石田老舗ホームページ(http://www.ishidaroho.com)、大西謙編著［2014］191〜192ページ、松岡憲司編著［2013］56〜58ページに拠っている。

「明治四十四年九月再調　得意人名簿」の表紙

「明治四十四年拾月調　京都菓盛会　会員名簿」の表紙

「会員名簿」の裏表紙

「明治卅五年一月吉日　原料買入帳」

ルを掲げると、以下のようになる。

- 「明治四十四年九月再調　得意人名簿」（名簿）
- 「明治四十四年拾月調　京都菓盛会　会員名簿」（名簿）
- 「明治卅五年一月吉日　原料買入帳」（帳簿）

1　名簿2点の紹介

「明治四十四年九月再調　得意人名簿」（石田宏次家文書）

　では、名簿2点の紹介からはじめよう。まず「明治四十四年九月再調　得意人名簿」であるが、本名簿には、1911（明治44）年頃における石田商店の「得意人」として総計329軒が掲載されており、1軒ごとに、その所在地と氏名・商号などが記されている（ただし、所在地不明1軒）。

　また、本名簿の末尾には、「有望先」として関東方面の6軒（長野県4軒、山梨県1軒、群馬県1軒）が挙げられていた。これら本名簿の掲載者を取りまとめると、**表補－1**（章末参照）のようになる。

　「得意人」の所在地に関しては、京都府202軒と京都府外126軒（うち外地1軒）に大きく分かれ、京都府では京都市の198軒が圧倒的に多かった。京都市では、上京区98軒、下京区100軒と、下京区のほうがわずかに多かったが、ほぼ半々であった。

京都市外4軒の内訳は、葛野郡（「嵯峨野嵐山渡月橋北」）、与謝郡（「丹後国四辻町」[(4)]）、久世郡（「京都府下宇治町」）、愛宕郡（「愛宕郡山端村」）の1軒ずつであった。

京都府外の内地125軒では、福井（36軒）、滋賀（27軒）、兵庫（17軒）の3県で6割余りを占め、大阪・岐阜（7軒ずつ）、愛知・石川・富山・奈良（4軒ずつ）、新潟・三重（3軒ずつ）、東京・長野・北海道（2軒ずつ）、神奈川・和歌山・鳥取（1軒ずつ）と続いた。外地は、台湾の1軒のみであった。

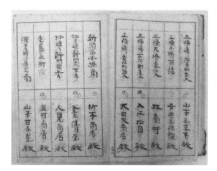

「明治四十四年九月再調　得意人名簿」

このように、1911年頃、すなわち明治期の終わり頃における石田商店の「得意人」の地域的な分布は、内地の京都市を中心としながら、近畿地方から日本海沿岸を含む中部地方にまで及ぶ範囲に、ある程度の広がりをみせていたと言えるであろう。殊に、中部地方では、福井と並んで石川、富山、新潟といった日本海沿岸の諸県にも「得意人」の所在地が及んでいるのであり、江戸期に全盛期を迎えた、いわゆる北前船[(5)]による交易を髣髴とさせるものがある。

「明治四十四年拾月調　京都菓盛会　会員名簿」（石田宏次家文書）

次に「明治四十四年拾月調　京都菓盛会　会員名簿」であるが、本名簿は、前節の「得意人名簿」と同じく1911年の史料である。京都菓盛会は、本史料の役員名簿の冒頭に「明治四十四年九月一四日創始」とあることから、1911年9月頃に創設されたと考えられ、石田商店2代目社長の石田亀之助が初代会長に就いている[(6)]。

---

(4) 原史料には「四辻町」とあるが、丹後の与謝郡市場村の大字名「四辻」のことであろう（竹内理三編［1982］1477ページ）。

(5) 北前船とは、江戸期を中心に「瀬戸内や大坂の地域で、日本海と瀬戸内を結んで活躍した北国船主の船」のことであり、北前とは、大坂や瀬戸内からみて北方の日本海海域地方（陸と海を含める）を指す語である（牧野隆信［1989］11～15ページ）。

(6) 前掲の石田老舗ホームページも参照。

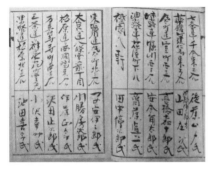

「明治四十四年拾月調　京都菓盛会会員名簿」の表記

本名簿は、この京都菓盛会創設を機に、初代会長を務めた石田亀之助のもとで作成されたものとみられ、同年10月時点での会員氏名（若干、店名の場合もあり）と、創設以降6ヵ年（1911〜1916［大正5］年）の役員氏名が掲載されている。会員氏名には住所（所在地）も記されている。それらを取りまとめたものが**表補－2**（章末参照）である。

この表によると、会員数は石田商店を含めて総計142軒で、そのうち140軒が京都市に所在した。残りの2軒は、南桑田郡（「丹波国亀岡町」）と大阪府（「大阪市」）であった[7]。京都市の内訳は上京区61軒、下京区79軒で、下京区のほうがやや多かった。

このように京都菓盛会は、そのほとんどのメンバーが京都市の「菓業者」で占められる形で創設されたものとみられる。なお、石田亀之助は、1912年度以降、会長職を退き、それ以外の役員を務めている（評議員［1912年度］、出納役［1913年度］、理事［1914年度］、幹事［1915年度］、おそらく幹事か評議員のいずれか［1916年度］）。

なお、先に紹介した「明治四十四年九月再調　得意人名簿」は、この「会員名簿」が京都菓盛会創設を機に石田亀之助の下で作成された際に、改めて同じ頃の「得意人」を取りまとめたものとして作成されたのではないかと思われる[8]。

2　帳簿「明治卅五年一月吉日　原料買入帳」（石田宏次家文書）の紹介

最後に、「明治卅五年一月吉日　原料買入帳」であるが、本帳簿には、1902（明治35）年から1906（明治39）年までの5カ年における、原料の買入先、買入金額、買入数量が買入月日ごとに記されている。ただし、買入金額に記載漏

れはないものの、買入数量については同じ原料でも単位が区々であるうえに不記載の箇所も散見されるため集計ができない。そこで、本帳簿の内容を取りまとめたものとしては、原料別に買入先の買入金額を集計し、5カ年の合計額で順位付けをしたうえで、年度（1～12月）ごとに示した。それが**表補－3**（章末参照）である。

　この表によれば、第一に、買い入れている原料は6点（「炭」、「玉子」、「片栗粉」、「砂糖」、「メリケン粉」、「ビスケ」）であり、このうち「メリケン粉」と「ビスケ」を除いては毎年度購入している。「メリケン粉」は1903～1906年の4カ年、「ビスケ」は1904～1906年の3カ年の購入となっている。なお「炭」は、菓子を焼く炭火の燃料として使用されていたものと思われる。

　第二に、買入先の軒数は「炭」が9軒、「玉子」が4軒、「片栗粉」が9軒、「砂糖」が4軒、「メリケン粉」が4軒、「ビスケ」が5軒となっており、このうち三宅鯛助、和田常商店、大清／宮部商店（宮部治三郎）、野村寅吉、伊藤重之助、京菓商会、岩佐春月堂（岩佐友三郎）、菊岡伊作の8軒は、上記の「明治四十四年九月再調　得意人名簿」もしくは「明治四十四年拾月調　京都菓盛会　会員名簿」にも掲載されている業者であった。

　すなわち、三宅鯛助は**表補－1**のNo.202、和田常商店はNo.209、大清／宮部商店（宮部治三郎）はNo.92と**表補－2**のNo.54、野村寅吉は**表補－1**のNo.166・**表補－2**のNo.114、伊藤重之助は**表補－1**のNo.101・**表補－2**のNo.67、京菓商会は**表補－1**のNo.133、岩佐春月堂（岩佐友三郎）は**表補－1**のNo.9・**表補－2**のNo.8、菊岡伊作は**表補－1**のNo.305である。

　また、二つ以上の原料の購入先となっているのが5軒で、谷村（「玉子」・「片栗粉」）、柿鶴（「玉子」・「片栗粉」）、出屋敷や／尾崎（「玉子」・「片栗粉」）、大

⑺　京都菓盛会に大阪府の業者が入っている事情は、現在のところ不明である。
⑻　これら名簿2点の掲載者に関しては、松井喜次郎編［1925］や日本経済史・経営史研究ではなじみの深い「商工人名録」などの戦前期資料（「日本全国商工人名録・第二版」［1898年］渋谷隆一編［1991b］、「日本全国商工人名録・第五版」［1914年］渋谷隆一編［1991b］、「大日本商工録・第拾壹版」［1930年］渋谷隆一編［1991b］、「京都市商工業者資産録」［1902年］渋谷隆一編［1991 a］）との照合を行い、その結果を別稿（佐々木淳［2015］）にまとめているので、そちらも参照してほしい。

「明治卅五年一月吉日　原料買入帳」の表記

清／宮部商店（宮部治三郎）（「片栗粉」・「砂糖」・「メリケン粉」）、野村寅吉（「砂糖」・「メリケン粉」）であった。

　第三に、買入金額は、燃料の「炭」を除くと、「玉子」、「片栗粉」、「砂糖」、「メリケン粉」、「ビスケ」の順に多かった。また、「炭」も含めて、いずれの原料でも買入先の顔ぶれは継続的に買い入れを行う者とそうでない者とに分かれていたが、特に「炭」と「片栗粉」では単年度しか取引を行っていない者からの買入が比較的多かった。

　継続的に買い入れを行っていた顔ぶれを「炭」から順に見ていくと、「炭」：三宅鯛助、奥田、磯野、「玉子」：谷村、柿鶴、出屋敷や／尾崎、「片栗粉」：谷村、和田常商店、「砂糖」：野村寅吉、熊谷、沈伝、「メリケン粉」：大清／宮部商店（宮部治三郎）、「ビスケ」：京菓商会、岩佐春月堂（岩佐友三郎）であった。

　このうちの５軒（三宅鯛助、和田常商店、野村寅吉、大清／宮部商店［宮部治三郎］、京菓商会、岩佐春月堂［岩佐友三郎］）は、すでに触れたように**表補－１**に掲載されている業者でもあり、1900年代からすでに原料購入における「得意人」であったことが本帳簿の記録から裏付けられた。さらに、この５軒のうち京菓商会を除く４軒は、のちに京都菓盛会のメンバー（**表補－２**の掲載業者）にもなっていた。

参考文献一覧

・石田老舗ホームページ（http://www.ishidaroho.com）。
・大西謙編著［2014］『老舗企業にみる100年の知恵──革新のメカニズムを探る』晃洋書房。
・佐々木淳［2015］「石田老舗資料（「明治四十四年九月再調　得意人名簿」、「明治

四十四年拾月調　京都菓盛会　会員名簿」）の検討」『龍谷大学経済学論集』第54巻第1・2号、13～39ページ。
・渋谷隆一編［1991a］『都道府県別資産家地主総覧　京都編1』日本図書センター。
・渋谷隆一編［1991b］『都道府県別資産家地主総覧　京都編2』日本図書センター。
・竹内理三編［1982］『角川日本地名大辞典26京都府』上巻、角川書店。
・牧野隆信［1989］『北前船の研究』法政大学出版局。
・松井喜次郎編［1925］『全国菓業者名鑑』東洋製菓新聞社。
・松岡憲司編著［2013］『事業承継と地域産業の発展――京都老舗企業の伝統と革新』新評論。

表補－1　「明治四十四年九月再調　得意人名簿」（石田宏次家文書）　掲載者一覧

1　京都府の「得意人」

(1) 京都市上京区

No.	所在地	氏名・商号等
1	寺町通竹屋町下ル	青井商店
2	出町今出川北入	青山ヨ太三郎
3	下立売通リ黒門西入	安藤商店
4	田中通リ熊野神社上ル	石田桂月堂
5	寺町通リ姉小路下ル	石野桂月堂本店
6	新町通中長者町角	井筒商店
7	寺町通リ押小路南入	犬石長栄堂
8	東丸太町川端二丁東入	井上商店
9	御幸町御池西入	岩佐春月堂
10	大宮通リ五辻上ル	岩崎商店
11	烏丸通二条南入	越後屋商店
12	西堀川通リ丸太町上ル	大杉文明堂
13	西堀川通リ出水上ル	岡村家商店
14	五辻通浄福寺東入	岡本釜八軒分店
15	寺ノ内大宮東入	岡本商店
16	一条通リ大宮角	小川堂支店
17	寺町通リ二条北へ入	小川堂本店
18	一条通リ葭屋町西入ル	小原日進軒
19	出町橋東江入ル	開新堂分店
20	寺町通リ二条上ル	開新堂村上
21	岡崎町黒谷前	角中支店
22	西堀川通リ下立売下ル	金谷砂糖店
23	御池通リ堺町角	亀屋良永
24	河原町通荒神口下ル	河井商店
25	姉小路通リ高倉東	甘露軒
26	御池通新町東入	北村栄進堂
27	小川通リ一条上ル	玉栄軒
28	寺町通リ夷川下ル	金時堂
29	黒門通一条角	久保田
30	西洞院通リ竹屋町西上ル	蔵屋
31	河原町府立病院前	蔵屋清佳
32	荒神口河原町東入ル	蔵屋良忠
33	竹屋町通リ車屋町東	蔵屋良直
34	御池通新町西入	小泉商店
35	千本通中立売上ル	児島菅千堂
36	姉小路通堀川東江入	小寺商店
37	河原町府立病院前	後藤商店
38	西堀川通リ出水下ル	小西商店
39	丸太町通西洞院西	榊商店
40	一条通リ七本松東入	佐々木風月堂
41	押小路車屋町角	佐野家商店
42	今出川通リ大宮東入	塩路軒
43	黒門中立売上ル	塩芳軒
44	帝国大学裏手（百万遍）	清水庄太郎
45	吉田町大学病院東入	笑楽堂元木
46	出水通リ西洞院角	白本商店

No.	所在地	氏名・商号等
47	西堀川通上長者角	杉田商店
48	夷川通り室町西入	大文字屋
49	智恵光院通り出水上ル	髙田浅吉
50	千本通五辻南入ル	髙田玉寿軒
51	押小路車屋町東入	武岡商店
52	堀川西通リ中立売下ル	竹濱商店
53	丸太通り小川西入	橘屋商店
54	下長者町千本東へ入	田辺屋
55	一条通り智恵光院角	谷口塩瀬軒
56	新町御池上ル	田原家商店
57	丸太通り河原町東入	沈周武蔵店
58	今出川室町下ル	辻橋商店
59	竹屋町通間町東入	辻久弘軒
60	下長者町七本松西入下ル	堤長松
61	二条通リ髙倉西	坪田商店
62	堀川船橋上ル	鶴屋
63	椹木町西洞院西入ル	天満屋御店
64	丸太町通リ新町角	桃月堂
65	新町通寺ノ内上ル	内藤砂糖店
66	竹屋町通リ西洞院西入	中川商店
67	浄福寺元誓願寺角	仲島商店
68	御池通リ押小ジ西	中西松月堂
69	寺ノ内猪熊西江入	中野商店
70	岡崎町	中村喜商店
71	帝国大学裏手（百万遍）	中村商店
72	古丸太町寺町東入	中村商店
73	今出川寺町東入	東／成川砂糖店
74	今出川寺町角	北／成川ゑびすや
75	五辻浄福寺西へ入	西村牛乳店
76	寺ノ内新町西入	西村清月軒
77	夷川通リ東洞院西入	日進堂岡本
78	二条御幸町西入ル	根来桂月堂
79	田中通リ北入角	日置堂
80	千本通リ今出川上ル	人見商店
81	室町通リ椹木町角	藤井延寿堂

No.	所在地	氏名・商号等
82	寺町通リ今出川下ル	藤原良勝／中西
83	姉小路通西洞院東入	堀巳之助
84	河原町荒神口下ル	前田商店
85	竹屋町通高倉東入	丸彌軒吉田
86	烏丸通リ三条角	万銭堂
87	大宮通リ元誓願寺下ル	万銭堂分店
88	二条通リ間町角	水谷清七
89	中立売通リ	三星分店／岸本
90	今出川通リ東一丁入ル	三星本店
91	熊野神社東横町西入	水上福寿軒
92	新町通リ丸太町角	大清／宮部商店
93	夷川通リ室町西入	吉井軒
94	河原町通丸太町上ル	吉川堂
95	一条通リ智恵光院西入	若狭屋商店
96	冨小路御池上ル	若狭屋歳春
97	新町通リ丸太町下ル	若狭屋吉茂
98	五辻御前通西へ入ル　鳥居前町	綿瀬房治郎

(2) 京都市下京区

No.	所在地	氏名・商号等
99	広道松原下ル	浅見商店
100	烏丸通リ四条南入	石野西谷堂
101	松原通柳馬場東入	伊藤重之助
102	五条通リ不明門	大八／井上商店
103	三条通リ古河町東入	入江松月
104	三条通リ堀川東入	梅鉢商店
105	間之町五条上ル	江島商店
106	鞘町五条南入	大口商店
107	大宮通八条上ル	太田清商店
108	三条通リ古河町西入	太田又商店
109	猪ノ熊通六角西入	大槻商店
110	大宮通リ樋ノ口	岡本釜八軒
111	上珠数屋町間町東入	下ノ／小川堂直次郎
112	真宗中学一丁上ル／上池田町	奥谷商店

No.	所在地	氏名・商号等	No.	所在地	氏名・商号等
113	東洞院七条南入	小田嘉蔵	148	万寿寺通リ寺町西入	松月堂
114	縄手通四条北入	鍵善商店	149	寺町通リ六角下ル	進化堂
115	花屋町油小路角	兼政商店	150	先斗町女紅場南入ル	駿河屋
116	切通新門前下ル	釜矢桂月堂	151	烏丸通リ七条南入	駿河屋商店
117	島原大門南入東入	亀村商店	152	三条通油小路西入	高橋吉栄堂
118	本町通リ七条南入	亀屋　小泉	153	大宮通樋ノ口上ル	高橋拓彌軒
119	松原通リ室町西入	亀屋重勝	154	東洞院七条南入	武田家商店
120	松原通リ室町東入	亀屋末冨	155	烏丸綾小路上ル	田中商店
121	新町通リ四条上ル	亀屋清次	156	四条通リ高倉	田中玉水堂
122	七条通リ大宮角	亀屋長門	157	五条大橋東江入ル	田辺昇月堂
123	河原町六角下ル	亀屋廣重	158	四条小橋西詰西	玉水商店
124	蛸薬師堺町角	亀屋良則	159	四条通リ冨小路東入ル	鶴屋長信
125	大宮通八条下ル	川勝商店	160	西堀川綾小路角	内藤商店
126	五条通リ寺町西入ル	紀井商店	161	七条通リ新町西入	中野安衆軒
127	大宮通リ七条角	菊水軒	162	建仁寺通リ五条西入リ	大忠　中野商店
128	小橋四条上ル	菊水支店	163	京極三条南入	西谷堂本店
129	河原町蛸薬師突当リ	菊水商店	164	新町松原西入	野川商店
130	四条大橋東江入	菊水本店	165	サメガイ五条上ル	野村商店
131	錦通室町東入	北川玉水屋	166	麩屋町錦角	野村寅吉
132	東洞院仏光寺下ル	北村利安	167	四条通リ新町西入	近宗／長谷川
133	東洞院蛸薬師角	京菓商会	168	三条大橋東江入	林商行
134	烏丸通リ四条下ル	玉寿堂商店	169	新町通リ綾小路角	原田家
135	六角新町角	近菊商店	170	猪熊通三哲下ル	日置商店
136	高倉通リ四条上ル	光月堂	171	七条通リ堀川西入	樋口商店
137	先斗町四条北江入ル	寿キ商店	172	切通リ新門前上ル	人見商店
138	麩屋町松原下ル	泉忠　櫻井商店	173	五条通建仁寺町西	平野久商店
139	御幸町通リ蛸薬師西入ル	笹田珍々堂	174	三条通リ猪熊西入	福寿軒塩尻
140	新町通リ五条南入	笹屋岩月堂	175	御幸町通リ松原下ル	福田御幸堂
141	東冨永町	里村商店	176	三条通リ大宮西入	堀商店
142	柳馬場松原上ル	潮田房次郎	177	七条通リ東洞院東入	堀部商店
143	五条通リ猪熊角	四十万商店	178	四条通リ麩屋町東入ル	松本京都支店
144	三条通リ猪熊西入	篠田商店	179	島原廓内	松本長松堂
145	西洞院通リ花屋町下ル	篠田商店	180	寺町通リ四条南入ル	万勝堂
146	四条通リ室町西入	清水商店	181	白川／巽橋南入リ	賢澤家／水山商店
147	市姫下寺町西入ル	松栄堂	182	東洞院高辻下ル	三井旅館

No.	所在地	氏名・商号等
183	寺町通リ五条上ル	宮本靖風堂
184	新門前小堀角	柳本商店
185	烏丸通リ四条下ル	山中西栄堂
186	三条通新町角	山名商店
187	蛸薬師寺町西入ル	山本一世堂
188	縄手通リ冨永町角	山本甘泉堂
189	三条通リ河原町東入	山本玉栄堂
190	松原通高倉角	鍵忠／山本忠三郎
191	四条通リ烏丸西入ル	横山長久堂
192	三条小橋西詰	吉岡家旅館
193	建仁寺町四条下ル	吉野軒
194	四条通リ醒ケ井角	良長／吉村店
195	御幸町高辻角	若狭屋
196	東洞院蛸薬師角	若狭屋総本店
197	魚の棚室町角	和田興商店
198	新京極六角南江入	■商店

(3) 京都市外

No.	所在地	氏名・商号等
199	嵯峨野嵐山渡月橋北（葛野郡）	久乗玉寿軒
200	丹後国四辻町（与謝郡）	阪根栄
201	京都府下宇治町（久世郡）	花喜事　花喜
202	愛宕郡山端村	三宅鯛助

2　京都府外の「得意人」

(1) 内地

No.	所在地	氏名・商号等	道府県
203	東京市日本橋区浜町二丁目拾四番	朝比奈号　丸ト　鳥羽忠三	東京
204	東京市浅草区神吉町弐番地	三業新聞社　御中　須賀紅岳	東京
205	大阪市西区京町堀二丁目	松本伊兵衛	大阪
206	大阪市新町通問屋橋筋南入	春木屋　椿本五平	大阪
207	大阪市南区清水町御堂筋北入	小阪商会	大阪
208	大阪市清水町堺筋	豊浦商店	大阪
209	大阪市北区天満町北側	和田常商店	大阪
210	大阪市北区東梅田町二九三	東洋製菓新聞	大阪
211	大阪市北区福島中四丁目二四三	栄太楼	大阪
212	横浜市野毛町二丁目二三番	吉見正又治郎	神奈川
213	名古屋市針屋町二丁目	伊藤宮三郎	愛知
214	三州岡崎町字籠田	鳥居礼三郎	愛知
215	三州豊橋町札木	若松園	愛知
216	三州幡豆郡西尾町	三徳屋第三支店	愛知
217	岐阜市今小町	伊佐治勝郎	岐阜
218	岐阜市笹土居町	長崎屋	岐阜
219	岐阜市今小町	奈良屋商店	岐阜
220	美濃大垣町本町	羽根田豊三郎	岐阜
221	岐阜市カスミ町	坪内をつ	岐阜
222	岐阜市伊奈波町壱丁目	大橋大三郎	岐阜
223	岐阜市中竹屋町	高木佐平治	岐阜
224	信濃上田田原町	鈴木敬助	長野
225	信濃長野市横町	七澤三右衛門	長野
226	越前敦賀港冨貴町	真柄宗三郎	福井
227	越前敦賀港冨貴町	奈良屋　村上太吉	福井
228	越前敦賀港冨貴町	三宅勝太郎	福井
229	越前敦賀港神楽町	橋爪文青	福井
230	越前敦賀港常盤町	野端久吉	福井
231	越前敦賀港大内町	田中夘之助	福井
232	越前敦賀港神明町	亀屋商店	福井
233	越前敦賀港手洗町	千田庄太郎	福井
234	越前敦賀港児屋橋東詰東入	古田ツ衣	福井
235	越前敦賀港大港町	赤尾商店	福井
236	福井市大名町	江守晋吉	福井

No.	所在地	氏名・商号等	道府県
237	福井市新橋東入	堀三喜蔵	福井
238	福井市本町	山海道	福井
239	福井市西別所上町	弁野栄吉	福井
240	越前福井市豊島上町	日上出軒	福井
241	越前福井市松本町	昆布屋	福井
242	越前福井市松本町	今泉長治郎	福井
243	越前福井市松本町	加勢己之助	福井
244	越前福井市呉服町	仙花堂	福井
245	越前福井市大和中町柳町南	橋本文右衛門	福井
246	福井駅前	共同運送店	福井
247	敦賀港清明町	亀芳廣	福井
248	敦賀港橘町	宮崎旅館	福井
249	越前武生上市	安藤慶吉	福井
250	越前武生上市橘町	阪下米治郎	福井
251	越前武生上市寳来町	松野クニ	福井
252	武生駅前北江入	水上武重郎	福井
253	越前武生上市寳来町	西田源七	福井
254	越前武生上市有明町	清水和太郎	福井
255	若狭小浜飛鳥町	村田錦治郎	福井
256	若狭小浜飛鳥町玉前	村上白雲堂	福井
257	若狭小浜町　白ヒゲ	能瀬八兵衛	福井
258	敦賀港大黒町	三谷甚助	福井
259	越前敦賀大港町	家倉吉五郎	福井
260	若狭三方郡河原市	都解	福井
261	敦賀港冨貴町	穂積商店	福井
262	能登輪島河井町	山岸嘉八郎	石川
263	能登七尾港	神野與七	石川
264	加賀金沢尾張町	森下森八	石川
265	加賀金沢市片町	石川彌一郎	石川
266	越中富山市二番町	鈴木末治郎	富山
267	越中富山市一番町	石黒商店	富山
268	越中新湊町字放生津	小沢操	富山
269	高岡市木舟町	大野重吉	富山
270	越後国高田町横区	小川久四郎	新潟
271	越後国新発田下町	本間治平	新潟

No.	所在地	氏名・商号等	道府県
272	越後国水原町	中村新吉	新潟
273	江州彦根上河原町	小川半四郎	滋賀
274	江州彦根上河原町本町	藤田湖養堂	滋賀
275	江州八幡町大杉町	藤田正次	滋賀
276	江州八幡町本町	村井金蔵	滋賀
277	江州神崎郡川北	河島元右衛門	滋賀
278	江州日野町	澤田商店	滋賀
279	江州上坂本村	藤田商店	滋賀
280	江州甲賀郡寺庄村	中村治郎吉	滋賀
281	江州長浜町大牛	角屋号　冨田豊治郎	滋賀
282	江州長浜町錦町	堤喜兵衛	滋賀
283	江州長浜町錦町	糸忠菓子問屋	滋賀
284	大津市玉前町	辻井松太郎	滋賀
285	大津市石橋町	大黒屋商店	滋賀
286	大津市淀通り	伏見屋商店	滋賀
287	大津市七屋町北入	湖月堂商店	滋賀
288	大津市県庁前	三笠屋号　代田彌七	滋賀
289	大津市柳町角	阪部岩太郎	滋賀
290	大津市上半蔵町	北川久五郎	滋賀
291	高島郡安井川　大津和加山	菅浪捨次郎	滋賀
292	近江長浜永保町	万奥　嶋嵜奥兵衛	滋賀
293	近江高嶋郡川上村字福岡	桂田寅一	滋賀
294	近江北仰村	橋本豊橘	滋賀
295	近江アイバ村字森村	河口新蔵	滋賀
296	近江川上村字北仰	木田友吉	滋賀
297	近江川上村字北仰	橋本勘七	滋賀
298	草津町字大路ノ井	桂田亜一	滋賀
299	大津市石場町	阪部	滋賀
300	伊勢山田川崎町	東出長治郎	三重
301	伊賀鞆田村字小杉	西尾商店	三重
302	伊勢度会郡大内山村	村田関蔵	三重
303	奈良市三条通り角振町	湊治三郎	奈良

No.	所在地	氏名・商号等	道府県
304	奈良市手貝町	湊屋民造	奈良
305	大和国郡山柳一丁目	菊岡伊作	奈良
306	大和国五条本町	鶴屋萬々堂	奈良
307	紀伊国新宮町	森田京菓舗	和歌山
308	神戸市小野柄通五丁目	上野米澤堂	兵庫
309	神戸市三宮町三丁目	佐野西洋軒	兵庫
310	神戸市元町三丁目	二ノ宮盛神堂	兵庫
311	神戸市元町六丁目	三宅栄太楼	兵庫
312	神戸市兵庫戸場町	駒屋商店	兵庫
313	神戸市元町二番踏切	常盤堂支店	兵庫
314	神戸市山本通五丁目五十一番戸	中宮尋高小学校長 谷垣勝蔵	兵庫
315	豊岡永井町三三ノ三 笑寺亭前 停車場前通り北へ入る	西村憲一	兵庫
316	但馬国城崎郡内川村字来日村	橋本七左ヱ門	兵庫
317	但馬国城崎郡内川村字来日	観音寺	兵庫
318	但馬国城崎郡五ノ荘村字新堂村	鞍留九郎右ヱ門	兵庫
319	但馬国城崎郡五ノ荘村字岩熊	西村源五右ヱ門	兵庫
320	但馬豊岡養源寺前	直見屋	兵庫
321	但馬豊岡豊田町	沢田	兵庫
322	但馬城崎町	港屋	兵庫
323	神戸市停車場西へ入ル	乾政太郎	兵庫
324	摂津宝塚	浅野小四郎	兵庫
325	鳥取市立川町二丁目	田中役治郎	鳥取
326	北海道天塩国上川郡士別村士別四十五線	喜多熊吉	北海道
327	北海道日高国様似郡様似村	垣谷作五郎	北海道

(2) 外地

No.	所在地	氏名・商号等	外地
328	台北新起街一ノ六九(勤務先 新起街一丁目八十五番戸)	西村伝	台湾

3 所在地不明

No.	所在地	氏名・商号等
329	記載なし	三上軒

4 「有望先」

No.	所在地	氏名・商号等	府県
1	長野市西町	室川十蔵	長野
2	長野市大門町	新杵商店	長野
3	信州小諸町	大塚貫三	長野
4	信州上野町海野町	上野屋万之助	長野
5	山梨県甲府市	風月堂 但し上物向	山梨
6	群馬県桐生町	相村商店	群馬

(注) ■は判読不能文字。
(出所)「明治四十四年九月再調 得意人名簿」(石田宏次家文書)より作成。

表補−2 「明治四十四年拾月調 京都菓盛会 会員名簿」(石田宏次家文書) 掲載者一覧

1 京都府の「会員」

(1) 京都市上京区

No.	住所	氏名
1	丸太町通リ三本木西へ入ル	青木平治郎
2	千本通今出川上ル	安藤種吉
3	新堺町孫橋上ル	池上新太郎
4	両替町通竹屋町南江入ル	石田亀之助
5	下長者町六軒町西江入ル	井上菊次郎
6	旧熊野道夷川上ル	井上重三

No.	住所	氏名
7	小川通出水上ル	入江栄治郎
8	御幸町通リ御池上ル	岩佐友三郎
9	千本竹屋町下ル東入	岩本藤吉
10	下長者町新町西ヘ入ル	大塚長吉
11	竹屋町通猪熊西ヘ入ル	岡野清
12	西堀川通出水北入	岡村為三郎
13	一条通葭屋町西入ル	小原石太郎
14	浄福寺通出水下ル	片岡重太郎
15	日暮通出水下ル	金辺盛三郎
16	黒門道出水北エ入ル	加納■之
17	西洞院通御池上ル	北村久五郎
18	夷川通川端東入	絹川直吉
19	新シ町姉小路下ル	木村四郎次郎
20	寺町通二条下ル	木村ツル
21	御池通新町西ヘ入ル	小泉岩吉
22	東堀川通丸太町北エ入ル	子安伊三郎
23	旧熊ノ道夷川上ル	齊藤友吉
24	熊ノ道二条上ル	佐々木甚蔵
25	御池「町」通油小路西ヘ入ル	篠塚増五郎
26	室町下立売上ル	島広吉
27	出世橋川端東入	島田政吉
28	帝国大学裏門前	清水庄太郎
29	御池通堺町角	下村用三郎
30	出水通西洞院角	白本力蔵
31	猪熊通リ姉小路上ル	杉浦才太郎
32	新烏丸通竹屋町上ル	高木佐平次
33	丸太町通室町西エ入ル	高橋嘉十郎
34	押小路通千本東入ル	貴松商店
35	車屋町竹屋町上ル	田中音次郎
36	二条通リ川端東入杉本町	田中周之助
37	一条通智恵光院角	谷口定治郎
38	堺町竹屋町上ル	中川庄三郎
39	一条通御前通西入ル	中村吉太郎
40	衣棚通下立売上ル	中村秀太郎
41	竹屋町通寺町東入ル	中村良太郎
42	寺町今出川上ル	成川清次郎
43	東堀川下立売下ル	西村房次郎
44	間之町通二条北ヘ入ル	西村元吉
45	室町通椹木町角	藤井留吉
46	御池通新町東ヘ入ル	古田九一郎
47	二条通堺町東江入ル	堀外松
48	千本通出水上ル	堀藤太郎
49	御池通大宮西入ル	前川治三郎
50	上長者町千本東入ル	松浦末吉
51	出水通衣棚角	松岡喜一
52	二条通間之町角	水谷清七
53	夷川通寺町西入ル	宮崎寿吉
54	新町丸太町角	宮部治三郎
55	丸太町通河原町東入	武蔵周治
56	衣棚通二条下ル	村上庄七
57	中町通丸太町北ヘ入ル	森本仙吉
58	姉小路通リ堀川西エ入ル	安本角太郎
59	幸町通丸太町下ル	横川松之助
60	六軒町下立売下ル	吉岡米次郎
61	竹屋町通堺町西ヘ入ル	吉田彌七

(2) 京都市下京区

No.	住所	氏名
62	新シ町花屋町上ル	赤尾末吉
63	北小路通リ新町西ヘ入ル	王生藤右衛門
64	油小路松原北エ入ル	池田喜二郎
65	寺町通松原下ル	石川石竹堂
66	木屋町三条下ル東入／石屋町	石原清之丞
67	松原通柳馬場東入ル	伊藤重之助
68	松原リ西洞院東入ル	伊藤正太郎
69	不明門通五条下ル	井上八太郎
70	綾小路通富小路東ヘ入ル	今西政助
71	鞘町五条南二丁目	今西富士吉
72	古門前通小堀西ヘ入ル	上坂金蔵
73	建仁寺町団栗下ル	上村彌三郎
74	七条通リ新町東入	江口夘之助
75	本町通リ拾三丁目	大石直三郎

No.	住所	氏名
76	鞄町五条下ル	大口治郎吉
77	三条通り神泉苑町西エ入ル	小沢幸助
78	大和大路七条下ル	大隅藤治郎
79	六角通猪熊西ヘ入ル	大槻由松
80	縄手通三条下ル	雄山角太郎
81	大黒町松原下ル	加藤勝吉
82	大宮通八条南入ル貮丁目	川勝房次郎
83	建仁寺町四条南二丁目	岸川福太郎
84	大宮通松原角　　後ヌケ	喜多長明
85	本町通七条下ル	北村常三郎
86	松原通御幸町西ヘ入	木村直吉
87	寺町通四条南ヘ入ル	熊内寅二郎
88	正面高瀬東入ル	小泉吉太郎
89	新シ町松原上ル	小山芳太郎
90	七条通リ千本東エ入ル	後藤ウメ
91	六角坊城東入南入ル	後藤曽右衛門
92	柳馬場万寿寺下ル	斎藤嘉三郎
93	油小路通リ花屋町下ル	斎藤真一
94	麩屋町通リ松原下ル	櫻井忠兵衛
95	三条通千本二筋東入下ル	佐々木エツ
96	万寿寺通西エ入ル	沢田正次郎
97	三条通リ猪熊東入	塩尻峯蔵
98	万寿寺東洞院東入ル	潮田房次郎
99	三条通リ千本東入	重田重吉
100	五条通新シ町角	四十万栄治郎
101	旭町五条南入ル	芝田仲蔵
102	新シ町五条下二丁目	田中善一
103	祇園八軒	田中停次郎
104	四条通堺町東入ル	田中平吉
105	三条通河原町西ル	辻川喜蔵
106	鞄町七條下ル	殿口豊蔵
107	旭町五条上ル	仲島好雄
108	烏丸通松原上ル	長瀬與三吉
109	東高瀬正面下ル	中村十郎
110	松原通猪熊西ヘ入ル	並木房吉

No.	住所	氏名
111	木屋町通三条上ル	西田梅治郎
112	鞄屋町五条下ル弐丁目	西出幸次郎
113	万寿寺通新町西入ル	野川音三郎
114	麩屋町四条上ル	野村寅吉
115	四条通花見小路西エ入ル	長谷川伊三郎
116	松原通猪熊西入ル	畑重兵衛
117	三条通白川橋東五丁目	幡山正三
118	七条通大宮東ヘ入ル	服部和三郎
119	松原通廣道西江入ル	花井
120	綾小路通岩上東江入	羽尾市太郎
121	西木屋町四条下ル	林嘉市郎
122	三条通河原町西江入ル	林慎三
123	三条通大橋東入ル	林猶次郎
124	三条通千本東入ル	場　政次郎
125	小堀通四条北ヘ入	人見兵太郎
126	松原通西洞院西入	平野栄吉
127	三条通リ堀川西入ル	藤井浅吉
128	本町通五丁目	古川仙松
129	柳馬場通五条上ル	細川安兵衛
130	東洞院松原上ル	堀口負三
131	四条通大宮西入北入ル	前山正五郎
132	河原町通四条北入ル	松本京都支店
133	三条通猪熊東ヘ入る	水谷栄吉
134	河原町通四条南一丁目	宮野安次郎
135	寺町通五条上る	宮本靖風
136	薬錦町建仁寺東エ入ル	阿部伊三郎方／山田庄次
137	千本通四条南ヘ入ル	山野喜太郎
138	三条河原町東入大黒町廿七番戸	山本市太郎
139	松原通高倉南	山本忠三郎
140	四条麩屋町東入	山本利之助

(3) 京都市外

No.	住所	氏名
141	丹波国亀岡町（南桑田郡）	曽我奉治郎

2　京都府外の「会員」

No.	所在地	氏名・店名
142	大阪市	中西藤吉

3　「明治四十四年九月一四日創始　役員名簿」

役職名	氏名
会長	石田亀之助
副会長	北村久五郎
評議員	西村元吉
評議員	人見兵太郎
評議員	雄山角太郎
評議員	塩尻峯蔵
評議員	中村良太郎
相談役	林猶次郎
相談役	並木房吉
相談役	水谷清七
相談役	野村寅吉

4　「明治四十五年度　役員名」

役職名	氏名
会長	並木房吉
副会長	水谷清七
出納役	野村寅吉
評議員	石田亀之助
評議員	北村久五郎
評議員	田中平吉
評議員	井上八太郎
評議員	今西政助
理事	西村元吉
理事	中村良太郎
理事	入江栄次郎
理事	畑重兵衛
理事	大槻由松

5　「大正貮年度　役員名」

役職名	氏名
会長	水谷清七
副会長	北村久五郎
出納役	石田亀之助
評議員	並木房吉
評議員	中村良太郎
評議員	野村寅吉
評議員	人見兵太郎
評議員	雄山角次郎
理事	古田九一郎
理事	岡村為次郎
理事	今西政助
理事	佐々木甚三
理事	江口夘之助

6　「大正三年度　役員名」

役職名	氏名
会長	中村秀太郎
副会長	岡村為次郎
出納役	今西政助
評議員	人見兵太郎
評議員	水谷清七
評議員	雄山角次郎
評議員	並木房吉
評議員	西村元吉
理事	野村寅吉
理事	北村久五郎
理事	石田亀之助
理事	井上芳之助
理事	江口夘之助

7　「大正四年度　役員名」

役職名	氏名
会長（互選）	中村秀太郎
副会長	北村久五郎
出納役	宮本靖風
幹事	今西政助
幹事	西村元吉
幹事	雄山角次郎
幹事	宮野忠次郎
幹事	石田亀之助
評議員	水谷清七
評議員	岡村為次郎
評議員	人見兵太郎
評議員	野村寅吉
評議員	岩佐友三郎

8　「大正五年度　役員名」

役職名	氏名
会長	北村久五郎
副会長	岩佐友三郎
出納役	江口夘之助
	石田亀之助
	西村元吉
	雄山角次郎
	宮野忠次郎
	人見兵太郎
	場　政次郎
	宮本靖風
	宮崎寿吉
	杉浦才太郎
	武蔵周治

注）■は判読不能文字。
（出所）「明治四十四年拾月調　京都菓盛会　会員名簿」（石田宏次家文書）より作成。

表補−3　原料の買入先と買入金額

単位；円

原料	順	買入先	1902年	1903年	1904年	1905年	1906年	計
「炭」	1	三宅鯛助	46.150	43.720	208.940	251.060	334.150	884.020
	2	奥田	47.020	27.000	23.440		86.280	183.740
	3	磯野	79.420	53.840	0.650			133.910
	4	奥村		106.220				106.220
	5	木屋町　石田	26.100	4.850				30.950
	6	葛川　炭ヤ				12.420		12.420
	7	近江　山中					9.600	9.600
	8	平岩				8.700		8.700
	9	九里					8.250	8.250
	小　計		198.690	235.630	233.030	272.180	438.280	1,377.810
「玉子」	1	谷村	235.935	309.730	238.780	257.500	431.200	1,473.145
	2	柿鶴		169.660	159.680	300.340	217.700	847.380
	3	出屋敷や／尾崎	302.180	176.440	56.000	25.770	11.450	571.840
	4	支那　尾崎	2.700					2.700
	小　計		540.815	655.830	454.460	583.610	660.350	2,895.065
「片栗粉」	1	谷村	1,862.860	999.900	910.650	1,105.650	81.500	4,960.560
	2	大友				1,409.224	2,228.400	3,637.624
	3	和田常商店	112.250	1,382.750	335.000			1,830.000
	4	大清／宮部商店（宮部治三郎）				1,026.400		1,026.400
	5	柿鶴		400.000	52.360			452.360
	6	澤新			409.500			409.500
	7	大阪　北村	207.200					207.200
	8	上田	130.400					130.400
	9	出屋敷		8.100				8.100
	小　計		2,312.710	2,790.750	1,707.510	3,541.274	2,309.900	12,662.144
「砂糖」	1	野村寅吉	1,088.030	1,118.162	883.410	2,124.800	2,323.370	7,537.772
	2	熊谷	29.190	335.572	775.050	906.220	1,179.870	3,225.902
	3	沈伝			220.940	122.580	42.970	386.490
	4	大清／宮部商店（宮部治三郎）		21.350				21.350
	小　計		1,117.220	1,453.734	1,879.400	3,153.600	3,546.210	11,150.164
「メリケン粉」	1	大清／宮部商店（宮部治三郎）		54.410	231.730	250.740	209.910	746.790

原料	順	買入先	1902年	1903年	1904年	1905年	1906年	計
「メリケン粉」	2	伊藤重之助		58.530		12.700		71.230
	3	野村寅吉			28.100			28.100
	4	大友					12.050	12.050
	小　計			112.940	259.830	263.440	221.960	858.170
「ビスケ」	1	京菓商会				24.200	132.730	156.930
	2	岩佐春月堂（岩佐友三郎）			50.770	14.250		65.020
	3	中野				14.770		14.770
	4	菊岡伊作				11.827		11.827
	5	桝ヤ				8.700		8.700
	小　計				50.770	73.747	132.730	257.247
	計		4,169.435	5,248.884	4,585.000	7,887.851	7,309.430	29,200.600

（出所）「明治丗五年一月吉日　原料買入帳」（石田宏次家文書）より作成。

あとがき

　長い歴史を誇る老舗といえども、厳しい市場環境に直面しているのは変わりない。厳しい環境への対応策の一つとして、海外進出という戦略が考えられる。しかし、老舗にとって海外市場への進出は決して容易ではない。
　そんななか、古くからパリに進出しているのが和菓子の「虎屋」である。虎屋パリ店は、エルメスやシャネルなどのブランドショップが立ち並ぶサントノーレ通から10メートルほど入った所という、パリでも一等地にある。進出したのは1980年というから、すでに40年近くが経つ。
　虎屋では、和菓子の販売をしているだけでなく、サロン・ド・テ（喫茶）が併設されている。和菓子は、生菓子を4種類選んで販売しているほか、お饅頭や大福なども販売している。喫茶のほうは、フランス紙「フィガロ」の「1990年　ベスト30カフェ」で第2位に入ったことがあるというから驚きだ。ランチも提供しており、場所柄、サントノーレ通の経営者がよく来店するほか、年間シートを契約して毎日ランチを食べに来る人もいるという。来店客の8割が地元のフランス人ということなので、「パリにしっかり根付いている」と言ってもいいだろう。
　そのほかパリには、和傘「日吉屋」の5代目西堀耕太郎社長が開設した「アトリエ・ブランマント」というギャラリーがポンピドーセンターの近くにある。ここには、日本各地の伝統商品などが展示されている。また、欧州最大の見本市であるパリの「メゾン・エ・オブジェ（MAISON & OBJET）」や世界最大規模となる家具の見本市「ミラノサローネ（Milano Salone）」（イタリア）には、日本から多くの老舗企業が参加している。それらのなかから、西陣織の「細尾」のように、世界的なブランドショップを顧客とする老舗も生まれている。
　一方、ロンドンでは、京都の若手老舗経営者グループ「GO ON」のメンバーである茶筒の「開化堂」の八木隆裕社長が、ロンドン中心部の茶葉販売店「ポ

ストカード・ティーズ」の店頭で定期的に製造実演を披露し、多くのイギリス人が押し寄せている。

　このように、一見、老舗には縁遠いと思われるような海外進出にも、多くの老舗企業がチャレンジを続けている。本書では、これら老舗企業による新しい挑戦、すなわち革新について、その要因や革新行動による類型化、そして国内外の他地域との比較検討を行ってきた。タイトルが『京都からみた、日本の老舗、世界の老舗』といささか大風呂敷を広げることとなったが、本書を第1弾として、今後も引き続き国内外の地域間比較を進めていく所存であることをご理解いただけると幸いである。

　本書作成にあたっては、多くの方々にお世話になった。まず、実態調査にあたり協力してくださった京都、東京、金沢、イタリア、オランダの老舗企業のみなさまに感謝をしなければならない。京都老舗の会、東都のれん会、金澤老舗百年會、エノキアン協会、イタリア老舗ユニオンの老舗団体、アンケート調査に回答いただいたり、インタビューに応じて下さった多くの老舗企業にも御礼を申し上げたい。

　京都府商工労働観光部染織・工芸課には、研究のさまざまな場面でお世話になった。資料の整理などでは、龍谷大学大学院の村西一男さん、安川賀子さん、王鵬さんにもお世話になった。さらに、共同研究プロジェクトとして研究経費の支援をしてくださった龍谷大学社会科学研究所には大いに感謝しなければならない。われわれのグループが携わった社会科学研究所叢書は6冊目となり、長い間の支援に改めて謝意を表したい。事務局の朝日さやかさん、中嶋一博さん、角谷祥子さんには、しばしばわれわれのわがままな要求でご迷惑をかけたことをお詫びするとともに御礼を申し上げたい。

　厳しい出版状況のなか、われわれのグループの成果の出版を重ねて引き受けてくれた(株)新評論と同社の武市一幸さんには、原稿や校正が遅れがちになるわれわれを辛抱強くまっていただいたこと、さらにいろいろなアドバイスによって本書が少しでも読みやすくなったことなど感謝しなければならない。

　なお、地域比較の元となる京都老舗企業に関する研究の一部は、2014〜2017

年度にわたり日本学術振興会科学研究費の支援も受けた（「地域イノベーションシステムとしての京都老舗企業群に関する実証的研究」、課題番号26380342）。さらに、辻田と松岡の担当箇所は、それぞれ龍谷大学特別研究員、龍谷大学長期国内研究員という研究専念期間の間の成果の一部である。

2019年2月

編者　松岡憲司

アンケート・京都老舗における伝統と革新を支える地域の仕組みに関する調査　2016年（平成28年）3月

龍谷大学 経済学部

Ⅰ．事業の概要について

（1）貴社の経営組織についてお尋ねします。
　　1．株式会社　　2．有限会社　　3．個人　　4．その他（　　　　　　）

（2）創業年、法人設立年についてお尋ねします。
　　創業年：西暦・和暦 ＿＿＿＿＿＿＿年　　法人設立年：西暦・和暦 ＿＿＿＿＿＿＿年

（3）該当する事業分野に○をつけてください。（複数回答可）
　　1．製造業　　2．小売業　　3．卸売業　　4．サービス業　　5．その他（　　　）

（4）主力製品・サービスを手短にお書きください。
　　（　　　　　　　　　　　　　　　　　　　　　　　　　　　　　　　　　）

（5）もっとも新しい事業年度の売上高は、いくらぐらいですか。
　　1．〜1千万円　　2．1千万超〜5千万円　　3．5千万超〜1億円
　　4．1億超〜5億円　　5．5億超〜10億円　　6．10億超〜20億円
　　7．20億超〜30億円　　8．30億円超

（6）最近5年の経営状況についてお尋ねします。
　　①売上　　　　　　　　1．増加（10％以上程度）　　2．増加（10％未満）
　　　　　　　　　　　　　3．横ばい　　4．減少（10％未満）
　　　　　　　　　　　　　5．大幅減少（10％以上）
　　②利益　　　　　　　　1．増加（10％以上程度）　　2．増加（10％未満）
　　　　　　　　　　　　　3．横ばい　　4．減少（10％未満）
　　　　　　　　　　　　　5．大幅減少（10％以上）
　　③同業他社と比べた業績　1．よい　　2．やや良い　　3．他社並
　　　　　　　　　　　　　4．やや悪い　　5．悪い　　6．わからない

Ⅱ．現在の経営者の方について
（1）2016年1月1日現在の満年齢はおいくつですか。　　　＿＿＿＿＿＿＿歳

（2）現経営者は、創業から数えて何代目ですか。　　　　　　　＿＿＿＿代目
（3）経営者になられたときの満年齢はおいくつでしたか。　　　＿＿＿＿歳
（4）性別　　　　　　　　　　　　　　　　　　　　　　1. 男　　2. 女
（5）現経営者は先代からみてどのようなご関係ですか。
　　　1. 長男　　2. 長男以外の男子　　3. 女子　　4. 娘婿　　5. 配偶者
　　　6. その他親族　　7. 従業員　　8. その他（　　　　　　　　　）
（6）現経営者は創業者の親族ですか。　　　　　　　　1. はい　　2. いいえ

Ⅲ．従業員について

（1）2016年1月1日現在の全従事者（社長、役員、常時雇用の派遣、パート含む）は何人ですか。
　　　1. 4人以下　　2. 5～10人　　3. 11～20人　　4. 21～50人　　5. 51～100人
　　　6. 101～300人　　7. 301人～

　（1-2）内、家族従事者は何人ですか（経営者ご本人を除く）。　　＿＿＿＿人
（2）正社員の人数は何人ですか。　　　　　　　　　　　　　　　　＿＿＿＿人
（3）正社員の平均年齢はおよそ何歳ですか。　　　　　　　　　　　＿＿＿＿歳
（4）正社員の平均給与（年総額・税込）はおよそいくらですか。　　＿＿＿＿万円
（5）正社員の平均勤続年数は何年ぐらいですか。
　　　1. 5年未満　　2. 5年以上10年未満　　3. 10年以上25年未満　　4. 25年以上
（6）最近5年の従業者数の推移をお尋ねします。
　　　1. 増加（10％以上）　　2. 増加（10％未満）　　3. 横ばい　　4. 減少（10％未満）
　　　5. 減少（10％以上）

Ⅳ．伝統と革新

（1）創業から先代経営者までの間に、変わったことがありますか。以下の各項目について該当するものを1つ選び、○をつけてください。

	全く変わっていない	殆ど変わっていない	少し変わった	かなり変わった	完全に変わった
社名・屋号					
社是・社訓・家訓等					
経営理念					

信用第一・コンプライアンス重視					
業種・業態					
本業・中核事業重視					
主力商品・サービス					
商品・サービスの開発体制					
商品・サービスの価格体系					
製造方法					
仕入れ先・原材料調達先					
外注先					
販売先・顧客					
販売網・流通チャネル（経路）					
人事制度や人材育成					
組織編成（部門設置や再編、統廃合）					

（2）<u>現経営者の代</u>になってから、変えたことまたは変えたいことがありますか。以下の各項目について該当するものを1つ選び、○をつけてください。

	変えたくない	変えたい	少し変えた	変えた	検討中
社名・屋号					
社是・社訓・家訓等					
経営理念					
信用第一・コンプライアンス重視					
業種・業態					
本業・中核事業重視					
主力商品・サービス					
商品・サービスの開発体制					
商品・サービスの価格体系					
製造方法					
仕入れ先・原材料調達先					
外注先					
販売先・顧客					
販売網・流通チャネル（経路）					

（次ページへ続く）

	変えたくない	変えたい	少し変えた	変えた	検討中
人事制度や人材育成					
組織編成 (部門設置や再編、統廃合)					
資金の調達方法					
資産の運用方法					

(3) 現経営者の代になってから、増えたり減ったりしたことがありますか。以下の各項目について該当するものを1つ選び、○をつけてください。

	増えた	少し増えた	変化なし	少し減った	減った
事業規模					
広告などの販売促進活動					
暖簾のブランド価値					
インターネットや情報の活用					
業界での活動					
地域での活動					

(4) 現経営者になってからの、主な新製品や新規市場開拓、新事業などの内容を簡単にお書きください。
　　（　　　　　　　　　　　　　　　　　　　　　　　　　　　　　　　　　　　　）

(5) 貴社は、行政や商工会議所の表彰や認定を受けておられますか。
　　1. 取得している　　2. 取得を目指している　　3. 特に考えていない

(5-1) 取得されている場合、その表彰や認定などの名称をお書きください。(複数回答可)
　　（名称：　　　　　　　　　　　　　　　　　　　　　　　　　　　　　　　）

(5-2) その表彰の取得に伴う効果はありましたか。
　　1. あった（営業、人材採用、人材育成、財務、その他 [　　　　]）
　　2. なかった　　3. わからない

（5－3）取得を目指している場合、その表彰や認定の名称をお書きください。（複数回答可）

（名称：　　　　　　　　　　　　　　　　　　　　　　　　　　　　　　　）

Ⅴ．京都における革新（イノベーション）を支える地域の仕組みについてお尋ねします。

（1）質問Ⅳの（4）でお答えいただいた、新製品や新サービスの開発、市場開拓、新規事業、組織改革といった新たな取り組みを推進するにあたり、発想の源泉はどのような所にあったでしょうか。「アイデア」「具体的なコンセプト作成」「製造」「販売・事業化」の段階ごとにお答えください。非製造業などで該当されない項目は、空欄で結構です。3名以上の場合は適宜、追加いただいて結構です。

発想	源泉 ①経営者自身②家族 ③その他親族 ④友人（仕事関連） ⑤友人（仕事以外） ⑥社員⑦仕入先⑧販売先 ⑨専門家 ⑩その他（　　　）	居住地 ①京都市②京都府南部 ③京都府北部 ④その他近畿⑤関東 ⑥その他全国⑦海外	主なつきあい方・回数 ①対面②電話③メール ④フェースブックなどのソーシャルネットワーク Aほぼ毎日B週数回C月数回D年数回E何年かに1回
回答例	「仕事以外の友人」の場合 ④	「京都市」の場合 ①	「電話」で「月数回」の場合 ②C
アイデア			
具体的な コンセプト作成			
製造 （外注を含む）			
販売・事業化			

（2）質問Ⅳの（4）でお答えいただいた新たな取り組みを推進するにあたり、関係機関（行政、公的研究機関、業界団体、商工会議所、金融機関、コンサルタント、大学など）にも相談されてきましたか。

（2－1）相談したことが、　　　　　　　　　　　　　　　1．ある　　2．ない

（2-2）「1. ある」と回答された方にお尋ねします。相談先はどのような関係機関ですか。3件以上の場合は適宜、追加いただいて結構です。

相談内容	機関名 (差し障りある場合、機関の種類だけで具体名は結構です)	所在地 ①京都市②京都府南部 ③京都府北部 ④その他近畿⑤関東 ⑥その他全国⑦海外	主なつきあい方・回数 ①対面②電話③メール ④SNS Aほぼ毎日 B週数回 C月数回 D年数回 E何年かに1回
回答例	「京都大学/工学部」の場合 大学/工学部	「京都市」の場合 ①	「対面」で「週数回」の場合 ①A
アイデア			
具体的な コンセプト作成			
製造 （外注を含む）			
販売・事業化			

（3）上の質問（1）（2）で回答いただいた新たな取り組みを推進するための主な資金調達手段は何ですか。（複数回答可）
　　1. 自己資金　　2. 株式の発行　　3. 社債　　4. 補助金
　　5. 金融機関借り入れ　　6. ベンチャーキャピタル　　7. その他（　　　　）

（4）上の質問（3）で「5. 金融機関借り入れ」と回答された方にお尋ねします。主な資金調達先を以下から選び、第3位までご記入ください。
　　1. 都市銀行　　2. 地方銀行　　3. 信用金庫
　　4. 政府系金融機関　　5. その他
　　1位（　　　　　　）　2位（　　　　　　　）　3位（　　　　　　　　）

（5）新たな取り組み（革新〔イノベーション〕）に貢献できる人材を必要とされていますか。
　　1. 必要としている　　2. 必要としていない

（6）上の質問（5）で「1．必要としている」と回答された方にお尋ねします。どのような苦労をされていますか。（複数回答可）

 1．人材の採用　　2．人材の育成　　3．人材の定着　　4．苦労はない

（7）新たな取り組み（革新〔イノベーション〕）を推進するにあたり、どのような人材教育をしていますか。（複数回答可）

 1．自社内で　　2．外部研修（民間）　　3．外部研修（公的機関）
 4．していない

Ⅵ．京都の老舗における革新（イノベーション）について、お考えやご意見があれば自由にお書きください。

執筆者一覧 (執筆順)

松岡憲司（はじめに、第1章、第2章、第5章、第6章、終章、あとがき、コラム）
 龍谷大学経済学部教授（奥付参照）

木下信（第1章、第2章）
 龍谷大学経済学部専任講師
 同志社大学大学院経済学研究科博士後期課程修了　博士（経済学）
 主要論文："Conjoint Analysis of Demand for IP Telephony: The Case of Japan"（共著）、*Applied Economics*, Vol.40(10)、2008年
 "Estimation of Household's Preference for Energy Sources by Conjoint Analysis in Japan"、*The Empirical Economics Letters*, Vol.17(1)、2018年

辻田素子（第2章、第3章、第4章）
 龍谷大学経済学部教授
 一橋大学大学院商学研究科博士課程単位取得満期退学、ロンドン大学修士（M.Sc）
 主要著作：『コミュニティー・キャピタル──中国・温州企業家ネットワークの繁栄と限界』（共著）、有斐閣、2016年（日本ベンチャー学会2017年度清成忠男賞書籍部門受賞）
 『コミュニティー・キャピタル論──近江商人、温州企業、トヨタ、長期繁栄の秘密』（共著）光文社新書、2017年

山西万三（第4章）
 元龍谷大学経営学部教授
 放送大学大学院修士課程修了
 主要論文：「和装産業の現況と課題──京都の和装産業を通して」『消費経済研究』第7号（通巻　第39号）、日本消費経済学会、2018年。
 「イシダのマーケティング戦略──非上場生産財企業のマーケティングに関する一事例」『消費経済研究』第5号（通巻　第37号）、日本消費経済学会、2016年。

姜紅祥（第7章）
 京都女子大学国際交流センター助教。
 龍谷大学大学院経済学研究科博士後期課程修了。博士（経済学）。
 主要論文：「中国教育産業における市場拡大と民間企業の参入」『経済学論集』（龍谷大学）第58巻1/2号、2018年所収。
 「中国の通信機器産業の対外直接投資と戦略的資産獲得：華為技術を中心に」『中国経営管理研究』（中国経済経営学会）第10/11号、2015年所収。

北野裕子（第8章）
 龍谷大学経済学部・大阪樟蔭女子大学非常勤講師。
 奈良女子大学大学院人間文化研究科博士課程修了、博士（文学）。
 主要著作：『生き続ける300年の織りモノづくり──京都府北部・丹後ちりめん業の歩みから』（新評論）、2013年）

佐々木淳（補遺）
 龍谷大学経済学部教授
 大阪市立大学大学院経済学研究科後期博士課程単位取得満期退学
 博士（経済学）
 主要著作：『アジアの工業化と日本──機械織りの生産組織と労働』晃洋書房、2006年。

編者紹介

松岡憲司（まつおか・けんじ）
龍谷大学経済学部教授。
龍谷大学社会科学研究所　長寿ファミリー企業研究センター研究員。
神戸大学大学院経済学研究科博士後期課程単位取得退学。
博士（経済学）。尾道短期大学、大阪経済大学を経て、1999年より現職。1997年にコペンハーゲン商科大学客員教授。2014-15年にサセックス大学客員研究員。
専門は産業組織論、中小企業論。
主要著作　『賃貸借の産業組織分析』同文館、1994年。『スポーツエコノミクスの発見』法律文化社、1996年（編著）。『企業社会のゆくえ』昭和堂、1991年（共著）。『風力発電機とデンマークモデル』新評論、2004年。『地域開発と企業成長～技術・人材・行政～』日本評論社、2004年（編著）。『地域産業とイノベーション』日本評論社、2007年（編著）。『地域産業とネットワーク～京都府北部を中心として～』新評論、2010年（編著）。『事業承継と地域産業の発展──京都老舗企業の伝統と革新』新評論、2013年（編著）。『人口減少化における地域経済の再生──京都・滋賀・徳島に見る取り組み』新評論、2016年（編著）など。

龍谷大学社会科学研究所叢書　第126巻

京都からみた、日本の老舗、世界の老舗　（検印廃止）

2019年3月25日　初版第1刷発行

編　者	松岡憲司
発行者	武市一幸
発行所	株式会社 新評論

〒169-0051
東京都新宿区西早稲田3-16-28
電話　03(3202)7391
振替・00160-1-113487

定価はカバーに表示してあります。
落丁・乱丁本はお取り替えします。

印刷　フォレスト
製本　松岳社
装幀　山田英春

©松岡憲司他　2019

Printed in Japan
ISBN978-4-7948-1119-6

JCOPY〈(社)出版者著作権管理機構　委託出版物〉
本書の無断複写は著作権法上での例外を除き禁じられています。複写される場合は、そのつど事前に、(社)出版者著作権管理機構（電話03-5244-5088、FAX03-5244-5089、E-mail: info@jcopy.or.jp）の許諾を得てください。

新評論　好評既刊　日本の地域産業を考える本

関 満博
農工調和の地方田園都市
企業城下町山形県長井市の中小企業と農業

訪問事業者約70件、東北の壮麗な田園都市の先駆的実践を精査。幾多の課題に直面する全国の「地方小都市」への渾身のエール！
（A5 上製　504頁　7200円　ISBN978-4-7948-1099-1）

関 満博
北海道／地域産業と中小企業の未来
成熟社会に向かう北の「現場」から

基幹産業の衰退、人口減少・高齢化、札幌一極集中などの難題に挑む「北の大地」のいまを精査。30年越しの本格的総合研究！
（A5 上製　536頁　7200円　ISBN978-4-7948-1075-5）

関 満博
「地方創生」時代の中小都市の挑戦
産業集積の先駆モデル・岩手県北上市の現場から

「現場」の息吹を伝える経済学者の原点、30年越しの訪問調査の集大成！行政関係者・企業人必携、「北上モデル」のすべて。
（A5 上製　420頁　6000円　ISBN978-4-7948-1063-2）

関 満博 編
6次産業化と中山間地域
日本の未来を先取る高知地域産業の挑戦

成熟社会の先端県、高知の暮らしと仕事に今こそ学ぶべき時。訪問事業者100超、6次産業化の多彩な事例満載！
（A5 上製　400頁　5500円　ISBN978-4-7948-0970-4）

関 満博
中山間地域の「買い物弱者」を支える
移動販売・買い物代行・送迎バス・店舗設置

人口減少・高齢化の中で、「買い物」が困難になっている―人びとの「普通の生活」を支える持続可能な仕組みを探る。
（A5 上製　370頁　5200円　ISBN978-4-7948-1020-5）

＊表示価格はすべて本体価格（税抜）です。

新評論　好評既刊　日本の地域産業を考える本

松岡憲司 編著
人口減少化における地域経済の再生
京都・滋賀・徳島に見る取り組み

【龍谷大学社会科学研究所叢書 第109巻】
劇的かつ深刻な環境変化の下、地域経済の新たなモデルはいかにして構築しうるか。近畿・四国3県の取組にその可能性を探る。

［Ａ５上製　240頁
２８００円　ISBN978-4-7948-1032-8］

北野裕子
生き続ける300年の織りモノづくり

京都府北部・丹後ちりめん業の歩みから
吉宗の時代から連綿と続く丹後の縮緬産業。その独特の歩みに、縮小・成熟社会における「モノづくり」のヒントを読みとる。

［Ａ５上製　244頁
４０００円　ISBN978-4-7948-0953-7］

蝦名賢造
日本橋の近江商人

柳屋外池宇兵衛寅松家の四〇〇年
東京・日本橋に江戸時代より続く「三方よし」の精神。長期不況下の現代を生き抜く近江商人の商法と商魂を「柳屋」の歴史に見る。

［四六上製　264頁
２０００円　ISBN978-4-7948-0544-7］

＊表示価格はすべて本体価格（税抜）です。

新評論　好評既刊　日本の地域産業を考える本

松岡憲司 編著
事業承継と　　　　　　　　　地域産業の発展

京都老舗企業の伝統と革新
【龍谷大学社会科学研究所叢書　第98巻】
「老舗」の革新性と危機対応力に、後継者問題の解決の方途を学ぶ。

［Ａ５上製　２３２頁
２８００円　ISBN978-4-7948-0935-3］

松岡憲司 編
地域産業とネットワーク

京都府北部を中心として
【龍谷大学社会科学研究所叢書　第85巻】
伝統産業にも及ぶグローバル化―情報通信網から人的交流まで、「ネットワーク」を軸に地域産業を考察。

［Ａ５上製　280頁
２８００円　ISBN978-4-7948-0832-5］

＊表示価格はすべて本体価格（税抜）です。